D1671873

1. Mor - gen muß ich fort von hier und muß Ab - schied neh-men. O du al - ler-schön-ste Zier, Scheiden das bringt Grä-men. Da ich dich so treu ge-liebt ü - ber al - le Ma - ßen soll ich dich ver - las - sen, soll ich dich ver - las - sen

Morgen muß ich fort von hier. Richard Tauber: Die Emigration eines Weltstars

von

Evelyn Steinthaler

MILENA Verlag

INHALT

Morgen muß ich fort von hier und muß Abschied nehmen.
O du allerschönste Zier; Scheiden, das bringt Grämen.
Da ich dich so treu geliebt über alle Maßen,
soll ich dich verlassen.

Wenn zwei gute Freunde sind, die einander kennen,
Sonn und Mond begegnen sich, ehe sie sich trennen.
Noch viel größer ist der Schmerz, wenn ein treu verliebtes Herz
in die Fremde ziehet.

Dort auf jener grünen Au steht mein jung frisch Leben,
soll ich denn mein Leben lang in der Fremde schweben?
Hab' ich dir was Leids getan, bitt' ich woll's vergessen
denn es geht zu Ende

Küsset dir ein Lüftelein Wangen oder Hände,
denke, daß es Seufzer sein, die ich zu dir sende.
tausend schick ich täglich aus, die da wehen um dein Haus,
weil ich dein gedenke.

Aus: »Des Knaben Wunderhorn«
Nach einem Volkslied aus dem 17. Jahrhundert
Musik: Friedrich Silcher

1. WARUM RICHARD TAUBER?

Am 20. April 1939 nahm Richard Tauber in den Londoner Abbey Road Studios das Loreley-Lied »Ich weiß nicht, was soll es bedeuten« auf. Am Klavier wurde er von seinem langjährigen Freund, dem Pianisten und Komponisten Percy Kahnn begleitet.

Der Tenor war sechs Jahre zuvor aus Deutschland vertrieben worden, seit etwas mehr als einem Jahr konnte er auch nach Österreich nicht mehr zurück, wohin er nach der Flucht aus Berlin emigriert war. Tauber sang das Lied, dessen Text von Heinrich Heine stammt, auf Deutsch. So ist es auch ausdrücklich auf der 78er-Schallplatte vermerkt, die von seiner britischen Plattenfirma *Parlophone* veröffentlicht wurde. In Deutschland konnte man 1939 diese Aufnahme nicht mehr kaufen, seit mehr als einem Jahr war die Musik Taubers verboten. Dass das populäre Loreley-Lied von Heinrich Heine stammte, wurde in der NS-Zeit tunlichst verschwiegen. Es verschwand aber weder aus den Gesangsbüchern, noch wurde darauf verzichtet, es weiterhin zu singen. Zu populär war das Lied, um es verbieten zu können, die Nationalsozialisten ersetzten Heines Namen mit der Angabe »von einem unbekannten deutschen Dichter«.

Im April 1939 war es in Großbritannien noch nicht politisch zweifelhaft, deutsche Lieder zu singen, noch hielt die britische Regierung an ihrer Appeasement-Politik fest, die auch mit dem Münchner Abkommen im September 1938 die Abtretung des Sudetengebiets an das Deutsche Reich ermöglicht hatte.

Als Tauber in London eine seiner letzten Aufnahmen in deutscher Sprache sang, feierte Deutschland Hitlers Geburtstag. Die Welt war nur mehr wenige Monate vom Zweiten Weltkrieg entfernt. Richard

Tauber, der einstige »König von Berlin«, wurde bereits seit Jahren für Propagandazwecke in der deutschen Presse missbraucht, wobei der Goebbel'sche Propagandaapparat nicht müde wurde zu betonen, dass die deutsche Volksgemeinschaft den »jüdischen Schmalztenor« längst vergessen hatte.

Viel wurde bereits über Richard Tauber geschrieben, Zeitgenossen wie Karl Kraus oder Theodor W. Adorno äußerten sich zu Tauber, seine Witwe Diana Napier verfasste bereits Ende der 1940er-Jahre ihre persönlichen Erinnerungen an ihren verstorbenen Ehemann, Musikwissenschaftler und Journalisten widmeten sich dem Leben Taubers und seinem Einfluss auf die Musikwelt. Nach seinem Tod im Januar 1948 wurde in mehreren Biografien versucht, den Ausnahmekünstler zu ergründen. Auch das vorliegende Buch unternimmt den Versuch, den gebürtigen Linzer, der sich über die Konventionen des Musiktheaters seiner Zeit hinwegsetzte, zu erfassen.

Und doch geht es in »Morgen muß ich fort von hier« um mehr, als nur darum, die Stationen von Taubers Karriere, seine Liebesbeziehungen und die Skandale, in die er verwickelt war, aufzuzählen. Es sind die Jahre der Emigration, die den Sänger, Musiker, Komponisten und Dirigenten – nach einer Rückkehr in das Land seiner Kindheit, das klerikalfaschistische Österreich – nach England führten, die hier besondere Beachtung finden. Taubers außergewöhnliches musikalisches Können wird hier erstmals mit einem Blick auf die Inszenierung seiner Person und auf die Bedeutung Taubers für die Popkultur beleuchtet, war der Tenor mit dem Monokel doch der erste internationale Superstar des 20. Jahrhunderts.

Richard Tauber unternahm 1931 erste ausgedehnte Tourneen durch Nordamerika und festigte mit Gastspielen quer durch Europa seinen internationalen Ruf, ehe er 1933 Deutschland verlassen musste: Tauber war der Sohn eines getauften Juden und wurde von seiner katholischen Mutter zur Taufe getragen. Dennoch war er für die Nationalsozialisten »rassisch bedenklich« und musste in die Emigration, aus der er nie mehr zurückkehren sollte. Richard Taubers Stimme war von den 1920er-Jahren bis in die späten 1940er-Jahre allgegenwärtig und ist bis heute nicht verklungen. Seine Mozart-Interpretationen galten als wegweisend und auch als Paradesänger in Lehár-Operetten prägte er ganze Sängergenerationen. Neben Taubers Musikalität und seiner unverkennbaren Stimme war die Tatsache, dass er als erster Sänger die Konzertsäle und Opernhäuser verließ, um für sein Publikum zu singen, maßgeblich für seinen Erfolg: Egal ob in Parkanlagen, Kinosälen oder bei Sportveranstaltungen, er kam zu den Menschen und legte weder Wert darauf, nur an konventionellen Orten zu singen, noch sich dabei an vorgegebene Strukturen zu halten. Damit bereitete Tauber den Weg für Tenöre wie Luciano Pavarotti, Placido Domingo und José Carreras, die ebenfalls die Opernbühnen dieser Welt hinter sich ließen, um unter anderem Lehárs Tauber-Lieder für ein Millionenpublikum zu singen.

Richard Taubers Grab befindet sich auf dem Londoner Brompton-Friedhof. Nicht mehr als das Geburts- und das Sterbejahr sind auf der Grabplatte vermerkt:

Richard Tauber
Born in Linz, Austria 1891
Died in London 1948

Auf einer später angebrachten kleinen Tafel, die am Fußende des Grabes befestigt wurde, ist das kurze Gedicht eines gewissen A. P. Herbert zu lesen:

Tauber
A golden singer with a sunny heart
the heart's delight of millions was his art
now that rich, roaring, tender voice beguiles
attentive angels in the land of smiles.

Der Text spekuliert über Taubers Himmel, der, seiner Paradeoperette entsprechend, ein »Land des Lächelns« sein soll. Richard Taubers irdisches Leben mit allem Erfolg und den zahlreichen Schwierigkeiten, die sich auf seinem Weg auftaten, war wohl ein Land des Lächelns, ganz im Lehár'schen Sinne: Welchen Schicksalsschlag das Leben auch immer für ihn bereithielt, er blieb nach außen hin fröhlich und verlor nie sein Gesicht. Auch nicht in der größten Not.

Immer nur lächeln und immer vergnügt,
Immer zufrieden, wie's immer sich fügt,
Lächeln trotz Weh und tausend Schmerzen,
Doch niemals zeigen sein wahres Gesicht.

Kein Sänger vor Tauber hat weltweit mehr Menschen mit seiner Kunst erreicht, und noch heute wird Tauber in internationalen Nachschlagewerken neben Enrico Caruso als wichtigster Tenor des 20. Jahrhunderts genannt. Wie kaum ein anderer Sänger dieser Zeit ist Tauber Teil der kollektiven Erinnerung. Das gilt für England wie für Deutschland und Österreich. »Dein ist mein ganzes Herz«, »O Mädchen, mein Mädchen«, »Ich küsse Ihre Hand, Madame«, »Freunde, das Leben ist lebenswert«, »Du bist die Welt für mich« oder »Immer nur lächeln« wurden zu großen Erfolgen, auch unabhängig von den jeweiligen Operetteninszenierungen. Heute würde man diese Lieder wohl *Megahits* nennen.

Tauber wurde auf dem Grammofon mit den 78er-Schellacks wieder und wieder gespielt, in Radioübertragungen kam seine Stimme in den 1920er-Jahren zu den ersten Radiobesitzern über den Äther. Menschen in den Straßen pfiffen Tauber-Lieder, die zu beliebten Schlagern geworden waren. Frauen schwärmten für Tauber wegen der ihm zugeschriebenen Sanftheit, die für viele auch in Anbetracht eines Hans Albers, Heinz Rühmann oder Willy Birgel Sehnsüchte erwachen ließ. Zeitzeuginnen, die in anderen Zusammenhängen von mir interviewt wurden, erzählten von einer übermenschlichen

Präsenz Richard Taubers. Niemand konnte sich seiner Stimme entziehen. Es war aber nicht nur seine einprägsame Stimme, sondern die Tatsache, dass Tauber, wie auch viele Journalisten immer wieder schrieben, *mit dem Herzen* sang. Er lebte jedes einzelne Lied, begleitete die Menschen über seinen Gesang hinaus, zog weite Kreise, wie er ja auch darauf verzichtete, sich nur innerhalb der bestehenden Grenzen der Genres zu bewegen.

Eine Auseinandersetzung mit dem Leben Richard Taubers verlangt nach einer Beschäftigung mit der leichten Muse und der Zerstörung der Operette durch den Nationalsozialismus. So erzählt das vorliegende Buch auch von anderen Künstlern wie Vera Schwarz und Joseph Schmidt, Bruno Walter und Fritzi Massary, die wie Tauber vertrieben wurden, ebenso von anderen Künstlern, die es sich mit dem NS-Regime zu richten wussten. Und auch davon, wie die NS-Kulturpolitik der Operette langfristig geschadet hat, wird in diesem Buch die Rede sein.

Der Name Richard Tauber steht nicht für eine gute alte Zeit, in der alles besser war, er erinnert vielmehr an eine Zeit, in der große Not herrschte, der Faschismus in Europa groß wurde und viele vor der bedrohlichen Realität in die leichte Unterhaltung flüchteten.

Der Name Richard Tauber steht für eine lang verlorene Form der Operette, als diese noch von künstlicher Übertreibung, frivoler Sinnlichkeit, unendlicher Dramatik, anarchistischer Verspieltheit und unbändiger Lebensfreude geprägt war.

Der Name Richard Tauber steht für eine Zeit, in der Menschen in Deutschland und Österreich wegen ihrer Herkunft verfolgt wurden, und für eine Zeit, in der die »Rassezugehörigkeit« eines Künstlers über seine Kunst gestellt wurde.

Die vorliegende Auseinandersetzung mit dem Leben Richard Taubers wurde vor allem dank des umfangreichen Materials im NORDICO Museum der Stadt Linz ermöglicht. Taubers Leben wurde in den Medien seiner Zeit (und darüber hinaus) detailreich dokumentiert. Da sich andere Quellen zu Richard Taubers Leben oftmals widersprechen, war gerade der Nachlass in Linz (auch mit einer Reihe von Briefwechseln zwischen Tauber und seinen Zeitgenossen) von großer Bedeutung.

Die Spuren Taubers finden sich an den unterschiedlichsten Orten, bei der Jüdischen Gemeinde in Berlin, im Archiv des Royal Opera House in London, an der Wiener Staatsoper, in zahlreichen Bibliotheken und Phonotheken und auf Flohmärkten quer durch Europa. Richard Tauber war einer der größten lyrischen Tenöre des 20. Jahrhunderts und obwohl er besonders in Deutschland und Österreich zum Teil noch immer als schmalziger Operettentenor verpönt ist, darf seine Bedeutung als Schubert- und Mozart-Interpret nicht unterschätzt werden. Die Rezeption Taubers nach seinem Tod legt die Annahme nahe, dass die massive Propaganda der Nationalsozialisten gegen ihn bis heute nachwirkt. Gerade Taubers Interpretation des berühmten Loreley-Liedes beweist aber, dass er einer der größten Tenöre war – und den »Schmalztenor« nur gegeben hat, wenn er selbst es wollte, und nicht, wenn er von anderen dazu gebracht wurde.

Letztendlich ist die Geschichte Richard Taubers auch die Geschichte eines Heimatlosen und eines Getriebenen, von seiner frühesten Kindheit an bis in das britische Exil.

2. RICHARDL, DAS THEATERKIND

Seine einzigartige Stimme soll Richard Tauber mütterlicherseits vererbt worden sein, so erzählte es der Tenor gern selbst. Die große Musikalität wiederum haben ihm »*der liebe Gott mitgegeben, als ich auf die Welt kam, und dann muß mir noch eine gütige Fee den Violinschlüssel in die Wiege gelegt haben, der die Macht besaß, alle die Türen zu öffnen, die ich auf meinem Wege, Sänger zu werden, zunächst verschlossen vorfand*«.

Es war eine Theaterfamilie, in die Richard Tauber am 16. Mai 1891 geboren wurde, der Vater Schauspieler, die Mutter Soubrette und Richard ein »lediges Kind«, wie es so viele gerade in der Theaterbranche des ausgehenden 19. Jahrhunderts gab.

Über die Familie seiner Mutter ist heute nur noch wenig bekannt; belegt ist, dass seine Großmutter Karoline Denemy-Ney Sopranistin war, die sich vor allem mit der Partie der Venus in Wagners »Tannhäuser« einen Namen gemacht hatte. Gottfried Denemy, Richards Großvater, machte als Schauspieler Karriere, ehe er in den 1850er-Jahren am Ischler Kurtheater, dem heutigen Lehártheater, die Direktion übernahm. Die Tochter der beiden, Elisabeth, stand schon als Kind auf der Bühne und blieb, ganz dem Vorbild ihrer Eltern entsprechend, den Brettern, die die Welt bedeuten, treu: In jungen Jahren war sie vor allem in Wien engagiert; mit 32 Jahren, in einem für damalige Verhältnisse bereits fortgeschrittenen Alter, ging sie in die Provinz, nach Linz, wo sie am Landestheater auch weiterhin »jüngere Rollen« übernehmen konnte und unter dem Namen Betty Seifferth zu einer Linzer Lokalberühmtheit wurde.

Seifferth, die den Namen ihres verstorbenen Mannes, des Operettenregisseurs Karl Seifferth, weiterführte, sich aber dennoch als Fräulein bezeichnete, hatte am Linzer Landestheater einen mehrjährigen Vertrag, was zu jener Zeit unüblich war. Sie soll mit ihrer eingängigen Stimme, ihrem ansprechenden Äußeren, ihrer Eleganz und einem außergewöhnlichen Talent für witzige Rollen die Idealbesetzung für Soubrettenpartien gewesen sein und spielte diese in Linz über lange Jahre, auch als sie für das Fach eigentlich schon zu alt war, höchst erfolgreich.

Am Linzer Landestheater lernte sie auch den 14 Jahre jüngeren Schauspieler Anton Richard Tauber kennen, der 1883 als »jugendlicher Held und Liebhaber« engagiert wurde. Der Schauspieler wurde 1861 in eine jüdische Weingroßhändlerfamilie geboren, die aus Bratislava stammte und noch vor der Geburt Antons in die Kaiserstadt Wien gezogen war. Im Gegensatz zu den Denemys gab es bei den Taubers nur den jungen Anton Richard, den es zur Bühne zog. Seine ersten schauspielerischen Gehversuche fanden 1878 auf der Übungsbühne des Sulkowsky-Theaters im damaligen Wiener Vorort Matzleinsdorf statt. Nach einem ersten Engagement in Wels war das Linzer Landestheater Taubers nächste Station, wo er für zwei Spielzeiten engagiert war.

Zwischen Elisabeth Seifferth und Anton Richard Tauber entspann sich eine Beziehung, die sich über die nächsten Jahre zwar vertiefte, nicht aber in eine Ehe münden sollte. Es gab keinen gemeinsamen Hausstand, man sorgte sich vielmehr darum, an den gleichen Häusern engagiert zu werden: So kümmerte sich Tauber zum Beispiel während seines Engagements in Graz darum, dass auch Seifferth hier als Soubrette gastieren konnte. In den folgenden Jahren gab es immer wieder Gastspiele Taubers am Linzer Landestheater, während er am Deutschen Theater in Berlin unter Vertrag stand.

Über sieben Jahre dauerte die Beziehung zwischen der Sängerin und dem Schauspieler bereits, als Seifferth von Tauber schwanger wurde. Der Soubrette gelang es, ihre »Umstände« am Theater geheim zu halten, war doch, wie damals durchaus üblich, eine

Schwangerschaft ein Kündigungsgrund in ihrem Vertrag mit dem Landestheater. Nur ihr Ensemble-Kollege Leopold Beringer, der mit Seifferth und Tauber enge Bekanntschaft pflegte, wurde eingeweiht. Beringer unterstützte die werdende Mutter, wie er nur konnte, dazu gehörte auch, dass, wie die damalige Gesetzgebung es verlangte, er die Vormundschaft für das Kind übernahm.

Der werdende Vater Tauber befand sich gerade in New York und trat dort am deutschsprachigen Amberg Theater auf, da er zuvor krankheitshalber in Berlin vertragsbrüchig geworden war und mit dem Aufenthalt in Übersee um die Strafzahlung herumkommen

Foto: Richard Taubers Geburtshaus, das *Gasthaus zum Schwarzen Bären*

wollte, als Seifferth im *Gasthaus zum Schwarzen Bären* am 16. Mai 1891 den Spross ihrer Verbindung zur Welt brachte.

Es war ein kleines Zimmer, das die Soubrette in der Linzer Herrenstraße 9 bewohnte, mehr konnte sie sich nicht leisten, hatte sie doch für ihre beiden Töchter aus der Ehe mit Seifferth zu sorgen, die nicht bei ihr lebten, sondern bei Pflegeeltern untergebracht waren. Seifferth hatte aufgrund der Notwendigkeit, Geld verdienen und dafür im Linzer Landestheater auf der Bühne stehen zu müssen, keine Möglichkeit, die Mädchen bei sich zu haben und ihnen genügend Aufmerksamkeit und gleichzeitig finanzielle Unterstützung zu bieten. Also hatte sie sich dazu entschieden, die Erziehung der Mädchen Pflegeeltern zu überlassen und mit ihren Auftritten für den Unterhalt der beiden aufzukommen. Auch nach der Geburt des dritten Kindes konnte sie es sich nicht leisten, eine liebende, stets gegenwärtige Mutter zu sein. Weder war die Hinterlassenschaft ihres verstorbenen Ehemannes groß genug, noch verfügte sie über finanzielle Rücklagen seitens ihrer Familie.

Wie Richard Tauber später selbst erzählte, kam er nur knapp nach einer Vorstellung am Theater zur Welt:»*Es hätte nicht viel gefehlt, erzählte mir meine Mutter, daß ich eines Abends während der Vorstellung auf der Bühne, mitten im Lied von der Liab' und der Treu' und der Falschheit, das Rampenlicht erblickt hätte. So aber konnte meine Mutter ihre Partie mit knapper Not zu Ende singen. Ein Einspänner brachte sie vom Landestheater zum ›Schwarzen Bären‹, wo sie ein kleines Zimmer bewohnte. Noch vor Mitternacht des 16. Mai 1891 betrat ich laut schreiend die Weltbühne.*«

Ein kleines Linzer Hotelzimmer wurde zu Richard Taubers Kinderzimmer. Angesichts seiner zahllosen Hotelaufenthalte in aller Welt während seiner ausgedehnten Konzertreisen, als Appartements in Hotels wie dem Berliner Adlon oder dem Wiener Bristol für den Sänger bereitgehalten wurden, erscheint die Geburt in einem Hotelzimmer wie eine Vorwegnahme seines weiteren unsteten Lebens.

Auf den Namen Richard Denemy wurde er nach römisch-katholischem Ritus getauft und so auch am 23. Mai 1891 ins Taufbuch des Pfarramtes St. Joseph in Linz eingetragen. Seine Mutter gab ihm den zweiten Vornamen seines Vaters und er trug ihren Mädchennamen und nicht jenen ihres verstorbenen Gatten, der ihr Künstlername war.

Im Taufschein Taubers findet sich nur der Name der Mutter, der leibliche Vater bleibt ungenannt. Michael Jürgs mutmaßt in der Tauber-Biografie »Gern hab' ich die Frau'n geküßt«, dass dies im Zusammenhang damit stand, dass der Vater Jude war. Da Tauber aber kein praktizierender Jude war, sondern sich vielmehr wie viele andere Juden aufgrund eines allgegenwärtigen Antisemitismus zur Assimilation durch die römisch-katholische Taufe entschieden hatte, kann diese Vermutung nicht geltend gemacht werden. Anton Richard Tauber ging später sogar so weit, sich für seinen Sohn Richard die Priesterschaft als möglichen Beruf zu wünschen. Der wahre Grund der »Verheimlichung« am Standesamt lässt sich nicht belegen, es ist allerdings anzunehmen, dass Elisabeth Seifferth den Namen Taubers nicht nannte, da der Schauspieler zum Zeitpunkt der Geburt des Kindes nicht in Österreich war und auch noch nichts von der Existenz des gemeinsamen Kindes wusste.

Da es zu dieser Zeit für Frauen keinen gesetzlichen Mutterschutz, geschweige denn eine Karenzzeit gab, musste Seifferth bereits nach drei Wochen wieder zurück auf die Bühne des Landestheaters. Ein längeres Fernbleiben hätte die Kündigung ihres Vertrages zur Folge gehabt. Nach dieser kurzen Pause gab sie den kleinen Richard auf einen Kostplatz nach Urfahr, der Schwesterstadt von Linz am gegenüberliegenden Ufer der Donau, heute Teil der oberösterreichischen Landeshauptstadt, wo er sein erstes Lebensjahr verbrachte. Schauspielerinnen, die unverheiratet waren und in ihren Engagements deutlich zu wenig verdienten, um sich ein Kindermädchen leisten zu können, gaben die Kinder meist zu Pflegeeltern. Elisabeth Seifferths Entscheidung, ihre Töchter und ihren Sohn nicht selbst aufzuziehen, entsprach völlig ihrem Stand. Auch weil die Bereitschaft, kurzfristig Rollenangebote an unterschiedlichen Theatern anzunehmen, unerlässlich für den Fortbestand einer Schauspielerinnen-Karriere war, erscheint diese Entscheidung den damaligen Strukturen entsprechend logisch.

Im Jahr der Geburt ihres Sohnes übernahm Elisabeth Seifferth ein Engagement in Reichenberg, wo sie das Fach der »Anstandsdame und komischen Alten« übernahm. Im folgenden Jahr wurde sie ans Stadttheater in Olmütz engagiert. Anton Richard Tauber erfuhr von der Existenz seines Sohnes, als der Knabe noch kein Jahr alt war. Fortan besuchte der Schauspieler sein Kind, soweit es seine Engagements in Graz, Wien und Berlin erlaubten. Zwar brachte er immer Geschenke mit nach Urfahr, eine maßgebliche finanzielle Unterstützung konnte Tauber zu diesem Zeitpunkt allerdings noch nicht leisten.

Der kleine Richard blieb die erste Zeit seines Lebens bei den Pflegeeltern, ehe er in die Obhut der Mutter kam und an ihrer Seite erstmals Theaterluft schnupperte. »*Beim Einstudieren ihrer Gesangspartien stand ich in den meist winzigen Hotelzimmerchen neben ihr und hörte zu. Auf den Proben im Theater saß ich auf einem Sessel in der Damengarderobe stumm wie ein Ölgötze, denn es hieß ununterbrochen: ›Richardl, sei brav; Richardl, sei still; Richardl, sitz ruhig!‹ Als ich laufen konnte, wartete ich das Ende der Proben in irgendeinem Winkel zwischen den Kulissen ab und lernte früh, mich so zu placieren, daß kein auf- und abtretender Schauspieler oder gar ein Theaterarbeiter mit einem Versatzstück mich hätte niedertreten können.*«

Diese frühen Eindrücke dürften das Kind auf mehreren Ebenen geprägt haben, finden sich doch keinerlei Hinweise darauf, dass Richard Tauber in seiner Kindheit und Jugend jemals andere Wünsche geäußert hätte, als selbst ans Theater zu gehen. Neben der frühen Faszination für die Bühne war der Umstand, dass das Kind bei seiner Mutter sein konnte, natürlich von großer Bedeutung. Die Bühne war für den Buben ein Ort der Sicherheit, und er wurde, wenn er brav war, nicht wieder zu den Pflegeeltern gegeben. Auch wenn in den folgenden Jahren die verschiedenen Bühnen einander ablösten, war das Theater in der Unstetigkeit seiner ersten Lebensjahre die einzige Konstante. Egal wo Tauber später auftrat, ob in einem Theater oder in einem Park, die Bühne war seine wahre Heimat. Taubers spätere Leidenschaft, in Hotels zu wohnen, mag wohl auch in diesen ersten Lebensjahren begründet sein. Wechselte er doch an der Seite seiner Mutter deren Engagements entsprechend die Hotelzimmer.

Als Seifferth das Linzer Landestheater erneut verlassen musste, beendete der kleine Richard knapp vor seinem 7. Geburtstag, am 28. April 1898, seine Schulzeit auf der Spittelwiese in Linz.

Während ihrer gemeinsamen Linzer Zeit lehrte die Mutter Richard sein allererstes Lied, »Das Lied vom Zinnhusaren«, das der Knabe, wann immer er dazu aufgefordert wurde, vorsang. Er bekam auch immer ein Honorar für seine Darbietung, das, wie er selbst notierte, nur aus Hellerbeträgen bestand. Brav zu sein und das Lied richtig vorzutragen waren die ersten Erfolgsmomente des kleinen Richard. Er war gehorsam und wurde von seiner Mutter und deren Freunden gelobt. Und er wusste, wenn er die Regeln der Mutter befolgte und ihren Vorstellungen eines braven Kindes entsprach, bekam er etwas Geld zugesteckt und die Zuneigung seiner Mutter zu spüren. Mit Anfang 40 noch einmal Mutter zu werden und dabei über keinen finanziell gesicherten Hintergrund zu verfügen, mag für Seifferth nicht einfach gewesen sein. Ihr Sohn hatte sich in den wenigen gemeinsamen Jahren den Umständen anzupassen und lernte eine stabile Umgebung, die für die Entwicklung eines Kindes nicht unerheblich ist, erst kennen, als er zu seinem Vater zog. Der Mutter aber wollte es der kleine Richard immer recht machen, damit sie ihn »recht lieb hatte«. Dieses »Rechtmachenwollen« wiederholte sich noch oft in Taubers späterem Leben.

Der von der Mutter so befürwortete Vortrag des Zinnhusaren-Liedes stieß bei Taubers Vater auf wenig Begeisterung. Tauber erinnerte sich an eine Begebenheit aus seiner Kindheit: »*Zu den glücklichsten Erinnerungen gehörten die interessanten und schönen*

Reisen, die ich an seiner Seite unternehmen durfte. Ich war sehr stolz auf ihn, denn er besaß als Schauspieler einen bedeutenden Namen und war durch sein ritterliches und charmantes Benehmen überall der Mittelpunkt der Gesellschaft. Daß ihm die Frauenwelt besonders zugetan war, möchte ich nicht verschweigen, denn ein Künstler braucht nun einmal das Fluidum holder Weiblichkeit. [...] Mit Wehmut erinnere ich mich jenes Sommertages in Tirol, an dem mein Vater eine schwierige Bergtour unternahm, zu der ich nicht mitgenommen wurde. Ein Kreis hübscher junger Damen bemühte sich um mich und faßte den Entschluß, meinem Vater bei seiner Rückkehr eine besondere Überraschung zu bereiten. Die Damen studierten mir einige Volkslieder ein und fragten mich, ob ich nicht ein Lieblingslied hätte. Und ob ich eines hatte! Es war jenes Lied vom ›Zinnhusar‹, das mir meine Mutter einstudiert hatte. Als Vater von der Bergpartie zurückgekehrt war, wurde ich im Kurhaus als Sänger präsentiert und gefiel den Hörern so, daß ich den ›Zinnhusaren‹ wiederholen mußte. Der Vater war von dieser ›Überraschung‹ peinlich berührt und mißbilligte ›Wunderkinderexperimente‹.«

Tauber, der einem theaterfernen Milieu entstammte, tat sich mit derlei »Vorführungen« seines Sohnes schwer; Richards Mutter, die selbst schon als Kind auf der Bühne gestanden hatte, sah in den Auftritten nichts Verwerfliches, ja sie förderte die Auftritte des Buben geradezu.

1899 wurde Elisabeth Seifferth ans Stadttheater Salzburg engagiert, wo ihr erstes Rollenfach das der »bürgerlichen Mutter« war, dem sie auch in ihrer weiteren Karriere treu blieb. Im Alter von 48 Jahren hatte sie das Soubrettenfach nun völlig aufgegeben. Der Umzug der Mutter nach Salzburg veranlasste den Vater, ein Salzburger Internat für den achtjährigen Richard zu suchen. Der Schauspieler hatte bereits während eines kurzen Engagements in Graz das Kind bei sich gehabt und die finanzielle Obsorge übernommen, nun kümmerte er sich auch um dessen schulische Ausbildung, obwohl er den offiziellen Papieren nach nicht der Vater Richards war.

In den folgenden vier Jahren war der Knabe im Salzburger Internat untergebracht. Warum Richard in Salzburg nicht bei der Mutter wohnte, ist unklar. Vermutlich wollte oder konnte sie, nachdem sie es nicht gewohnt war, ein Kind bei sich zu haben, auch weiterhin nicht die Zeit aufbringen, sich intensiv um das Kind zu kümmern. Seifferth war zu diesem Zeitpunkt nicht mehr für die finanzielle Versorgung ihres Sohnes zuständig, da nun sein Vater für den kleinen Richard sorgte. Ein Internat war die einfachste Lösung: Für die Unterbringung wurde bezahlt und man konnte das Kind besuchen oder es bei sich zu Gast haben, ohne eine ständige Verpflichtung eingehen zu müssen. Auch wenn Richard Tauber immer wieder vom ausgesprochen guten Verhältnis zu seiner Mutter schwärmte und bei verschiedenen Gelegenheiten reizende Anekdoten zu erzählen wusste, scheint das Mutter-Sohn-Verhältnis den Umständen entsprechend kein allzu herzliches gewesen zu sein, fehlte doch die räumliche Nähe, die sich positiv auf das Verhältnis zwischen Kind und Mutter hätte auswirken können. Weit näher standen sich Vater und Sohn Tauber. 1903, Richard war zwölf Jahre alt, zog er endgültig zum Vater. Die Jahre des Herumgereichtwerdens waren endlich vorbei. Seine Jugend verbrachte Richard an der Seite seines Vaters in Deutschland. Es gibt keinerlei Belege für ein Nichteinverständnis der Mutter, dass der Vater den Sohn mit sich nach Deutschland nahm. Es sollten Jahre vergehen, ehe Elisabeth Seifferth ihren Sohn wiedersah.

Wiewohl die Verbindung zwischen Vater und Sohn Tauber eindeutig enger war, bleibt unklar, warum es bis ins Jahr 1913 dauerte – Richard war bereits 22 Jahre alt –, bis der Vater ihn adoptierte. Hing es mit den Erfolgen des Sohnes zusammen? Hat man nur darauf vergessen, diese Formalität nachzuholen? Im Taufbuch in Linz ist die Adoption wie folgt vermerkt: »*Ist lt. Mitteilung d. Justizministeriums vom 27. 3. 1913 von Anton Richard Tauber adoptiert worden und hat in Hinkunft den Doppelnamen Denemy-Tauber zu führen.*« Den Geburtsnamen Denemy führte er bereits seit seinem ersten Bühnenauftritt nicht mehr offiziell. Seinem Vornamen stellte er zu Beginn ein C. (für Carl) vor, um sich von seinem Vater abzuheben, der zu jener Zeit auf den Anton in seinem Vornamen gänzlich verzichtete und erst später, als der Sohn berühmt war, ein A. vor seinen Vornamen Richard stellte. Tatsächlich blieb Denemy-Tauber zeit seines Lebens der richtige Name des Tenors. Für die Welt aber war er »der Tauber«.

Wiesbaden, wo Anton Richard Tauber 1904 am Schauspielhaus ein Engagement antrat, sollte eine bedeutende Station für Vater Tauber und Sohn Denemy werden. Auch hier war Richard das Theater bald kein fremder Ort mehr. Die Bühne gehörte zu den Angelpunkten seines Alltags, und Wiesbaden sollte der Ort für mehrere besonders prägende Begegnungen für den Knaben werden. Neben dem Besuch des Städtischen Reformgymnasiums erhielt Richard erstmals Klavierunterricht, da sein Vater davon überzeugt war, dass dies die allgemeine Ausbildung seines Sohnes komplettiere. Nach den ersten Klavierstunden übernahm Arthur Rother den Unterricht. Rother war zu diesem Zeitpunkt noch Kapellmeistervolontär und Korrepetitor in Wiesbaden, wo er für seine spätere Karriere als Dirigent schon einen wichtigen Grundstein legen konnte. Der Unterricht Rothers scheint für den jungen Tauber besonders wichtig gewesen zu sein, denn dem Lehrer gelang es, wie Tauber später selbst unterstrich, in ihm ein tief gehendes Verständnis für Musik zu wecken. Bemerkenswert ist, dass Rother nach der Machtergreifung der Nationalsozialisten auf deren Seite stand und in die verschiedenen NS-Musikorganisationen eintrat. Tauber, Rothers ehemaliger Schüler, hingegen gehörte zu jenen, die das nationalsozialistische Regime schon 1933 des Landes verwies.

Die zweite bedeutende Wiesbadener Begegnung für den jungen Tauber war jene mit dem Heldentenor Heinrich Hensel, den eine Freundschaft mit Richards Vater verband und der zum Idol des jungen Tauber wurde. Hensel war ein häufiger Gast bei Taubers, er verfolgte die Entwicklung Richards mit großer Aufmerksamkeit; die ersten Kompositionen des Jungen waren dem Tenor bekannt. Die

Verbindung zwischen den Taubers und Hensel ging so weit, dass der junge Richard sein Idol auch auf Gastspielen, etwa nach Brüssel ans *Théâtre de la Monnaie*, begleiten durfte.

Tatsächlich war die Begegnung zwischen dem Heldentenor und seinem jugendlichen Bewunderer folgenschwer, da sich der junge Tauber mit seinem Wunsch, Hensel nachzueifern, die angestrebte Karriere als Sänger zunächst einmal erschwerte. Richards Schulerfolg im Realgymnasium litt zusehends unter seiner immer stärker werdenden Musikleidenschaft, und noch nicht ganz 17-jährig gestand er dem Vater seinen sehnlichsten Wunsch: Sänger zu werden. Der Vater konnte Richards Wunsch vorerst nichts abgewinnen, da er dafür eindeutig zu wenig Begabung bei seinem Sohn sah.

Heinrich Hensel aber war davon überzeugt, dass in Richard ein großes Talent schlummerte. Es stand unentschieden und das Urteil eines Unparteiischen war gefragt. Kammersänger Leopold Demuth, ein guter Bekannter von Tauber senior und an der Wiener Hofoper beschäftigt, sollte das Zünglein an der Waage sein. Also schrieb Vater Tauber ein Empfehlungsschreiben, mit dem er den Sohn nach Wien sandte.

In der Wiener Hofoper erzählte der Prüfling Demuth, dass er die Gralserzählung aus Wagners »Lohengrin« einstudiert habe. Er sang vor und es wird berichtet, dass Demuth in einem fort »Lauter! Lauter!« gerufen haben soll. Der 17-Jährige soll demnach mehr gebrüllt als gesungen haben, worauf seine Stimme beim ersten hohen Ton brach. Demuth gab Richard nach dem unglücklichen Vorsingen einen Brief für den Vater mit, den dieser aber schon in einem nahen Kaffeehaus las: »*Lieber Freund! Um Gottes Willen, halte Deinen Sohn davon ab, Sänger zu werden. Was er besitzt, ist ein Zwirnsfaden, aber keine Stimme. Glaube mir, aus ihm wird niemals ein Sänger!*«

Obwohl Demuths Meinung das Urteil des Vaters bestätigte, ließ er den sangeswilligen Sohn noch beim »Königlichen Kapellmeister« Josef Schlar in Wiesbaden vorsingen. Anzunehmen ist, dass Richard auch hier die Gralserzählung zum Besten gab, denn die Reaktion

Schlars war jener Demuths sehr ähnlich: Außer »*So eine Stimme hab ich auch!*« soll er nichts gesagt haben, und damit schien das Schicksal des Jungen vorerst besiegelt.

Da das Talent zum Singen offenbar nicht für ein Gesangsstudium genügte, eine große Musikalität Richards aber eindeutig vorhanden war, entschied sein Vater, dass Richard Musik studieren sollte. Am Frankfurter Hoch'schen Konservatorium bestand er die Aufnahmeprüfung mit Bravour und belegte neben Klavierspiel und Komposition auch das Fach Orchesterdirigieren. Tauber senior war zwar nicht vom Gesangstalent seines Sohnes überzeugt, wollte ihm aber doch die bestmögliche Ausbildung zukommen lassen. Etwas Schauspielunterricht konnte dabei auch nicht schaden. Und Richard, der von den Zweifeln seines Vaters wusste, war trotz der Rückschläge davon überzeugt, früher oder später doch noch als Sänger auf der Bühne zu stehen. Egal was Demuth und Schlar an seiner Stimme auszusetzen hatten.

Nachdem Elisabeth Seifferth und Anton Richard Tauber nicht verheiratet waren, ehelichte der Schauspieler seine Bühnenkollegin Josefine Moller, die innerhalb des ersten Ehejahres einer Krankheit erlag. 1910 folgte die zweite Hochzeit. Die Auserwählte, Elise Henriette Hase, hatte im Gegensatz zu Moller und Seifferth nur indirekt mit dem Theater zu tun. Die wohlhabende Fabrikantenwitwe war die Mutter des ebenfalls am Wiesbadener Theater engagierten Schauspielers Robert Hase, der Tauber mit seiner Mutter bekannt gemacht hatte. Neben Robert brachte sie einen zweiten erwachsenen Sohn mit in die Ehe: Otto, der sich, wie sein Bruder Robert, mit dem Stiefbruder Richard gut verstehen sollte. Robert Hasé-Tauber – den Namen seines Stiefvaters fügte er zu seinem hinzu und auf den seinen setzte er zudem einen eleganten Akzent – verließ noch im Jahr der Hochzeit seiner Mutter mit Anton Tauber Wiesbaden, um nach Offenburg zu gehen und dort als Dramaturg und Regisseur zu arbeiten und nach mehreren Stationen, wie Teplitz-Schönau und Zittau, nach Breslau zu kommen, wo er von 1918 bis 1931 als Bürochef am

Stadttheater arbeitete, ehe er für seinen Stiefbruder Richard als Manager tätig wurde.

Die Hochzeit der Taubers, bei der Richard und der um ein Jahr ältere Otto die Trauzeugen waren, fand in London statt. Als die Hochzeitsgesellschaft nach Wiesbaden zurückkehrte, begann Richard für eine Tänzerin am Königlichen Opernhaus zu schwärmen. Diese harmlose Liebelei, die sich hauptsächlich auf gemeinsame Waldspaziergänge, Kinobesuche und rare Besuche Richards bei der Angebeteten, unter dem Vorwand ihr Klavierstunden zu geben, beschränkte, ließ aber die Aufmerksamkeit für seine Studien in Frankfurt sinken. Nach dem anfänglichen Erfolg wurden auch Richards Vater und Stiefmutter auf sein deutlich schwächeres Engagement aufmerksam. Noch wusste man im Hause Tauber nicht, was der Grund dafür war, als er aber heimlich damit begann, im Wiesbadener Kino als Klavierspieler die Filme zu begleiten, dauerte es nicht lange, bis Tauber senior von dem neuen Engagement seines Sohnes erfuhr. »Ich bekam auch ein Honorar, das ich sofort in Blumen und Naschereien für mein Ballettmädel umsetzte. Im Kino wurde ich eines Tages von meinem Vater entdeckt, dem man davon erzählt hatte, und das Weitere erfuhr er dann durch Kapellmeister Arthur Rother.«

Richard musste sich von seinem Vater nun anhören, dass seine Angebetete die Geliebte des Generalintendanten aller preußischen Hofbühnen, Graf von Hülsen, war und dass dies bereits ganz Wiesbaden wusste, nur dem verliebten Richard war dieses wichtige Detail bislang entgangen. Um die Affäre zu beenden und Tauber senior vor Schwierigkeiten mit dem einflussreichen von Hülsen zu bewahren, wurde Richard kurzerhand in Begleitung seines Stiefbruders Otto zu einer befreundeten Familie nach Freiburg im Breisgau geschickt. Richards Ausbildung in Frankfurt fand auf diese Weise ein jähes Ende, sollte aber am Konservatorium in Basel fortgesetzt werden.

Dass ausgerechnet in Freiburg Richards inniger Wunsch nach einer Sängerkarriere in Erfüllung gehen sollte, konnten weder der 19-Jährige noch sein Vater ahnen.

3. EINE GANZ BESONDERE STIMME

In Freiburg wurde Richard bei den Sarrazins, einer der angesehensten Familien der Stadt, untergebracht. Lilly Sarrazin, die Tochter des Hauses, war ein paar Jahre jünger als Richard und studierte als angehende Pianistin wie er am Konservatorium in Basel. In regelmäßigen Abständen wurden bei den Sarrazins musikalische Abende veranstaltet, die Richard Gelegenheit boten, vor Publikum zu singen. Durch das Musikstudium hatte sich sein Gesangsrepertoire über das Unheil bringende Gralslied hinaus deutlich erweitert, und durch den Zuspruch in diesem neuen Umfeld wurde sein Selbstbewusstsein gefestigt und sein Wunsch, Sänger zu werden, erhielt neuen Auftrieb.

Über das erste Aufeinandertreffen zwischen Richard und dem Dirigenten, Musikpädagogen und Komponisten Carl Beines gibt es verschiedene Berichte. Wo sich die beiden zum ersten Mal trafen, ist nicht völlig geklärt, höchstwahrscheinlich war aber ein Musikabend bei den Sarrazins der Ort ihrer ersten Begegnung. Nach einem ersten Vorsingen bemerkte Beines beiläufig, dass die bisherigen Versuche, einen Gesangslehrer von seiner Stimme zu überzeugen, nur schiefgehen konnten: Richard besaß alles andere als die stimmliche Voraussetzung für einen Heldentenor und hatte doch immer das Gralslied bei diesen entscheidenden Gelegenheiten gesungen.

Der Gesangspädagoge rief nun Taubers Vater nach Freiburg, um mit ihm die Ausbildung des knapp 20-Jährigen zu besprechen. Carl Beines gefiel vor allem »*die berückend schöne Mittellage der Stimme und die Musikalität*«. Die Anfänge der gemeinsamen Arbeit wurden aber durch Richards großen Eifer behindert, wie sich Beines erinnerte: »*Der junge Mann war so temperamentvoll und tatendurstig, daß er kaum zu bändigen war und auch vor und nach den Stunden zu Hause immer am Klavier saß, um natürlich die schwersten Arien zu singen. Da schrieb ich seinem Vater, daß wir so nicht weiterkämen. Ich müßte nicht nur zweimal in der Woche, sondern jeden Tag mit seinem Sohn arbeiten, womöglich morgens und nachmittags je eine halbe Stunde, und Richard müsse strengstens untersagt werden – was auch ich schon erfolglos versucht habe –, außerhalb der Unterrichtsstunden Sachen zu singen, die ich ihm nicht aufgegeben hatte.*«

Tauber senior nahm seinen Sohn ins Gebet und dieser hielt sich fortan an die Stimmübungen, die ihm Beines aufgab. Das strenge und intensive Arbeitspensum trug mit der steten Unterstützung Lilly Sarrazins erste Früchte: Lieder von Schumann, Schubert und Brahms durften bald neben den üblichen Übungen gesungen werden. Ein erster Auftritt am 17. Mai 1912 im Rahmen eines Liederabends des Freiburger Männerchors »Concordia« war die Belohnung für den Eifer, den Richard in der kurzen Zeit der gemeinsamen Arbeit an den Tag gelegt hatte. Am Klavier begleitete ihn Beines selbst, zum Vortrag brachte er Lieder von Schumann, Schubert und auch von Beines, der in jenen Jahren ein in Deutschland bekannter Komponist war. Richards erster Auftritt wurde von einem voll besetzten Haus mit Begeisterung aufgenommen.

Bereits nach dem ersten Studienjahr sollte Richard Tauber – wie er sich bereits nannte, noch ohne von seinem Vater adoptiert worden zu sein – zu einem Vorsingen nach Mannheim ans National-Theater reisen, wo ein lyrischer Tenor gesucht wurde. Dass er diesen Schritt unternahm, mag weniger daran gelegen haben, dass Beines seinem Schüler bereits ein Bühnenengagement zutraute, als an der Ungeduld des jungen Sängers, endlich auf einer Bühne zu singen. Der Weg von Freiburg nach Mannheim führte über Wiesbaden, wo er dem Intendanten Herrn von Mutzenbacher und seinem Vater vorsang. Die Begeisterung war zwar groß, dennoch war dem stolzen Vater klar, dass der junge Sänger ein weiteres Jahr bei Carl Beines studieren musste. Trotz des stimmlichen Fortschritts waren nach der gestrengen Meinung des Vaters die Höhen, die ein lyrischer Tenor beherrschen muss, um alle in Frage kommenden Partien singen zu können, zu wenig ausgeprägt. Das weitere intensive Studium in Freiburg sollte denn auch seine Wirkung zeigen.

Tauber senior trat, kaum dass sein Sohn wieder zurück bei den Sarrazins und Beines war, die Direktion der Vereinigten Stadttheater Chemnitz an. Für den mittlerweile 51-jährigen Schauspieler bedeutete dies eine sichere Anstellung und gleichzeitig einen wichtigen Karrieresprung. In Freiburg durfte Richard mittlerweile mehr als nur Tonleitern üben: Es galt, Partien wie den Tamino aus Mozarts »Zauberflöte«, den Max aus Webers »Freischütz« und den José aus Bizets »Carmen« zu studieren und eine Rollenvielseitigkeit aufzubauen, für die Tauber einmal berühmt werden sollte. Innerhalb weniger Jahre sollte er sich allein im Opernrepertoire 80 Rollen erarbeiten, hinzu kamen zahlreiche Lieder und natürlich die berühmten Operettenpartien.

Viele Quellen verweisen auf die spätere Einsicht des zunächst so vehement auf die Bühne drängenden jungen Tenors; sein Vater hatte recht gehabt mit der Entscheidung, ihn noch weiter bei Carl Beines studieren zu lassen. In den folgenden Monaten in Freiburg sollte sich Richards Stimme weiterentwickeln, und auch wenn die Stimme immer noch zu reifen hatte, stand einem baldigen Bühnendebüt nichts mehr im Wege.

Die Verbundenheit zwischen Vater und Sohn und das nun endgültige Vertrauen von Tauber senior in seinen begabten Sohn zeigt sich im Ort des Bühnendebüts Richards, trat er doch zum ersten Mal im Theater seines Vaters in Chemnitz auf. Am 2. März 1913 brillierte Richard Tauber mit der Partie des Tamino in der »Zauberflöte«. In Chemnitz waren die ersten Kritiken mehr als wohlmeinend, ja sie sprachen von einem durchschlagenden Erfolg des Debütanten. Am 3. März 1913 schrieb das »Chemnitzer Tageblatt«:

»Das Interesse an der gestrigen Aufführung der ›Zauberflöte‹ erhielt

ein besonderes Licht von einem einigermaßen sensationellen Umstand: Herr C. Richard Tauber, ein Sohn unseres Theaterdirektors, betrat in der Rolle des Tamino als Debütant die gefährlichen Bretter. Zum ersten Male auf der Bühne und gleich als Tamino – der Mensch versuche die Götter nicht, dachte man in Besorgnis. Aber der Verlauf des Abends erbrachte die Rechtfertigung dieses geradezu unwahrscheinlichen Novizenwagemuts. Schon wer in der Erwartung der üblichen Debütantenbefangenheit seinem Gemüt ein kleines Sensatiönchen erhoffte – solche Durchblicke ins bürgerliche Menschentum des mit seiner Rolle maskierten Darstellers sind im Zuschauerraum ja hochbeliebt –, der kam nicht auf seine Rechnung. Als hätte er zeitlebens nirgend woanders als zwischen Kulissen und dem bleckenden Rachen des Ungeheuers Publikum gelebt, so bewegte sich der junge Künstler auf der Bühne; ein echtes Theaterblut, dem man mit Staunen nicht den geringsten Mangel an Sicherheit und Routine anmerkte. [...] Die Stimme nun ist ein schöner, ausdrucksreicher, biegsamer und trotz seines dunklen Tones sehr jugendlicher Heldentenor, dem in Tiefe und Mittellage viel Duft eigen ist, und der nur in der obersten Höhe ein wenig vom Glanze einbüßt, der ihn sonst auszeichnet. [...] Dem vornehmen Zuge in der Behandlung von Stimme und Noten entsprach ganz und gar die subtile Charakteristik im Vortrag, besonders in der Kantilene, die in edlem Flusse und echt künstlerischer Nuancierung vor dem Ohr des Hörers hinzog. Wenn man sich bei diesen Eindrücken die Tatsache vergegenwärtigt, daß es sich hier um einen allerersten Versuch handelte, dann ist es nicht schwer, dem jungen Künstler ein Prognostikon zu stellen.«

So lautete Taubers erste lobende Kritik. Unzählige weitere Kritiken sollten folgen, auch außerhalb Deutschlands. Graf Seebach, der Intendant der Dresdner Hofoper, war gemeinsam mit dem Generalmusikdirektor Ernst von Schuch im Chemnitzer Publikum anwesend, vielleicht um die knapp zuvor gefallene Entscheidung, Tauber mit einem Fünfjahresvertrag an die renommierte Dresdner Hofoper zu holen, zu überprüfen? Kaum fünf Jahre waren seit dem verheerenden Vorsingen in Wien vergangen, und nun durfte sich der junge Richard Tauber bald »Königlicher Hofopernsänger« nennen.

1913, das Jahr seines Bühnendebüts, wurde auch das Jahr der Adoption durch seinen Vater: Richard war nun offiziell der Sohn des Chemnitzer Theaterdirektors und auf den Opernbühnen Deutschlands und Österreichs bald ein gefragter lyrischer Tenor. Richard Taubers erste Rolle an der Dresdner Semperoper, wie die damalige Hofoper nach ihrem Erbauer Gottfried Semper genannt wurde, war allerdings keine der schon auf Vorrat einstudierten Partien: Tauber hatte an diesem Haus von Weltrang die Aufgabe, für erkrankte Kollegen einzuspringen, und so war seine erste Oper Aubers »Die Stumme von Portici«, in der er den Alfonso sang.

Die Kritiken waren weitaus weniger freundlich als in Chemnitz, hieß es in Dresden doch auch, einem Publikum und Zeitungen zu begegnen, die einem jungen Sänger zwar Schwächen zugestanden, die aber gleichzeitig für die Ehre, in Dresden fix engagiert zu sein, etwas geboten bekommen wollten. Auch als er den Alfred in »La Traviata« sang, sprachen die Kritiken eine klare Sprache: Trotz teilweise ausgezeichneter Leistungen wurden ihm in den »Dresdner Nachrichten« Mängel im dramatischen Gesang unterstellt. Es schien ihm an Eifer zu mangeln, wie Direktor Graf von Seebach besorgt an Taubers Vater schrieb.

Eine Erklärung für die Schwächen in Taubers Gesang war zum einen tatsächlich die zu diesem Zeitpunkt etwas legere Einstellung zum Studium und zum kontinuierlichen Üben, zum anderen war es aber tatsächlich so, dass Tauber die Rollen, wie den José und auch den Alfred, im letzten Moment gelernt hatte und bei den Aufführungen nur auf äußerst kurze Probenzeiten zurückgreifen konnte. Dies versicherte auch der Vater dem besorgten Intendanten von Seebach in einem Brief vom 31. Januar 1915:

»Eure Exzellenz!
Für die so überaus fürsorgliche Anteilnahme an der künstlerischen
Entfaltung meines Sohnes ergebensten Dank. Nach Rücksprache mit

ihm versprach er mir, in den nächsten Aufführungen Euer Exzellenz den Beweis zu erbringen, daß sein Eifer, seine Fehler abzustellen, nicht erlahmt ist, und daß sein Bummeln aufhört. Was ›Carmen‹ anbetrifft, so entschuldigte er sich damit, daß er die Partie im letzten Augenblick übernommen habe, und ihm daher die Ausarbeitung fehlte, mit seinen Mitteln haushalten zu können.

Mit vorzüglicher Hochachtung Ihr sehr ergebener A. Richard Tauber.«

Die gesanglichen Schwierigkeiten, die sich bei dem jungen Tenor auftaten, fielen in den Kriegswinter 1914/15. Die Kriegsbegeisterung in den Mittelmächten Österreich-Ungarn und Deutschland war ungebrochen, doch was auf den Schlachtfeldern Europas passierte, war für Tauber kaum von Bedeutung: Er und seine ebenfalls jungen Kollegen waren vor allem damit beschäftigt, so viel Bühnenerfahrung wie möglich zu sammeln und dementsprechend viele Partien zu lernen. In Dresden begann man den jungen Sänger bald als SOS-Tenor zu bezeichnen, da man wusste, dass Tauber im Notfall immer einspringen würde: Die Partie des Faust in Gounods gleichnamiger Oper soll er innerhalb von 48 Stunden gelernt, die Rolle des Bacchus in »Ariadne auf Naxos« gar an einem einzigen Nachmittag einstudiert haben. Taubers Musikalität half ihm angesichts dieser unüblich kurzen Vorbereitungszeiten.

Neben den zahlreichen unterschiedlichen Partien an der Semperoper gastierte Tauber 1915 erstmals in Berlin an der Staatsoper Unter den Linden mit der Rolle des Bacchus in Richard Strauss' »Ariadne auf Naxos«. Auch hier war es wieder ein Einspringen, das ihn nach Berlin brachte. Um seiner selbst willen wurde er noch nicht nach Berlin geholt, dazu mussten noch ein paar Jahre vergehen. Bei diesem ersten Gastspiel aber stand Richard Strauss selbst am Dirigentenpult. Es war nicht das erste Mal, dass Tauber den Bacchus sang, dennoch soll er, um den Komponisten mit seinem Können zu beeindrucken, auf die Frage von Strauss, wo er die Partie schon gesungen habe, geantwortet haben, dass er den Bacchus an diesem

Abend zum ersten Mal singe. Strauss soll ob dieser Antwort sehr verärgert gewesen sein, mit Anfängern würde er doch nicht arbeiten.

In den nächsten Jahren war Tauber hauptsächlich in Dresden zu hören. Hier wurden seine Partien größer und die Kritiken freundlicher. Der auf einem Auge stark fehlsichtige Tenor wurde nicht zum Krieg eingezogen, aufgrund eines Bescheids vom 14. Juli 1914 blieb er vom Kriegsdienst verschont. Mit der Freistellung wurde er allerdings bis Ende 1933 für Österreich-Ungarn »landsturmpflichtig« und hatte sich in den kommenden 20 Jahren am jeweiligen 1. Januar am Gemeindeamt seines Wohnortes zu melden, um die dafür fällige »Militärtax« zu bezahlen. Dass Tauber just im letzten Jahr seiner Landsturmverpflichtung aus Deutschland vertrieben und bis zu seiner Emigration nach England in Wien ansässig wurde, entbehrt nicht einer Portion bitterer Ironie.

Während des Ersten Weltkriegs studierte Tauber Partien, schrieb Lieder, die sich gegen den Gang zu den Waffen aussprachen, und sang in populären Truppenbetreuungskonzerten für Soldaten. Auch wenn sich der junge Tenor hier bereitwillig engagierte, ging für ihn die geliebte Musik immer vor. Es galt, neue Rollen zu studieren und die Stimme weiter zu trainieren. Auf den Sänger übte der Krieg im Gegensatz zu vielen anderen seiner Generation keinerlei Anziehung aus. Sein Herz gehörte allein der Musik.

Zu den immer tragender werdenden Partien Taubers gehörte der Don Ottavio aus Mozarts »Don Giovanni«. Gerade mit dieser Rolle sollte Tauber im Laufe seiner Karriere, wie bei den Salzburger Festspielen 1922, große Erfolge feiern. Jahrzehnte später war es wieder die Partie des Don Ottavio, mit der Tauber an der Royal Opera Covent Garden den höchst dramatischen Schlusspunkt seiner Karriere setzen würde.

In Dresden legte die Königliche Hofoper, wie alle anderen Häuser, großen Wert darauf, die engagierten Künstler auf Fotografien in verschiedenen Kostümen oder in eleganter Abendbekleidung der Öffentlichkeit zu präsentieren. Auf diesen Bildern hatte die Brille,

RICHARD TAUBER
KGL. SÄCHS. HOFOPERNSÄNGER
IN „FRA DIAVOLO"

HUGO ERFURTH
DRESDEN, phot.
1990

Foto: Richard Tauber in einer seiner frühen Opernrollen

die Tauber privat trug, nichts zu suchen, also empfahl Direktor von Seebach ein Monokel, denn ein Künstler dürfe durchaus verschroben, sogar »etwas verrückt« aussehen, aber nicht wie ein Buchhalter. Auf privaten Fotografien und Filmaufnahmen und in seiner Darstellung des Franz Schubert am Londoner Aldwych Theater in »Lilac Time« sowohl wie in Paul L. Steins Film »Blossom Time«, 1934, trug Tauber eine Brille.

Das Monokel trug dem Tenor den Ruf ein, besonders eitel zu sein. Noch während des Ersten Weltkriegs, 1917, trat Tauber zum ersten Mal in einer Operette auf: Der Eisenstein in der »Fledermaus« sollte neben dem Barikany im »Zigeunerbaron« seine erste Rolle im leichten Fach sein. Vorerst blieb es aber bei diesen Ausflügen in die Operette. Noch hatte sich Tauber der Oper verschrieben und erweiterte sein Repertoire zügig.

Nach dem Auftritt in Strauss' »Ariadne auf Naxos« vergingen Jahre, ehe Tauber wieder in Berlin singen konnte. Im ersten Nachkriegsjahr war es dann so weit, Tauber war nun nicht mehr nur ein junger Tenor, der für einen erkrankten Kollegen einsprang, sondern der gefeierte Kammersänger aus Dresden: An der Oper Unter den Linden trat er als Alfred in Verdis »La Traviata« auf und wurde von Publikum und Kritik gleichermaßen gefeiert. Die folgenden Gastspiele brachten ihn nach Wien an das Operntheater, das erst ab 1938 offiziell den Namen Wiener Staatsoper trug, und wieder nach Berlin.

Während dieser Zeit stand er weiter in Dresden unter Vertrag, kam aber mit dem Nachfolger Seebachs nicht zurecht und beendete sein Engagement 1921, dem Jahr, in dem er die Bekanntschaft Franz Lehárs machte, vorzeitig. Nach den Schwierigkeiten in Dresden landete der vertragsbrüchige Sänger 1922 an der Wiener Staatsoper und ging hier mit einer Gastverpflichtung die einzige Bindung an ein Haus – neben einer Reihe von Gastauftritten an anderen Häusern – für die kommenden drei Jahre ein.

In den zeitgenössischen Zeitungen und auch zu Gedenktagen, wie dem 100. Geburtstag oder dem 25. oder 50. Todestag Taubers, wurde er immer wieder als »König des Belcanto« bezeichnet. Die internationale Musikkritik ist sich darin auch einig, dass Tauber wie Joseph Schmidt, Alessandro Bonci, Giacomo Lauri-Volpi, Tito Schipa, Alfredo Kraus und Luciano Pavarotti zu den bedeutendsten Belcanto-Sängern des 20. Jahrhunderts gehört.

Die Ausschmückungen und Koloraturen, die zu den Elementen der Belcantotechnik gehören, lassen sich bei Tauber und den genannten Sängern auch von einem ungeübten Ohr ausmachen. Obwohl gerade Opern von Gioacchino Rossini, Vincenzo Bellini und Gaetano Donizetti zu den zentralen Werken des Belcanto gezählt werden, verzichtete Tauber auch in den Werken von Mozart oder Verdi nicht auf die ihm eigene Form der Verzierungen.

Mit seinem ganz besonderen Schmelz, der schon während seiner Opernkarriere unverkennbar vorhanden war und der sowohl seine Liedinterpretationen als auch seine Operettenkarriere prägte, wurde Tauber zu einem der unverwechselbaren Sänger des 20. Jahrhunderts. Über diese Einzigartigkeit war sich damals wie heute das Publikum einig. »*Er (Tauber, Anm E. S.) war ein Meistersänger. Er hatte keine Stimme, die jedem gefällt, er hatte eine Gesangstechnik, die viele vielleicht sogar missbilligen. Aber seine Musikalität und seine Kreativität war, wenn er sang, höchst außergewöhnlich*«, befand der britische Musikkritiker Alan Bilgora.

Versuche von Musikkritikern und Tauber-Kennern, den Zauber seiner Stimme zu erklären, enthalten meist auch einen Hinweis auf seine gesangstechnischen Einschränkungen. Der deutsche Musikkritiker Jürgen Kesting nannte Taubers Stimme gar »*einen relativ kleinen lyrischen Tenor […], er war sehr klangvoll, auch das (Stimm-) Volumen war relativ groß, der Ton sehr voll. Aber es war keine Trompetenstimme, um es zugespitzt zu sagen*.«

Selbst jene Kritiker, die Taubers Stimme nichts abgewinnen konnten, schätzten seine vielseitige Musikalität und seine Fähigkeit, Gesang, Dirigat und Komposition zu vereinen, womit er unter seinen Gesangskollegen eine besondere Position einnahm.

Richard Tauber entsprach am Höhepunkt seiner Karriere keineswegs dem Schönheitsideal seiner Zeit. Der jugendliche Elan des Sängers war früh erloschen; bereits etwas gedrungen in der Gestalt, durch eine schwere rheumatische Erkrankung Ende der 1920er-Jahre in seiner Bewegungsfreiheit eingeschränkt, verzerrte er beim Singen den Mund. Er verfügte weder über das blendende Aussehen Jan Kiepuras noch den südlichen Charme Benjamino Giglis: Was ließ Frauen wie Männer aus den unterschiedlichsten Gesellschaftsschichten so sehr für diesen Tauber schwärmen?

Taubers Witwe, Diana Napier, hatte für die Faszination Taubers eine einfache Erklärung: Er spielte seinem Publikum nie etwas vor. Er war immer er selbst, blieb in jeder Gesellschaft authentisch. In ihrem Buch »Richard Tauber«, das nur ein Jahr nach seinem Tod in England erschien, schrieb sie, dass für Tauber gesellschaftliche Ereignisse eine lästige Pflicht waren. Diese Gesichtsbäder gehörten wohl oder übel zu seinem Geschäft: »*Obwohl er es gewohnt war, Berühmtheiten zu treffen, Königen und Staatsmännern die Hand geschüttelt hatte, schien ihm das eine Pflicht, die er seiner eminenten Stellung in der Musikwelt schuldete, und nicht etwa die angenehmste Art, einen Abend zu verbringen. Er zog es vor, seine alten Freunde vom Theater zu treffen und bei einem Glas Bier Erinnerungen und Geschichten auszutauschen.*«

Taubers Publikum wusste, dass er bei aller Inszenierung seiner Person wirklich der war, der ihnen gegenüberstand und für sie sang. Deshalb lagen sie ihm auch bereitwillig zu Füßen, gleichgültig was das Bürgertum, das sich einzig und allein der Oper verschrieben hatte, von Tauber hielt. Einer seiner Biografen, Charles Castle, versuchte die Faszination Taubers auf den Punkt zu bringen: »*Dieser besondere Charme, diese besondere Art, die er hatte, war es wohl. Wenn man die Filme ansieht, die Dokumentarfilme, sieht man auf den Aufnahmen Frauen, die ohnmächtig werden. Sie konnten es einfach nicht fassen. Ich denke, er traf einen bestimmten Ton. Einen ganz bestimmten Klang, der sie einfach zum Schmelzen brachte.*«

Auch die Kollegen hielten sich mit Bemerkungen zum jungen Tauber nicht zurück: Leo Slezak, der berühmt für seine scharfe Zunge war, sagte, er könne über Tauber keine anerkennenden Worte finden – weil dieser eben ein Tenor sei. *»Und was besonders erschwerend ist, er singt sogar sehr schön!«*

Vergleicht man mit aller zeitlichen Distanz Tauber mit seinem Freund und Kollegen Joseph Schmidt, so werden die der Ära entsprechenden gesanglichen Gemeinsamkeiten ersichtlich wie die Freude der beiden Sänger an Verzierungen. Gleichzeitig wird aber der Unterschied zwischen den Stimmen Schmidts und Taubers deutlich, der sich nicht in der stimmlichen Qualität, sondern in einer Färbung, in der Grundstimmung des jeweiligen Sängers, widerspiegelt. Der eine, Tauber, trug eine unbeugsame Kraft in seiner Stimme, der andere, Schmidt, interpretierte melancholisch, bedrückt die gleichen Lieder.

In »Du bist die Welt für mich« aus Taubers Operette »Der singende Traum« ist dieser Unterschied nicht zu überhören: Schmidt singt das Lied mit der Sehnsucht des unglücklich Liebenden. Taubers Version ist ein Bekennen zur Geliebten, ein Beschwören der gemeinsamen Liebe.

Für den britischen Musikkritiker John Hughes war Taubers Gesang *»Lärm: ja, die Karikatur eines deutschen Tenors«*. Tauber hatte tatsächlich die Eigenheit, mit einer bestimmten Künstlichkeit, einer Übertreibung in der Stimme zu hantieren, die zwar den breiten Publikumsgeschmack seiner Zeit weitgehend traf, bei einem seriösen Publikum jedoch auf Ablehnung stieß. Dass die von Hughes angesprochene »Karikatur« aber auch eine ganz bewusste Parodie Taubers sein konnte, die er sich erlaubte, weil er die gesanglichen Möglichkeiten besaß und darin seine Meinung zu der sich selbst so ernst nehmenden Opernwelt äußerte, darf nicht außer Acht gelassen werden, bezieht man Taubers Inszenierungen seiner Person in diese Überlegung mit ein.

Trotz seiner einzigartigen Musikalität und seiner hohen Kunstfertigkeit war Tauber vielen Kritikern zu unernst und zu verspielt in seinen Interpretationen, wie es vor allem in der Operette sichtbar wurde. Aber weder in den Schubert-Liedern noch in den Puccini-Arien, noch in seinen Mozart-Aufnahmen tauchen diese überzeichneten Schluchzer, wie sie der Tenor bei Lehár einzusetzen pflegte, auf. Er war kein Tenor, der an einer Interpretationsform festhielt, sondern variierte diese je nach Musikgattung: Sang er Schubert-Lieder, enthielt er sich jeglicher Verzierungen.

Das Genre der Operette ermöglichte es Tauber, die zeittypischen Schluchzer noch mehr zu überzeichnen, war die Operette neben der neu aufkommenden *Musikrevue* doch gerade in den 1920er-Jahren jene Form des Musiktheaters, die besonders auf stilistisch überpointierte Darstellungen Wert legte. Auch die Operettenpartien ermöglichten es ihm, diese Überzeichnungen zu platzieren, schon allein weil Tauber immer wieder in die Rolle des unglücklich Liebenden schlüpfte, der an den Umständen (sei es gesellschaftlich oder weil die Angebetete einen anderen liebte) seiner Liebe scheiterte.

Versucht man das Schaffen Richard Taubers heute einzuordnen, kommt man nicht umhin, den in den 1960er-Jahren geprägten Begriff »Camp« im Hinblick auf den Künstler, aber auch auf die Operette, wie sie in den 1920er- und 1930er-Jahren auf die Bühne gebracht wurde, zu überprüfen.

Mit der Jahrhundertwende ging die Goldene Operettenära, die sich im Besonderen auf die Operetten aus Wien und hier vor allem auf die Operetten von Johann Strauß bezog, nach rund 40 Jahren zu Ende und wurde von der Silbernen Operettenära abgelöst, die allerdings nur bis zum Ende des Ersten Weltkriegs andauerte und nicht zuletzt auch in einer durch den Krieg massiv veränderten Welt nicht Bestand haben konnte. In der »Fackel« bezeichnete Karl Kraus 1909 die Operette, mit Bezug auf Lehárs »Die lustige Witwe«, als »*ernstgenommene Sinnlosigkeit auf der Bühne*«, sie »*entspricht durchaus der Lebensauffassung einer Gesellschaft, die auf ihre alten Tage Vernunft bekommen hat und dadurch ihren Schwachsinn erst bloßstellte«.*

Tatsache ist, dass die Operette zum Zeitpunkt der Begegnung von Tauber und Lehár bereits aus der Mode war und die Populärkultur der 1920er-Jahre anderes verlangte. Moderne Musikrevuen sollten die Operette, wie man sie bis zum Ersten Weltkrieg gekannt hatte, ablösen, die Hochzeit der Operette schien gerade in Deutschland und Österreich vorbei zu sein. Dennoch war in Deutschland wie in England das Publikum für die Künstlichkeit, die in neuen Kompositionen wie Ralph Benatzkys »Das weiße Rößl« oder Oscar Straus' »Der letzte Walzer« noch stärker hervorzutreten schien, äußerst empfänglich. Die mehr und mehr zu Übertreibungen und Künstlichkeit neigende Operette schien damit für einen Sänger wie Richard Tauber, der in seinen Inszenierungen und Auftritten mehr als andere Tenöre seiner Zeit zu dieser vom Publikum auch positiv aufgenommenen Übertreibung neigte, wie geschaffen.

Dass Tauber vor allem in den 1920er-Jahren durchaus als »camp« zu bezeichnen war, zeigt sich sowohl in seinem zu dieser Zeit völlig unpolitischen Zugang zur Kunst, den bewussten Inszenierungen seiner Person (dandyhaft mit dem Monokel), seinem Hang zum Übertriebenen und Gekünstelten und der für seine Persönlichkeit typischen Fröhlichkeit; seiner entgrenzten Unbeschwertheit, die Menschen im direkten Umgang mit ihm und das Publikum in seinen Darbietungen erleben durfte.

Auf diese Weise ermöglichte er eine neue Form des Musikerlebens für das Publikum und schuf damit eine Form der musikalischen Interpretation – eine geradezu revolutionär anmutende Aufhebung der im deutschen Sprachraum strengen Trennung von U- und E-Musik, von Kitsch und Kunst, wie sie z. B. in der angloamerikanischen Kultur nicht zu finden ist. Die sorgfältige Trennung von ernster Musik und Unterhaltungsmusik zeigt die starke Verankerung des dialektischen Denkens in der deutschen Gesellschaft.

Im Rahmen seiner Ausbildung wurde Tauber mit der scheinbaren Notwendigkeit der Trennung von E- und U-Musik konfrontiert. Für ihn waren seine Operettenvorträge nicht in erster Linie dazu da, eine Elite zu befriedigen, sie waren auch keine herausfordernde Auseinandersetzung mit der Moderne; hier ging es um die Überzeichnung von Gefühlen, um eine Künstlichkeit, die in keiner anderen Form der darstellenden Kunst Platz hatte als in der Operette, wie sie bis 1933 in Deutschland in all ihrer Übertreibung und Künstlichkeit mit großem Erfolg auf die Bühne gebracht wurde.

Richard Tauber und seine Kunst können durchaus im Spiegel von Susan Sontags berühmtem Essay »Anmerkungen zu Camp« aus den 1960er-Jahren verstanden werden, unternahm der Tenor doch bewusst keine Bemühungen, seine Kunst in verschiedene Sparten einzuteilen, um damit das Bildungsbürgertum, dem es ja vor allem um die Aufrechterhaltung der Trennung von Unterhaltungsmusik und ernster Musik ging, zu bestätigen. Taubers Freude an der Grenzüberschreitung bedrohte das gängige Kulturverständnis und hinterfragte gleichzeitig die Notwendigkeit der weiteren Bewertung der Musikgattungen nach dem Raster Kitsch oder Kunst. Susan Sontag erklärte in ihrem Essay den Triumph des Ästhetischen über die Moral als »camp«. Ob Richard Tauber, der sich in seiner Kunst dem Ästhetischen verpflichtet fühlte und dabei mit seiner bewussten Aufhebung der Genregrenzen und mit der besonderen Art seines Gesangs die gängigen Moralvorstellungen hinterfragte, sich selbst auch als »camp« verstanden hätte, kann nur eine Vermutung bleiben. Dass sich durch die erfolgreiche Zusammenarbeit von Tauber und Lehár aber Kitsch innerhalb der Kunst emanzipieren konnte, zeigte sich gerade durch den starken Zuspruch des Operettenpublikums jener Jahre.

Operette, wie sie vor 1933 verstanden wurde, und der Nationalsozialismus schlossen einander dezidiert aus. Eine Kunstform, die sich immer wieder durch vergnügten Anarchismus auszeichnete, versagte sich offen jenen Werten, die zum Fundament des Nationalsozialismus werden sollten: Ordnungszucht und Nationalismen hatten in den bis dahin favorisierten Operetten kaum Platz. Dass die vehemente nationalsozialistische Torpedierung einer bereits im Untergehen begriffenen Kunstform als einzigartig zu bezeichnen ist, zeigt sich auch darin, dass anderen Künsten, seien es Literatur, Malerei oder auch die Oper, nichts Ähnliches widerfuhr. In keiner anderen künstlerischen Sparte kam es zu einem vergleichbaren Kahlschlag. Einmal mehr ist das Engagement vieler Juden auf dem Operettensektor, neben dem unbedingten Willen der Nazis, der Volksgemeinschaft leichte Unterhaltung zu bieten, als bestimmend für diese Entwicklung anzusehen.

Die berufliche Nähe vieler Juden zur Operette »bestätigte« den Nationalsozialisten die Annahme, dass hier dem Sittenverfall, gegen den sie offiziell auftraten, Vorschub geleistet wurde. Auf einzigartig hohem Niveau wurde mit der Künstlichkeit der Operette in Berlin in den 1920er-Jahren und bis 1933 ein bedeutendes Kapitel Musiktheater geschrieben. Nach der Zerstörung dieser besonderen Kulturform und der Vertreibung der maßgeblichen Künstler der leichten Muse durch die Nationalsozialisten wurde nach dem Ende des Zweiten Weltkriegs in Deutschland und Österreich keinerlei Wert darauf gelegt, die vor 1933 beliebte Form der Operette wiederaufstehen zu lassen.

Nach 1945 wurde vielmehr jene Form der Operette prolongiert, wie sie von den Nationalsozialisten genehmigt worden war: zahm, kleinbürgerlich und ohne jede Verve. Operetten in dramatisch freudvolleren Inszenierungen, die mitunter auch als *frivol* zu verstehen waren, oder die in ihrer Tragik besonders verspielt überzeichnet waren, wurden in der Nachkriegszeit nicht gespielt. Die vor der NS-Zeit gängigen Verspieltheiten, spannenden Übertreibungen und Grenzgänge blieben bis auf wenige Ausnahmen in der schwulen Subkultur verortet.

Selbstverständlich wurden auch nach 1945 in Deutschland und Österreich wieder Operetten aufgeführt, teilweise mit sehr großem Erfolg. Alljährlich gibt es Lehár-Festspiele in Bad Ischl oder die Operettenfestspiele in Mörbisch am Neusiedler See. Hier wie andernorts wird einer Operettentradition gehuldigt, die sich in keiner Weise daran orientiert, wie die Operette vor dem Nationalsozialismus verstanden wurde. Dass sich im deutschen Sprachraum gerade in der Populärkultur die langfristigen Einflüsse des Nationalsozialismus nicht leugnen lassen, zeigen auch die in den folgenden Jahrzehnten erfolgreichen Schlager.

Die Operette nach 1945 war ein Spiegelbild der Nachkriegsgesellschaft: Die in den 1920er-Jahren aufgebrochenen Geschlechterrollen waren durch den Nationalsozialismus erstarrt und es sollte Jahrzehnte dauern, bis nur annähernd wieder dort angeknüpft werden konnte, wo die gesellschaftliche Entwicklung in Österreich und Deutschland Anfang der 1930er-Jahre unterbrochen worden war.

Die Operette nach 1945 erweckt den Anschein, als ob auf jegliche Freude am Spiel der Übertreibungen als Ventil für das unterhaltungswillige Publikum vergessen wurde. Das Verständnis für eine fröhliche, zweideutige und in Ansätzen auch immer wieder politische Form der Operette, wie sie bis in die frühen 1930er-Jahre üblich war, schien endgültig verloren gegangen zu sein. Gerade in Operettenverfilmungen von den 1950er-Jahren bis in die 1970er-Jahre zeigt sich besonders deutlich, wie die Operette um ihre dramatische Übertreibung gebracht wurde, wie sie in farbenfrohen Revuefilmen aus Hollywood bis in die frühen 1950er-Jahre weiter sichtbar war.

Interessanterweise wurde in Operettenverfilmungen der 1930er-Jahre und auch nach 1945 der gebürtige Holländer Johannes Heesters eingesetzt. Heesters, der ab 1933 seine Karriere in Deutschland vorantreiben konnte, sang in Berlin vor allem im Admiralspalast den Danilo in Lehárs »Lustiger Witwe«. Er wurde zu Hitlers Lieblings-Danilo, die »Lustige Witwe« war bekanntermaßen die Lieblingsoperette des Diktators. Heesters wurde in den Musikfilmen und Operettenverfilmungen der UFA zu einer fixen Größe. Als Operettensänger oder gar Opernsänger wurde er allerdings nie bezeichnet, er war vielmehr das, was man in diesen Jahren unter einem »Schauspieler mit Gesang« verstand. Auch nach 1945 setzte er seine Karriere erfolgreich fort. Die Stücke blieben die gleichen, auch die Inszenierungen, die weiterhin kleinbürgerlich angelegten Produktionen nach Kriegsende unterschieden sich nur gering von jenen aus der NS-Zeit.

In anderen Operettenproduktionen der Nachkriegszeit waren Opernsänger wie Rudolf Schock oder René Kollo zu sehen. Trotz allem gesanglichen Können der beiden Tenöre ist Schock der verzweifelt romantische Don Octavio in Lehárs »Giuditta« kaum abzunehmen, und René Kollo als Prinz Sou-Chong aus dem »Land des Lächelns« scheint an das Tauber'sche Vorbild der Hingabe nicht hinreichen zu wollen, zu kontrolliert wirken beide Sänger.

Erst spätere Operntenöre, die nicht aus dem deutschen Sprachraum stammen, wie Placido Domingo oder Rolando Villazón, erlaubten sich, die Lehár'schen Lieder annähernd hingebungsvoll wie Tauber zu singen. Zum einen mag die zeitliche Distanz eine Rolle dabei spielen, zum anderen auch die Tatsache, dass sie beide nicht aus Ländern stammen, in denen es eine ausgeprägte Operettenkultur gab.

Was für die Kinos und später für das Fernsehen im Operettenbereich produziert wurde, das gilt sinngemäß auch für die Operettenrepertoires der meisten Theater im deutschen Sprachraum. Nach 1945 wurde hauptsächlich auf Operetten von Johann Strauß, Karl Millöcker, Franz Lehár und Carl Zeller gesetzt. Hin und wieder vielleicht ein Stolz oder ein Benatzky, aber eine echte Verschiebung im Repertoire und ein Anerkennen und Umsetzen des geradezu vielfältigen Operettenrepertoires aus den 1920er- und 1930er-Jahren schien lange Jahre unmöglich. Erst mit den ersten Jahren des 21. Jahrhunderts beginnen sich verschiedene Bühnen im deutschen Sprachraum dem Erbe der lebensfrohen Operette eines Paul Abraham oder Oscar Straus zu besinnen. Auch die Werke anderer Komponisten werden wieder annähernd so inszeniert, wie es vor 1933 üblich war – ehe die Nationalsozialisten aus der Operette endgültig ein Stück kleinbürgerlicher Unterhaltungskultur machten.

4. ZWEI WIE BROT UND BUTTER:
LEHÁR UND TAUBER

Die gesellschaftlichen und politischen Umwälzungen des Ersten Weltkriegs bekam auch die leichte Muse deutlich zu spüren. Die Operette verlor in den ersten Nachkriegsjahren in der Unterhaltungsbranche massiv an Bedeutung. Der Geschmack des Publikums hatte sich geändert und gerade im Musiktheater setzten viele Bühnen dem Zeitgeist entsprechend auf das neue Revuekonzept. Die im Vergleich dazu weniger abwechslungsreich wirkenden Operetten hatten mehr und mehr das Nachsehen.

Franz Lehár, mit »Der Graf von Luxemburg«, »Die Lustige Witwe«, »Zigeunerliebe« und »Eva« der wichtigste Komponist der Silbernen Operettenära, hatte schon in den Kriegsjahren keine nennenswerten Kompositionen mehr geschaffen und versuchte nun mit einer Revueausgabe seiner Operette »Die lustige Witwe« mit Fritzi Massary, der »Königin von Berlin«, im Revuetheaterbereich Fuß zu fassen. Dies blieb allerdings nur ein Versuch, der nicht mehr als eine Fußnote in der Karriere des erfolgsverwöhnten Lehár wurde.

Obwohl an vielen Häusern weiter Operetten gezeigt wurden, mussten neue Stimmen und zeitgemäßere Inszenierungen alter Stoffe gefunden werden, um das Publikum wieder für die Operette zu gewinnen. Die Stimme, die für die Operettenwelt in den nächsten Jahrzehnten prägend werden sollte, gehörte Richard Tauber.

Beispielhaft für seinen Einfluss ist auch die Wortwahl, die sich zum Beispiel in Theodor W. Adornos Musikkritiken findet; so wird der Tenor Franz Völker, der die Partie des Prinzen Sou-Chong in Lehárs »Land des Lächelns« 1930 an der Frankfurter Oper sang, von Adorno, bei aller vehementen Kritik an Lehár, als »Tauberprinz« bezeichnet. Karl Kraus nahm sich in der »Fackel« ebenfalls des Phänomens Richard Tauber an. Egal was Kraus über Tauber schrieb, zimperlich war er mit dem Tenor niemals. Nachdem er in Lehárs Operette »Friederike« die Partie des Goethe gesungen hatte, bedauerte Kraus die allgegenwärtige Sucht nach Taubers Stimme und die »Dummheit« des Publikums. »*Überall warten sie auf einen, der ein Vogerl in der Kehle hat, und wiegen es mit Gold auf. Können an den Klängen eines österreichischen Musikfeldwebels nicht genug haben. Und werden einmal wissen, daß Goethe der war, den Tauber gesungen hat.*«

Tauber war bereits in den Kriegsjahren vereinzelt in Operetten aufgetreten, trotzdem wurde die Begegnung mit Franz Lehár maßgeblich für seine weitere Karriere: Aus dem Opersänger Tauber mit »gemäßigter europäischer Bedeutung« wurde der Weltstar der leichten Muse.

1921 gastierte Tauber mit der Wiener Staatsoper am Salzburger Stadttheater, wo er in Lehárs »Zigeunerliebe« den Józsi sang. Der Direktor wollte den Komponisten selbst am Dirigentenpult sehen und da dieser im nahen Bad Ischl in seiner Villa weilte, schickte man den jungen Tenor zu Lehár, um ihn zu überreden, seine Operette doch noch selbst zu dirigieren.

»*Die erste Begegnung mit Lehár erfolgte im Kurtheater, wo ich mich als Tenor der Dresdener Staatsoper vorstellte. Allerdings sagte er trotz aller meiner Verführungskünste zu meinem Vorschlag: ›Kaum möglich!‹ Und wenn ich heute an das winzige Orchester zurückdenke, weiß ich, daß Lehár in Salzburg wirklich nicht ans Pult hätte treten können. Der Meister war zu mir liebenswürdig, wie er zu allen Menschen reizend ist. Und doch sollte ich in der ersten Stunde der Begegnung mit ihm eine, ach so bittere ›Enttäuschung‹ erleben. Ich hatte ihn um ein Bild gebeten. Prompt traf es auch im Hotel Bauer ein. Oh, ich war tief gekränkt, als ich seine Widmung an ›Rudolf‹ Tauber las. Den Rudolf hat sich Lehár mit der Zeit abgewöhnt und gelernt, daß ich wirklich Richard heiße.*«

Als Lehár auf Tauber traf, stand er an der Schwelle zu seiner letzten Schaffensperiode. Schon bei diesem ersten Treffen in Ischl soll Lehár dem jungen Tenor aus seiner Arbeit an »Frasquita« vorgespielt haben, und obwohl Lehár sich standhaft geweigert hatte, in Salzburg die »Zigeunerliebe« zu dirigieren, kam er dennoch ins Stadttheater, um Tauber singen zu hören.

Der Komponist war von dem jungen Sänger offensichtlich sehr beeindruckt, denn er legte bei seinem Freund Wilhelm Karczag, dem Direktor des Theaters an der Wien, ein gutes Wort für Tauber ein. Der junge Tenor begann schon im Jahr darauf, in den unterschiedlichsten Operettenrollen an der bedeutendsten Operettenbühne Wiens zu singen. Mit einer Bearbeitung von Erich Wolfgang Korngold und der Inszenierung von Hubert Marischka erlebte die Strauß-Operette »Eine Nacht in Venedig« im Oktober 1923 nach 40 Jahren gerade ihren verspäteten Durchbruch. Tauber sang in dieser außergewöhnlichen Produktion die Partie des Herzogs.

Oscar Straus' »Letzter Walzer« war eine weitere Operette, in der Tauber in Wien zu sehen war. Dass die Auftritte Taubers am Theater an der Wien in der Wiener Staatsoper nicht gern gesehen wurden, versteht sich von selbst. Tauber wurde tatsächlich dafür gerügt, war man an der Oper doch davon überzeugt, dass es unter dem Niveau eines Ensemblemitglieds war, Operetten zu singen.

In diesen Wiener Jahren verband Tauber bald eine Freundschaft mit dem Tenor Hubert Marischka, der 1923 Karczag auf dem Direktorenposten am Theater an der Wien folgte. Hier wurde Lehárs neueste Operette »Frasquita« 1922 uraufgeführt. Die Partie des Armand sang Marischka und als Gast im Juni 1922 auch Tauber. Die Frage nach dem genauen Zeitpunkt, zu dem Tauber tatsächlich zur Operette *übergelaufen* war, stellte sich über die Jahrzehnte immer wieder. Bereits Taubers zeitgenössische Musikkritiker versuchten seine Karriere genauer einzuordnen, was tatsächlich aber kaum möglich ist, hörte der Tenor doch nie damit auf, Opernpartien zu singen, auch wenn seine Engagements im Operettenbereich die weitere Karriere eindeutig dominierten.

Im Sommer 1924 war Tauber bei den Salzburger und Münchner Mozart-Festspielen engagiert und besuchte an den spielfreien Tagen Lehár in Ischl, bei dem er auch zu übernachten pflegte. Lehár war in diesem Sommer intensiv mit seiner Operette »Paganini«, mit der er dem italienischen Geigenvirtuosen ein Denkmal setzen wollte, beschäftigt.

Mit »Gern hab' ich die Frau'n geküßt« gab es in dieser Operette zum ersten Mal ein »Tauber-Lied«, wie sie in allen weiteren Lehár-Operetten folgen sollten. Diese Lieder zeichneten sich sowohl dadurch aus, dass sie dem Tenor auf den Leib geschrieben worden waren, wie auch dadurch, dass Tauber, der ja selbst Komposition studiert hatte und ein Ohr für eingängige Melodien hatte, an den Liedern mitarbeitete und Lehár direkt beim Schreiben schon Taktänderungen, Schnörkel und oft auch eingängige Schlusskadenzen vorschlug, die Lehár umgehend einarbeitete.

Tauber-Lieder wie »Dein ist mein ganzes Herz« aus »Das Land des Lächelns« oder »Allein, immer allein« aus dem »Zarewitsch« wurden letzlich auch zu Schlagern, die im Radio gespielt wurden und die die Menschen unabhängig von den Operettenaufführungen kannten.

Wenn es im Theater, egal ob in Berlin, Wien oder später London, bei einer Operettenaufführung zum Tauber-Lied kam, geschah, was man in Wien noch aus den Zeiten Alexander Girardis kannte: Zur Mitte des zweiten Aktes stand Tauber allein auf der Bühne, das Orchester setzte rauschend mit dem Vorspiel ein, nach einer Pause sang Tauber das Tauber-Lied zum ersten Mal. Nach rasendem Applaus und Da-capo-Rufen sang er sein Lied ein zweites Mal, gehauchter, schwebender. Noch eine Zugabe folgte, wieder in einer neuen Variation, und nicht selten sang Tauber das vom Publikum eingeforderte Lied nicht weniger als viermal pro Aufführung, ehe er meist mit einem kurzen Kopfschütteln und winkend abging und die Operette fortgesetzt werden konnte.

Als Tauber später international auf Tournee ging und dabei

unzählige Konzertabende gab, wurde *einem* Lied die Position des Tauber-Liedes zugestanden und er wiederholte dieses dann drei- bis viermal – jedes Mal in einer anderen Sprache. Oft blieb es nicht nur bei einem einzigen Lied, das Tauber mehrmals wiederholen musste, auch wenn er mit größtem Einverständnis seines Publikums daran festhielt, »Dein ist mein ganzes Herz« immer die größte Aufmerksamkeit zukommen zu lassen.

1924, als Lehár »Paganini« schrieb, wussten weder er noch Tauber, welche Wirkung diese auf Tauber zugeschnittenen Lieder haben würden. Natürlich hoffte man auf einen durchschlagenden Erfolg, dass aber Taubers Auftritte in den Lehár-Operetten teilweise zu Konzertabenden Taubers mutieren sollten, konnten weder Lehár noch Tauber ahnen, als »Paganini« auf die Bühne kam.

Obwohl Lehár die Titelrolle für Taubers Stimme komponiert hatte, sang nicht Tauber in der Wiener Uraufführung den Paganini, sondern Carl Clewing, der als Wagnertenor bekannt war. Tauber war zum Zeitpunkt der Wiener Uraufführung durch ein Opernengagement verhindert. Statt der Wiener Uraufführung sollte er die Berliner Premiere der neuen Lehár-Operette singen. Die Uraufführung ging nach einem Zerwürfnis zwischen Lehár und Marischka statt im Theater an der Wien im weniger reizvollen Johann-Strauß-Theater auf der Favoritenstraße am 30. Oktober 1925 über die Bühne.

Die Erwartungen des Wiener Publikums waren so groß, dass Karten zu überhöhten Preisen am Schwarzmarkt gehandelt wurden. Doch trotz aller Vorschusslorbeeren und freundlicher Besprechungen in den Wiener Zeitungen war die Tatsache, dass die Uraufführung nicht ausverkauft war, nicht zu übersehen. So schrieb der enttäuschte Komponist an Tauber:

»Leere Sitze bei einer Lehár-Premiere: Stell Dir das doch vor, Richard! Du mußt in Berlin singen, ein zweiter Fehlschlag ist für mich unausdenkbar. Ich fürchte mich plötzlich vor allem, was mit dem Theater zusammenhängt – ich werde alt.« Der mutlose Lehár war gerade 55 Jahre alt.

Man hatte sich sowohl in Wien als auch in Berlin viel von der neuen Operette versprochen, doch nach dem mäßigen Erfolg war Heinz Saltenburg, Direktor des Deutschen Künstlertheaters in Berlin, nicht mehr davon überzeugt, Lehár zur vereinbarten Berliner Premiere im Wort bleiben zu müssen. Der Komponist fürchtete um seinen Ruf und war bereit, vom Vertrag zurückzutreten, doch Richard Tauber beharrte auf der Vereinbarung – zu viel Arbeit steckte für ihn bereits in dieser Operette und man wandte sich an das Berliner Bühnenschiedsgericht. Es kam zu einem gerichtlichen Vergleich: Tauber verzichtete auf die Hälfte seines Honorars, Lehár auf die Tantiemen und statt der vereinbarten 50 Aufführungen wurden nur 30 angesetzt.

Am 30. Januar 1926 kam es, wie zwischen Lehár und Saltenburg vereinbart, zur Berliner Premiere. An Taubers Seite stand die Wiener Sopranistin Vera Schwarz, mit der er noch weitere Lehár-Operetten singen und später auch das Schicksal der Emigration teilen würde. Der Berliner Premierenabend wurde ein voller Erfolg: Statt der 30 Aufführungen mit Tauber folgten letztlich 150, darüber hinaus lief das Stück in zweiter und dritter Besetzung; Tauber und Lehár erhielten die ursprünglich vereinbarten Gagen und Tantiemen.

Obwohl die Kritik mit dem Libretto hart ins Gericht ging und die eingängigen Lehár-Schlager in den Berliner Zeitungen als »schmalzig« bezeichnet wurden, konnte man doch nicht umhin, die beeindruckenden Stimmen von Schwarz und Tauber zu bewundern. »*Tauber schluchzt, säuselt, falsettiert den Ton, stattet einzelnes verschwenderisch mit seiner gesanglichen Artistik aus*«, schrieb Rudolf Kastner. In der Kritik von Erich Urban hieß es: »*Da kommt der Tauber aus der Tür links und singt etwas. Dann kommt die Schwarz aus der Tür rechts und singt was. Das ist wie ein schönes Konzert auf der Bühne.*«

An diesem Abend wurde das Prinzip des Tauber-Liedes geboren: Tauber sang zweimal, dreimal, viermal eine seiner Arien. Jedes Mal unter tosendem Applaus, jedes Mal in unterschiedlich pointierten

Versionen, aber in »Paganini« rissen auch die Duette mit Vera Schwarz das Publikum zu Da-capo-Rufen hin und mussten mehrmals wiederholt werden.

Nach der Wiener Pleite hatte Saltenburg darauf bestanden, dass Lehár die Premiere nicht dirigierte. Im Zuge des Konflikts soll das Theater auf Saltenburgs Anweisung nicht einmal Karten für den Komponisten organisiert haben. Lehár saß also mit seiner Frau im zweiten Rang in einer Loge und kam, nachdem Tauber auch bei seinen Da-capos auf den Komponisten hingewiesen hatte, unter nicht abbrechendem Applaus mit den Darstellern und dem sonst so publikumsscheuen Direktor Saltenburg auf die Bühne. Nach der Vorstellung gestand Lehár dem Tenor unter Tränen, dass er an diesem Abend in Berlin künstlerisch wiedergeboren wurde.

Im Jahr 1926 waren in Deutschland bereits über eine Million Radiogeräte auf Empfang gestellt. »Gern hab' ich die Frau'n geküßt« wurde sowohl live im Deutschen Künstlertheater vom anwesenden Publikum begeistert gehört, wie auch über Funk und Hunderttausende Schellacks in die deutschen Wohnungen gebracht. Der Name Richard Tauber wurde binnen kürzester Zeit zu einem Begriff, nicht etwa weil er der wohl begnadetste Mozartsänger seiner Zeit war, sondern weil er zu einem »Schmalztenor« geworden war und ihm innerhalb weniger Tage Berlin, bald ganz Deutschland in einem »Tauberfieberdelirium«, wie es Friedrich Hollaender nannte, zu Füßen lag.

Der Ruf Taubers machte auch an den Grenzen Deutschlands nicht halt; in Wien sorgte die erst seit Kurzem bestehende RAVAG (RadioVerkehrsAG, die erste österreichische Rundfunkanstalt, später als ORF bekannt) für die Verbreitung der »Paganini«-Aufnahmen aus Berlin und auch im fremdsprachigen Ausland wurde man durch diese Produktion auf Tauber und Lehár aufmerksam. In den Zeitungen hagelte es Lobeshymnen, Vergleiche mit dem wohl größten Tenor aller Zeiten, Enrico Caruso, wurden in der deutschen Presse immer häufiger.

Durch den Erfolg »Paganinis«, der tatsächlich einem Comeback des Komponisten gleichkam, griff Lehár, der sich in seiner Entscheidung bestätigt fühlte, für seine nachfolgenden Operetten nur noch Stoffe auf, die, wie Marcel Prawy sie bezeichnete, »puccinieske, happyendlose Halbopern« ermöglichten. Dazu hatte Lehár in Tauber einen Opernsänger gefunden, der sich für die Operette nicht zu schade war. Dass der Erfolg seiner lyrischen Operetten aber von Richard Tauber abhing, war Lehár gerade nach der unterschiedlichen Rezeption ein und derselben Operette in Wien und Berlin bewusst geworden.

Die Operetten, die Lehár in den folgenden Jahren schrieb, waren allesamt sogenannte »Sängeroperetten«, an die Stimme des »lieben guten Tauber«, wie er den Tenor gerne ansprach, angepasst und inhaltlich so weit wie nur irgend möglich von seinen erfolgreichen und ungetrübten Lustspieloperetten wie »Die lustige Witwe« oder »Der Graf von Luxemburg« oder seinen romantischen Operetten wie »Eva« oder »Zigeunerliebe« entfernt.

Und Tauber selbst? Im Jahr des »Paganini«-Erfolgs rettete er kurzfristig die deutschsprachige Erstaufführung von »Turandot« in Dresden und sang auch an anderen Opernhäusern höchst erfolgreich und mit großer Resonanz bei Publikum und Kritik; die weitaus lukrativeren Operettenengagements nahmen aber zu. Stand Tauber nicht auf einer Bühne, nahm er Schallplatten auf oder gab ausverkaufte Liederabende. Bereits zu dieser Zeit entwickelte Tauber seine spätere, durch zahlreiche Engagements bedingte Umtriebigkeit. Tauber scheint auch im Vergleich zu späteren Tenören ruhelos. Es dauerte nicht lange, und er nutzte alle Möglichkeiten, mit seiner Kunst zu den Menschen zu gelangen. Auch die vorhandenen Werbemöglichkeiten wusste er bald für sich zu nutzen.

Zeitgenössische Kritiker äußerten immer wieder Bedenken, Tauber würde mit dem vielen En-suite-Singen seine Stimme für die Oper gänzlich ruinieren. Charles Castle, der in England mit Taubers Witwe an einem Buch gearbeitet hatte, erinnerte sich später an die

Einwände der seriösen Musikkritiker: »*Man warf ihm vor, er würde mit den ganzen Operetten seine Stimme verfälschen, ja ruinieren.*«

Taubers Stimme war für Mozartpartien wie geschaffen; in den italienischen Opern konnte er zahlreiche Rollen übernehmen und selbst in Opern von Richard Strauss oder in Erich Korngolds »Die tote Stadt« brillierte er. Kompositionen wie jene von Alban Berg oder Arnold Schönberg befand Tauber aber als unzugänglich. Eine Hinwendung zur leichten Muse scheint neben Taubers klarem Willen, manchmal einfach nur unterhalten zu wollen, auch in Anbetracht der geringeren Konkurrenz von Sängern, die ähnlich stimmgewaltig waren, in diesem Bereich als schlüssig.

Sich für Oper *oder* Operette zu entscheiden, hätte geheißen, sich einer Konvention zu unterwerfen, und Richard Tauber war, wie aus Zeitzeugenberichten und auch aus seinen eigenen Niederschriften hervorgeht, ein Mensch, für den Konventionen nur dazu da waren, um sich über sie hinwegzusetzen. Auch wenn er sich diesen später teilweise zu unterwerfen schien, blieb er sein ganzes Leben dabei, allgemeingültige Moralvorstellungen weitgehend zu ignorieren. Im Privaten blieb Tauber von den allgemeingültigen Konventionen immer eine Spur abweichend und er nahm diese Verweigerung in seine Arbeit mit.

Tauber war mit seiner Hinwendung zu Operette und Schlager wegweisend für andere Opernstars wie Vera Schwarz, Maria Jeritza, Gitta Alpár, Michael Bohnen, Jan Kiepura oder Alfred Jerger, die dank Taubers Vorbild erkannten, dass sie mit der Operette um ein Vielfaches besser verdienen konnten als mit dem ernsten Opernfach. Auch nachfolgende Generationen schätzten die von Tauber geleistete Pionierarbeit. Tenöre wie Fritz Wunderlich, Placido Domingo oder José Carreras sangen allesamt höchst erfolgreich Lehár, der für andere Operntenöre vor Tauber nicht »singbar« gewesen war.

Der Erste Weltkrieg hatte die Gesellschaftsstrukturen in Europa erschüttert, die europäischen Kulturideale des 19. Jahrhunderts schienen unwiederbringlich überholt und mit dem Niedergang der

Monarchien Österreich-Ungarns und Deutschlands wurde auch das Ende des bürgerlichen Zeitalters eingeläutet. Im Deutschland der 1920er-Jahre gab es in der Bevölkerung ein großes Bedürfnis nach Ablenkung; nach dem Schein einer heilen Welt, in der es noch große Gefühle gab. Die neuen Opern konnten dieses Bedürfnis ebenso wenig befriedigen, wie es die alten Operetten aus der Goldenen oder Silbernen Operettenära vermochten. Lehár traf mit seinen »neuen«, sehr konventionell gehaltenen Operetten genau diesen Geschmack, und die Stimme Richard Taubers, mit ihrem unvergleichlichen Timbre und der Art, das Falsett übertrieben einzusetzen, traf das verführungswillige Publikum mitten ins Herz.

Tauber und Lehár, diese ungleichen »Brüder ohne den Luxus der Blutverwandtschaft«, wie Lehár das Verhältnis der beiden bezeichnete, brauchten einander für ihre Karrieren: Tauber, der allzu großzügige, gutherzige, zwanglose, verspielte, zutrauliche, gefühlsbetonte Bohemien, der den schönen Dingen zugetan und bereit war, das Geld mit beiden Händen auszugeben. Und Lehár mit seiner zurück-haltenden, sparsamen, pedantischen, ernsten, bürgerlichen, introvertierten Art, der vor allem in sein Werk versponnen war. So unterschiedlich sie waren, so sehr brauchten sie einander. Ohne Tauber hätte es für Lehár kein fulminantes Comeback gegeben und ohne Lehár wäre aus Tauber wohl nie einer der weltweit bedeutendsten Tenöre des 20. Jahrhunderts geworden, sondern er wäre lediglich als bedeutender Mozart-Interpret seiner Zeit in die Musikgeschichte eingegangen. Gemeinsam konnten sie der internationalen Musikwelt ihren Stempel aufdrücken und so ging es für das ungleiche Paar nach dem Erfolg von »Paganini« 1926 weiter: Es folgten die Operetten »Zarewitsch«, »Friederike«, »Im Land des Lächelns«, ehe Tauber Deutschland verlassen musste und sie zusammen nur noch bis 1938 in Österreich und nach dem Krieg kurz in der Schweiz arbeiten konnten. Tauber hatte bei all diesen Sängeroperetten seine Finger im Spiel, er beließ es nicht dabei, Lehár den einen oder anderen Tipp zu geben, sondern komponierte mit und verhalf auf diese

Weise den Stücken zur perfekten Passform für seine eigene Stimme.

Als Lehár den »Zarewitsch« schrieb, nahm Tauber noch größeren Einfluss auf die Arbeit des »Meisters« als zuvor: »*Fast jeden freien Nachmittag saß ich bei Lehár in seiner herrlichen Wohnung in Wien und arbeitete mit ihm am ›Zarewitsch‹. Er hatte bereits ein ›Tauberlied‹, wie er sich ausdrückte, im Sinn. Er spielte mir diese Melodie vor, und ich war ehrlich begeistert, nur der Schluß, das heißt die letzten sechs Takte, gefielen mir nicht sonderlich; sie waren zu gekünstelt und harmonisch zu kompliziert, um populär werden zu können.*«

Als Tauber nach einigen Tagen endlich mit dem neuen Lied zufrieden war, hatte es wie »Gern hab' ich die Frau'n geküßt« jene Rondoform, die auch alle weiteren Tauber-Lieder aufweisen sollten. Lehár verlangte eine Unterschrift Taubers auf dem Notenblatt, eine Abnahme des Sängers: »Bewilligt, Richard«. Tauber hatte ein Ohr für populäre Melodien und genoss als studierter Komponist die Möglichkeit, an seinen eigenen Partien mitzuarbeiten. Da Tauber sogar bestimmend in die Kompositionen eingriff, soll Lehár nach dem gemeinsamen Umschreiben, Feilen, Variieren den komponierenden Tenor des Öfteren gefragt haben: »Ist das nun von dir oder von mir?«

Der Erfolg war der Grundstein einer Freundschaft, die in den Jahren zwischen 1933 und 1938 eine sehr differenzierte Form annehmen musste. Als Tauber aus Deutschland ausgewiesen wurde und Lehár weiter in Deutschland arbeitete, trafen sich die beiden in Österreich, um weiterhin zusammenzuarbeiten, etwa für die Produktion von »Giuditta« an der Wiener Staatsoper 1934. Es gibt zwar keinerlei Belege für aufkommende ernsthafte Schwierigkeiten zwischen Tauber und Lehár in dieser Zeit – sie wussten beide, dass sie einander für ihre Karrieren brauchten –, dennoch lässt sich durch Briefe in Taubers Nachlass belegen, dass Lehár sich von seinem emigrierten »Bruder« mehr Engagement für die Internationalisierung seiner Operetten wünschte, ja geradezu erwartete. Es scheint fast so, als fürchtete Lehár, Tauber würde ohne ihn seine Weltkarriere fortsetzen. Doch Tauber war seinem »Meister« weiterhin treu und sang die Lehár-Melodien auf seinen Welttourneen. Als Tauber sein eigenes Werk »Der singende Traum« in Wien umjubelt zur Uraufführung brachte und dann auch noch in England mit seiner Operette »Old Chelsea« große Erfolge feierte, wurde dies von Lehár nicht unbedingt mit großer Freude aufgenommen. Charles Castle sah in dieser Emanzipierung Taubers als Komponist einen Bruch zwischen den beiden: »*Lehar war sehr verärgert, als Tauber seine eigenen Operetten wie ›Old Chelsea‹ herausbrachte. Lehár wusste, dass ihm Tauber aus den Fingern glitt.*«

Lehárs Ärger gründete nicht darauf, dass Tauber ein gemeinsames Projekt vernachlässigte. Der Komponist sah es nicht gern, dass Tauber seine eigenen Kompositionen aufführte und seine auch außerhalb Deutschlands immense Popularität für seine eigenen Werke nutzte.

1936, nachdem Tauber seine zweite Frau Diana in London geheiratet hatte, wurde die Eheschließung auch in Wien besiegelt und Lehár ließ es sich nicht nehmen, für das Brautpaar im Schikaneder-Schlössl, seinem Anwesen in Wien-Döbling, ein Fest zu geben. »Das Land des Lächelns« mit Tauber in seiner Paraderolle als Prinz Sou-Chong an der Staatsoper sollte Ende Januar 1938 Taubers letzter Auftritt in Wien werden. Die Freunde Tauber und Lehár sahen einander in diesem Zusammenhang vor Kriegsausbruch zum letzten Mal. Tauber begab sich nach vier Aufführungen an der Staatsoper auf Tournee und befand sich zum Zeitpunkt des »Anschlusses« in Italien.

Mit dem Einmarsch der Nationalsozialisten in Österreich hatte er nach Berlin auch Wien und Ischl als Heimat verloren. Tauber konnte nun seine Mutter nicht mehr besuchen, die noch immer in Salzburg lebte. Franz Lehár antwortete auf einen Brief, den ihm Tauber von seiner Australien-Tournee 1938 geschickt hatte, ausweichend: »*Wenn ich Paganini, Frasquita, Zarewitsch, Friederike, Land des Lächelns, Schön ist die Welt und Giuditta höre, dann ist die Musik untrennbar mit Deiner Stimme verbunden. Bei jedem Ton höre ich*

Dich. Du wirst wohl derzeit unfaßbare schöne Eindrücke erleben. Die
große, schöne Welt kennenzulernen, das war immer mein Sehnsuchts-
traum, und dieser Traum wird nicht mehr in Erfüllung gehen. [...]«
Dass Tauber erst Monate zuvor seine Heimat verloren hatte, wurde in Lehárs Brief völlig ausgespart. Fürchtete der Komponist so sehr
die Zensur, oder waren ihm die veränderten Lebensumstände Taubers egal? Während Tauber in der Emigration ein internationaler Star wurde, blieb Lehár, wo er war. Er diente sich als Hitlers Lieblings-Ope-
rettenkomponist dem Regime an, und trotz verschiedener Zurufe
von emigrierten Freunden, wie eben auch von Tauber, er möge das
unselige Land verlassen, beschloss Lehár, sich mit den braunen
Machthabern zu arrangieren. Zudem darf auch die Tatsache nicht
außer Acht gelassen werden, dass die jüdischen Komponistenkolle-
gen Lehárs plötzlich weg waren beziehungsweise von den Spielplä-
nen verschwanden. Lehárs Bruder Anton schrieb in seinen Memoi-
ren über den Grund, warum Franz Lehár keine Anstalten machte,
das Land zu verlassen: »*Die täglichen Siegesfanfaren, durch Radio*
und Presse verbreitet, haben selbst nüchtern denkende Menschen ver-
leitet, an einen Endsieg des Nationalsozialismus zu glauben. Auch
mein guter Bruder, sich stets nur an den Erfolg klammernd, war zu der
Zeit ganz Feuer und Flamme für die Bewegung. Die jüdische Konkur-
renz war ausgeschaltet, er verdiente mehr denn je.«
Zeitgenössische Operettenkomponisten wie Oscar Straus, Leo
Ascher, Paul Abraham, Emmerich Kálmán, Edmund Eysler, Leo Fall,
Richard Fall, Michael Krasznay-Krausz und Bruno Granichstaedten
waren Juden und wurden, soweit in Deutschland beruflich verortet,
ab 1933 in die Emigration gezwungen. Wie ihre christlichen Kollegen Franz Lehár, Ralph Benatzky und Robert Stolz waren sie alle
altösterreichischer Herkunft. So kann hier unterstrichen werden,
dass die Operette jüdisch geprägt und dazu noch eine österreichische Spezialität war.
Als sich herausstellte, dass ein Großvater Johann Strauß' Jude

gewesen war und Strauß gemäß der nationalsozialistischen Rasse-lehre »Achteljude« war, wurde der Geburtsschein von Strauß als »Geheime Reichssache« unter Verschluss gebracht, um den »Rasse-fehler« des Operettenkönigs zu unterschlagen. Goebbels schrieb in seinem Tagebuch, er habe »*keine Lust, den ganzen deutschen Kultur-besitz so nach und nach unterbuttern zu lassen. Am Ende bleiben aus unserer Geschichte nur noch Widukind, Heinrich der Löwe und Rose-berg übrig. Das ist ein bißchen wenig.*«

Das innerhalb kürzester Zeit entstandene Operetten-Vakuum sollte von »arischen« und politisch genehmen Komponisten aufge-füllt werden: So wurde zum Beispiel anstelle der »Gräfin Mariza« aus der Feder Emmerich Kálmáns dem Puszta-affinen Publikum nun Nico Dostals »Ungarische Hochzeit« vorgesetzt, statt Benatzkys »Im weißen Rößl« sah das nationalsozialistische Operettenprogramm Fred Raymonds »Saison in Salzburg« vor.

Ralph Benatzky, der schon 1924 das »hakenkreuzlerische Leben« kritisierte, zog mit seiner jüdischen Frau Melanie Hoffmann 1932 in die Schweiz und ging 1940 ins Exil in die USA. Obwohl Robert Stolz von der NS-Elite als »deutscher Komponist« hofiert wurde, verließ er Deutschland 1933, da er sich mit den nationalsozialistischen Macht-habern nicht arrangieren wollte und die rasch einsetzende Verfol-gung jüdischer Künstler nicht mitverantworten wollte. Den gebürti-gen Grazer zog es, wie viele seiner Kollegen, nach Wien und 1939 verließ Stolz Österreich, um ins französische Exil zu gehen, wo er auch seine fünfte Frau Yvonne Ullrich, »Einzi« genannt, kennen-lernte. Nach einer Internierung in Frankreich als »Feindlicher Aus-länder« und Angeboten der Nazis, nach Deutschland zurückzukeh-ren, emigrierte Stolz gemeinsam mit Einzi im März 1940 in die USA.

Ralph Benatzky notierte in seinem Tagebuch, dass nur er selbst und Lehár Christen waren – er war der Meinung, dass auch Stolz Jude war. Benatzkys »Im weißen Rößl« trat in den 1930er-Jahren einen internationalen Siegeszug an: Stationen des aberwitzigen Stücks waren New York, Paris und Wien. Goebbels hatte eine besondere Abneigung gegen den Librettisten, Tänzer und Regisseur Erik Charell, der wie sein Textpartner Hans Müller und der Liedertexter Robert Gilbert Jude war, und er war auch davon ausgegangen, dass Benatzky ebenfalls jüdischer Abstammung war. Fünf Jahre später, in denen Benatzkys Operetten nicht mehr in Deutschland gespielt worden waren, entdeckte man, dass Benatzky gar kein Jude war: Zu erneuten Aufführungen von »Im weißen Rößl« kam es in Deutschland bis 1945 dennoch nicht mehr. Ralph Benatzky, der sich klar gegen den Nationalsozialismus positioniert hatte, fand in einem Konflikt mit Charell allerdings nichts dabei, sich selbst – öffentlich – antisemitisch zu äußern, was auch in Anbetracht seiner jüdischen Frau und seiner offenen Abneigung gegen den Nationalsozialismus durchaus als merkwürdig erscheint.

Die Operetten von Robert Stolz verschwanden aus den Theaterprogrammen, als klar wurde, dass Stolz trotz aller Hofierungsversuche nicht daran dachte, sich in den Dienst der Nationalsozialisten zu stellen. Der einzige namhafte Operettenkomponist, der im Deutschen Reich blieb und sich mit den Nationalsozialisten zu arrangieren wusste, war der mit einer Jüdin verheiratete Franz Lehár.

Lehár selbst arbeitete hauptsächlich mit jüdischen Autoren zusammen. Der erfolgreiche Schlagertexter Fritz Löhner-Beda, der sich auch abseits der Operette mit Texten wie »In der Bar zum Krokodil«, »Was machst du mit dem Knie, lieber Hans« oder »Ich hab mein Herz in Heidelberg verloren« einen Namen machte und sich auch in seiner Kritik am Nationalsozialismus nicht zurücknahm, wurde ins KZ Buchenwald deportiert, wo er gemeinsam mit dem ebenfalls deportierten Komponisten Hermann Leopoldi das »Buchenwaldlied« schrieb. Löhner-Beda hoffte auf eine Intervention Lehárs, die laut verschiedener Quellen zwar direkt bei Hitler erfolgte, aber nur halbherzig ausgefallen sein soll. Der berühmte Librettist hoffte bis zuletzt auf seine Freilassung, wurde aber im Dezember 1942 in Auschwitz umgebracht.

Lehárs Naheverhältnis zu jüdischen Künstlern wurde von den

Nationalsozialisten nicht goutiert. Die Tatsache, dass er mit einer Jüdin verheiratet war und mit Tauber und jüdischen Librettisten arbeitete, wurde bis 1938 geduldet. Diese beruflichen Naheverhältnisse erledigten sich dadurch, dass Lehár nach »Giuditta« keine weitere Operette mehr schrieb und die Librettisten nach dem »Anschluss« emigrierten – oder wie Löhner-Beda deportiert wurden.

Der Komponist war sich der Schutzfunktion seiner Ehe für seine Frau Sophie bei aller Ignoranz anderen Juden gegenüber durchaus bewusst. Als eines Tages zwei Gestapo-Männer in der Wiener Wohnung der Lehárs im 6. Bezirk auftauchten, um Sophie Lehár abzuholen, konnte nur die zufällige Anwesenheit des Komponisten den Sprung seiner Frau aus dem Fenster verhindern.

Nach diesem dramatischen Zwischenfall drohte Lehár sofort auszureisen, sollte man seine Frau weiterhin durch die Gestapo bedrohen. Lehár wusste um seine Bedeutung für die NS-Kulturpolitik und unterstrich durch sein Ignorieren von Einladungen der Parteispitze, dass man sich dieses Vorgehen mit ihm nicht leisten konnte, wollte man ihn im Land behalten. In der Folge befürwortete Goebbels eine Ausnahmeregelung für Sophie Lehár, damit Lehár der Reichskulturkammer nicht abhandenkam. Sophie Lehár konnte fortan aufgrund der »privilegierten Mischehe« an der Seite ihres Mannes wieder in der Öffentlichkeit auftreten. Lehárs Einflussnahme endete bei seinen höchst privaten Bedürfnissen um die Sicherheit seiner Frau aber auch schon wieder. Um den Verbleib ihrer Familie, etwa Sophies Nichte Lotte Neumann, kümmerte sich der Komponist nicht. Dass Mitglieder von Sophies Familie ohne Hilfe ihres berühmten Verwandten deportiert und in verschiedenen KZs umgebracht wurden, schien ihn nicht zu rühren.

Die Namen jüdischer Librettisten verschwanden auch in Österreich 1938 von den Programmzetteln; Lehár wurde weiter aufgeführt. Ersatz für Tauber und die berühmten Sopranistinnen Vera Schwarz und Jarmila Novotná fand sich ebenso. Lehár blieb ungerührt und übernahm auch artig die antisemitische Diktion der

Nazis, wie Herbert und Ingrid Haffner in ihrer Lehár-Biografie »Immer nur lächeln ...« eindrücklich belegen. Dass sein Arbeitsumfeld lange Zeit jüdisch geprägt war, schien der von Hitler so geschätzte Lehár mittlerweile völlig vergessen zu haben.

Nach dem Krieg wurde der Komponist, der sich über sein Verhalten in der NS-Zeit völlig ausschwieg, aufgefordert, einen Teil der in den Jahren 1933 bis 1945 kassierten Millionen für die wenigen überlebenden Angehörigen der ermordeten Librettisten wie Löhner-Beda zu spenden. Lehár schickte aus Zürich, wo er nun hauptsächlich lebte, lediglich ein paar signierte Autogrammkarten nach Wien und schlug vor, den Erlös bei Verkauf dieser Karten zu behalten ...

Im Mai 1946 sahen Tauber und Lehár einander nach fast neun Jahren zum ersten Mal wieder: Tauber war für knapp zwei Wochen in die Schweiz gereist, um mit Lehár ein gemeinsames Comeback zu besprechen. Lehár wollte aber keine Pläne schmieden, sondern lieber mit Tauber ein Konzert geben; der Tenor war wiederum von dieser Idee nicht sonderlich angetan und musste zum längst vorbereiteten Konzert mit List überredet werden: Dass man in der Schweiz meine, er habe seine Stimme verloren, erzählte ihm Lehár daraufhin.

Diese üble Nachrede ließ sich Tauber nicht gefallen und willigte ein, am 7. Juni 1946 ein Konzert zu singen. Lehár stand am Dirigentenpult und das Traumpaar der Operette war ein letztes Mal auf der Bühne vereint. Neben der Schweizerischen Radio- und Fernsehgesellschaft SRG übertrug das erste gemeinsame Konzert der beiden Künstler nach neun Jahren auch die österreichische RAVAG, gleichwohl kam niemand in Österreich auf die Idee, Lehár und Tauber gemeinsam für ein Konzert nach Wien oder Salzburg zu holen.

Die Pläne, die Tauber mit Lehár in der Schweiz besprechen wollte, tat der um 21 Jahre Ältere ab. Dafür sollte sich Tauber doch einen jüngeren Partner suchen.

5. IMMER NUR LÄCHELN

Es kam einem Erdbeben gleich: Richard Tauber war über Nacht der Star der Berliner Bühnen geworden; in der Rolle des Paganini, dem er äußerlich nicht annähernd ähnelte, eroberte er die Stadt im Sturm. Innerhalb kürzester Zeit war Tauber auch durch die erwähnten Radioausstrahlungen in ganz Deutschland ein Star. Ein Tenor als König des Musiktheaters in der Spreemetropole, dessen Musik zwar nicht allen gefiel, dem sich aber aufgrund seiner unglaublichen Präsenz niemand entziehen konnte. Es gab reichlich Kritik, doch Tauber, Lehár, die zuständigen Theaterdirektoren und die verzückte Mehrheit des Berliner Publikums blieben unbeirrt.

Bald war eine Werbemaschinerie angeworfen, die zu dieser Zeit ihresgleichen suchte: Tauber im Radio, Tauber auf der Bühne, Tauber auf den Litfaßsäulen und Plakatwänden, ja es gab sogar Kurzstummfilme mit Tauber, in welchen die Produktion einer Schallplatte mit dem Sänger vorgeführt wurde: Kein anderer Star der 1920er-Jahre hatte eine annähernd ähnliche Präsenz. Niemand sonst experimentierte wie er mit verschiedenen Medien und setzte dabei auch bisher noch nicht erprobte Mittel ein.

Es war aber nicht nur die Vielfalt der Reklame, die den Aufstieg Taubers in diesen Jahren erklärt. Der Sänger betörte mit seiner Stimme die Massen und machte mit einer entwaffnenden Ehrlichkeit kein Hehl aus seinem Privatleben, ja, er ließ die Medienöffentlichkeit gezielt an seinem Leben abseits der Bühne teilhaben: 1926, im Jahr des »Paganini«-Erfolgs, heiratete er die Soubrette Carlotta Vanconti. Schon nach zwei Jahren gingen Tauber und seine Frau getrennte Wege, es sollte aber noch bis in die 1930er-Jahre dauern, bis Frau Vanconti, die eigentlich Martha Karoline Wunder hieß, unter großem Medieninteresse aus Taubers Leben wieder verschwand. Tauber versuchte nicht wie andere Künstler, sein Privatleben abzuschirmen, sondern zeigte sich gegenüber den Zeitungen offen und war wohl einer der ersten Stars, dessen Privatleben ausführlich behandelt wurde.

Zwar war Tauber bereit, sein Privatleben mit der Öffentlichkeit zu teilen, die Informationen, die an die Medien weitergegeben wurden, sollten aber sehr wohl von seinem Büro kontrolliert werden. Diese Form der Offenheit gegenüber den Medien behielt er zeit seines Lebens bei. Dass Tauber selbst gern Filmaufnahmen von seinen Tourneen und Reisen machte und ständig sein Leben zu dokumentieren versuchte, mag seine Leichtigkeit im Umgang mit den Medien gefördert haben. Tauber erkannte früh die Bedeutung der Medien für seine Karriere, so gab er zum Beispiel vor seiner Tournee 1931 in die USA in Wien und Berlin Abschiedskonzerte, die im Radio übertragen wurden und für ihn die Funktion von Generalproben hatten.

Auch später im englischen Exil und auf seinen internationalen Tourneen berichteten internationale Zeitschriften und Zeitungen über seine Hochzeit mit der Schauspielerin Diana Napier oder über Taubers Verkühlungen und Kehlkopfentzündungen ausführlich.

Der nächste Streich Lehárs war – man musste an den Erfolg des »Paganini« so rasch wie möglich anknüpfen – schon ein Jahr später die Operette »Der Zarewitsch«.

Die Titelrolle war Richard Tauber auf den Leib geschrieben. Gleich mehrere Tauber-Lieder gab es in dieser Operette: »Willst du« und »Allein, wieder allein«, das im Zweiten Weltkrieg als »Wolgalied« große Popularität bei Wunschkonzerten in Deutschland erlangte, als viele Wehrmachtsoldaten in Russland fielen.

1927 riss Richard Tauber auf der Bühne des Deutschen Künstlertheaters Berlin die Menschen zu Begeisterungsstürmen hin und ließ mit seinen Liedwiederholungen gleichzeitig die Kritik verzweifeln.

Foto: (v. l. n . r.):
Emmerich Kálmán,
Richard Tauber,
Franz Lehár

In der »Berliner Morgenpost« mokierte sich Moritz Loeb über »*das Lied des Zarewitsch [...], das Richard Tauber gleich viermal da capo singt. Weniger wäre mehr gewesen [...]*«

Und Karl Kraus schrieb in der »Fackel«: »*[...] Tauber verrät schon jetzt, daß das Tauber-Lied der neuen Lehár-Operette den Refrain ›Dein ist mein ganzes Herz‹ hat. Da muß Europa in Fransen gehen vor Begeisterung. Bei Lehárs ›Zarewitsch‹ wird eine unbeschäftigte Dame in die Proszeniumsloge gesetzt, wirft bei der fünften Wiederholung von ›Willst du ...‹ Blumen vor die Füße des Schmalztenors, worauf er sich zu ihr wendet, direkt zu ihr empor, und für sie ein sechstes Mal ›Willst Du‹ macht. Ich habe es gesehn. Kotzenswürdigeres hat sich nie in einem Theaterraum begeben; das Publikum winkte mit Tüchern. Bei ›Dein ist mein ganzes Herz‹ wird sich Ähnliches abspielen [...]*«

Tauber stand mit Operettenschlagern wie dem »Zarewitsch« in Berlin auf der Bühne, dirigierte Lehár-Operetten und gab in den späten 1920er-Jahren auch Liederabende, bei denen er völlig auf Lehár-Melodien verzichtete. Natürlich sang er weiterhin Opernpartien wie den Belmonte in Mozarts »Die Entführung aus dem Serail« bei den Salzburger Festspielen.

Vielleicht gerade weil er weiterhin auf den bedeutendsten Opernbühnen zu Gast war, nahm ihm die Kritik sein bald ausuferndes Operettenengagement besonders übel. »*Wie kann ein so ausgezeichneter Mozart-Interpret seine Stimme an die Operette vergeuden?*«, war nur eine der Fragen, die sich seriöse Musikkritiker immer wieder stellten. Dies blieb auch bei den nächsten Lehár-Operetten so: Egal ob er in »Friederike« den jungen Goethe sang oder später den Prinzen Sou-Chong in »Das Land des Lächelns«, nicht nur Karl Kraus nahm ihm den Schmelz, für den ihn die Massen liebten, übel. Kaum aber sang er dann wieder seine Mozartpartien, war man wieder gut mit dem Tauber.

Die Schauspielerin Elisabeth Bergner, selbst ein Star im Berlin der 1920er-Jahre, erinnerte sich in den 1970er-Jahren an ihre erste Begegnung mit Tauber in einer Lehár-Operette: »*Das erste Mal hab ich ihn vollkommen abgelehnt. Da hab ich ihn als Goethe gehört, in einem Musical von Lehár, aber das konnt' ich nicht schlucken. Ein Jahr später ging ich in die Oper und hörte zu meiner ungeheuren Überraschung Tauber den Octavio singen und das hat mich geheilt. Ich habe nie vorher und nie nachher jemand Mozart reiner und schöner und künstlerischer singen hören, unvergesslich herrlich, unvergesslich herrlich.*«

Tauber wollte alles: Er wollte die Oper, ohne sich den engen Regeln derselben zu unterwerfen, er wollte die Nähe zum Publikum, die er vor allem über die Operette erreichte, und er wollte auch nicht auf die geliebten Liederabende verzichten, wo er unter anderem seine Schubert-Lieder und Mozart-Arien singen konnte. Dass er dabei bereit war, alles zu geben, nahm vor allem sein Publikum der leichten Muse mit Freude zur Kenntnis. »*Der seriöse Tauber verehrt die Meister – und der lustige singt die Melodien seines Freundes Lehár!*«, lautete eine Antwort Taubers auf die ständigen Fragen, wie seine Vorlieben aufgeteilt wären. Dass Tauber die leichte Muse auch zu viel werden konnte, zeigte sich auf seiner Australien-Tournee 1938,

phot.: Ernst Schneider, Berlin

Richard Tauber als Zarewitsch
nur auf Odeon

Foto: Richard Tauber als russischer Thronfolger Alexey, der Zarewitsch.

denn der an ihn herangetragene Wunsch, er möge in seinen Konzerten den Schwerpunkt stärker auf die leichte Muse verlegen, stieß bei ihm auf wenig Gegenliebe. Er bot ein breites Spektrum an Musik und wollte sich in keinerlei Schublade pressen lassen. In einem Gespräch mit der australischen Tageszeitung »Mail« beschwerte er sich über die geforderte Einseitigkeit, unterstrich dabei aber seine Bereitschaft zum in Australien geforderten »Ay, Ay, Ay« und »Love's Old Sweet Song«: »*Das Programm, das ich in Australien singe, würde in London oder New York nicht akzeptiert werden.*«

Tauber wusste, was sein Publikum hören wollte, und auch wenn er es wissen ließ, dass gerade die Vielfältigkeit seines Repertoires den Zauber seines Programms ausmachte, sang er doch in Australien unermüdlich, was die Menschen hören wollten.

Der immer wiederkehrenden Kritik, er mute seiner Stimme zu viel zu, entgegnete Tauber: »*An den Tagen, an denen ich Oper oder Konzerte sang, habe ich meiner Stimme unbedingte Schonung auferlegt, aber an den Tagen, wo ich in Berlin Operette sang, habe ich Filme gedreht und viele hunderte Schallplattenaufnahmen gesungen. Die vielen Wiederholungen eines Liedes oder eines Duettes an Operettenabenden waren für mich nur eine gesangstechnische Übung; dieses Geheimnis will ich verraten.*«

Auch wenn die Musikkritiker großteils anderer Meinung waren, was Taubers exzessives Singen für seine Stimme bedeutete, ließ er es sich nicht nehmen und trat auch beim Sechstagerennen im Berliner Sportpalast vor Zehntausenden Menschen auf. Bei den populären Sportveranstaltungen im Berliner Sportpalast aufzutreten, war für Publikumslieblinge wie Marlene Dietrich, Emil Jannings, Conrad Veidt oder Max Schmeling ein Gradmesser dafür, wie es um ihre aktuelle Beliebtheit stand.

Dass sich auch Richard Tauber diesem Test stellte, fand selbstverständlich breiten Niederschlag in den Berliner Zeitungen. Nachfolgend sei ein Ausschnitt aus dem Bericht von André Dupont in der »Berliner Morgenpost« vom November 1929 wiedergegeben. Tauber wurde von Reinhold »Krücke« Habisch, dem berühmten Einpeitscher des Sportpalastes, als König der Tenöre angekündigt, worauf Sprechchöre nach einem Lied verlangten. »Richard, sing uns eins!«, riefen ihm die Menschen zu.

»*Unter donnerndem Applaus besteigt Tauber die Rampe. Er flüstert dem Dirigenten ein paar Anweisungen zu, macht kehrt und verbeugt sich vor dem Publikum. Der Lärm hält inne und in wenigen Sekunden herrscht unter zehntausend Menschen völlige Stille. Die Rennbahn und ihre Helden sind für die nächsten Minuten vergessen. Durch die gewaltigen Tabakwolken hindurch kann man sehen, wie Krücke die Arme schwingt, als ein Zeichen, das sofort verstanden wird: ›Ruhe … für unseren Richard … Ruhe! Die gewaltige Halle ist plötzlich völlig ruhig wie eine weite Kathedrale. Keine Starmanieren, keine Vorbehalte bezüglich der äußeren Umstände! Nein! Er steht einfach da und wartet auf das Orchester. Behext, in einer absoluten, vollkommenen Stille, die man fühlen kann, hängen die Berliner an seinen Lippen, die Radfahrer trauen sich kaum, die Pedale zu bewegen. Zehntausende Männer und Frauen und ein Dutzend Radfahrer warten auf Richard! Da oben in der Galerie verrenken sich die Leute das Genick, hängen über die Geländer mit offenen Mündern, starren Augen, wie Weintrauben; ihr Leben riskierend, hängen sie in fast akrobatischer Stellung an den Streben, um die goldene Stimme nicht zu vermissen. Und dann, er singt … ›O Mädchen, mein Mädchen‹ …*«

Tauber unterstrich immer wieder, wie wichtig es für ihn war, für jene Menschen zu singen, die seine Schallplatten kauften und ihn vielleicht im Theater nicht sehen konnten. Er wollte für jene singen, die ins Theater gingen, um sich dort bestens unterhalten zu lassen, und nicht für jene »*Snobs auf den teuren Plätzen, die kommen, weil es zum guten Ton gehört. Die sich zudem noch heuchlerisch empören, weil ich sie nicht exklusiv bediene.*«

Dass dies nicht nur ein Lippenbekenntnis war, sondern zu Taubers Selbstverständnis gehörte, wurde ihm von den Leuten, die sich nur eine Karte auf der Galerie leisten konnten, gedankt. Er war einer von ihnen und das ließ er sie bei jeder Gelegenheit wissen, auch wenn er nach einem Auftritt wie im Sportpalast am nächsten Abend wieder Mozart sang.

Tauber hatte nichts Intellektuelles an sich, nicht die Ausstrahlung eines großbürgerlichen Künstlers, die ihn vielleicht von seinem Publikum hätte entfernen können. Diese Zugänglichkeit erhielt sich Tauber auch in der Emigration, wie neben zahlreichen Presseberichten auch Aufzeichnungen der britischen Wochenschau belegen.

Kritiker wie Kurt Tucholsky sahen in Lehárs Operetten und auch in den Interpretationen Taubers alles andere als hohe Kunst: »*Dabei klingen alle Melodien Lehárs ganz gleich, es ist gewissermaßen die ewige Melodie, und man kann sie alle untereinander auswechseln. Puccini ist der Verdi des kleinen Mannes, und Lehár ist dem noch kleineren Mann sein Puccini. Und dieser Dreck ist international, die ausübenden Künstler bilden sich gewiß ein, sie erfüllten eine hohe Kulturmission, wenn sie das Zeug in aller Welt sängen.*«

Tucholskys Kritik entsprach dem Publikum, das mehr wollte als leichte Unterhaltung mit eingängigen Melodien und Musikverständnis nicht teilte. Lehár war von der Idee überzeugt, sein Alterswerk würde ihn endlich als seriösen Komponisten positionieren, er hoffte auf den ganz großen Wurf für die E-Musik. Doch Tauber, für den ja die wichtigsten Partien geschrieben wurden, sah das ganz anders. Er wollte mit der Operette die Menschen unterhalten, nicht mehr und nicht weniger.

Berlin folgte Tauber in Scharen, so auch zu einem seiner letzten Wohltätigkeitskonzerte im Berliner Zoo 1932, das er gemeinsam mit Gitta Alpár, Taubers weiblichem Pendant in der Operette, für die Künstleraltershilfe gab. Die jüdische Operettendiva Alpár kam durch Tauber zur Operette und wurde innerhalb kürzester Zeit zu einem der größten Stars in Berlin. Ihre Vorstellungen waren auf Monate hinaus ausverkauft. Trat sie gemeinsam mit Tauber auf, geriet das Publikum nicht selten in Raserei.

Alpár verließ Ende März 1933 Deutschland, ihr Ehemann Gustav

Foto: Richard Tauber singt bei einer Wohltätigkeitsmatinee für die Künstleraltershilfe im Berliner Zoologischen Garten im August 1932.

Fröhlich ließ sich von ihr 1934 aus Karrieregründen scheiden. Alpár emigrierte nach Stationen in Budapest und Wien in die USA, von wo sie nie mehr nach Deutschland zurückkehren sollte.

Richard Tauber schien, auch wenn er damit bei der Kritik immer wieder aneckte, ein Gespür dafür zu haben, was die Menschen in diesen Jahren der wirtschaftlichen Ungewissheit brauchten: einen stets fröhlichen Künstler, der ihnen die erhellenden, leichten Seiten des Lebens zeigte und sie von einer besseren Welt träumen ließ. Taubers unkonventionelle Einstellung der Kunst gegenüber war hier sicherlich maßgeblich, denn mit der Vielfältigkeit seiner Arbeit ermöglichte er es vielen Menschen, einen Zugang zur Musik zu finden, auch wenn er es manchen genau wegen dieser Fülle nicht leicht machte.

Ein Jahr nach dem großen »Zarewitsch«-Erfolg legte Lehár 1928 die nächste Operette nach: »Friederike«. Tauber sang den Goethe, die Friederike wurde von Käthe Dorsch gesungen. Dass es nach Bekanntgabe des Inhalts der neuen Operette zu Beschwerden von Anhängern, Librettisten und Studenten bei verschiedenen Kultusstellen und Instituten kam, war ein gefundenes Fressen für die Presse. Nach den vorangegangenen Operetten wurde auch das Libretto von »Friederike« nach dem Prinzip der unerfüllten Liebe und der Pflichterfüllung gestrickt, jener der Pfarrerstochter Friederike Brion und des Studenten Johann Wolfgang Goethe, die in Sesenheim für gut eineinhalb Jahre eine Liebe verband, die ohne Ehe, also ohne glückliches Ende blieb und viele Jahre später von Goethe in »Dichtung und Wahrheit« verklärt niedergeschrieben wurde und nun als Stoff für Lehárs neueste Operette herhalten musste.

In zahlreichen Zeitungen wurde über das Sakrileg, Goethe in einer Operette zu *verbraten*, geschrieben und am Tag der Uraufführung waren Polizeikräfte vor dem Theater nötig – es war das Metropoltheater der Gebrüder Rotter, die in der Berliner Theaterszene maßgeblich waren –, damit Darsteller, Musiker und das Publikum überhaupt ins Theater gelangen konnten. Mehr Medienaufmerksamkeit konnten sich weder die Rotters noch Tauber und Lehár wünschen. Die Theaterdirektoren Rotter wussten, wie sie ihr Publikum und auch die Presse zu bedienen hatten. Kurz nach der Premiere ließ man geschickt die großen Namen des Premierenpublikums wie jene des Filmstars Henny Porten, des Schriftstellers Heinrich Mann und des Physikers Albert Einstein lancieren.

»Oh Mädchen, mein Mädchen« war das Tauber-Lied in »Friederike«, das die Menge verzückt nach Zugaben rufen ließ, nicht nur in Berlin, auch auf Gastspielen, etwa in Amsterdam, traf die »Goethe-Operette« ins Schwarze. Egal wo »Friederike« gespielt wurde, das Publikum liebte diesen neuesten Streich Lehárs. Drei Monate nach der Premiere am 4. Oktober 1928 war »Friederike« das meistgespielte deutsche Bühnenstück.

Mit dieser Operette begann für Lehár und Tauber die enge Zusammenarbeit mit den gebürtigen Leipzigern Fritz und Alfred Rotter, die mit der Wienerin Fritzi Massary große Erfolge gefeiert hatten und die »Könige des Berliner Boulevardtheaters« genannt wur-

Foto: Tauber, Gitta Alpár und Gustav Fröhlich bei einer öffentlichen Kaffeetafel, Berlin 1932

den. Aber mit ihren Häusern wie dem Lessing-Theater, dem Theater in der Stresemannstraße, dem Lustspielhaus und dem Centraltheater bürgten sie auch für jene große Theaterkunst, für die das Berlin der 1920er-Jahre international geschätzt wurde. Zu den Bühnen der Rotters, die ausschließlich für die leichte Muse reserviert waren, gehörte neben dem Metropoltheater auch das Trianon Theater.

Fritz und Alfred Rotter schienen das richtige Rezept für die zeitgemäße Unterhaltung zu kennen, sprach man doch schon vor der Weltwirtschaftskrise von einer Theaterkrise. Sie hatten die besten Künstler unter Vertrag und boten dem Berliner Publikum auf höchstem Niveau Ablenkung von den Anstrengungen des Alltags. Die Gebrüder Rotter gaben mit ihren Produktionen über Jahre hinweg den Ton in der Berliner Theaterwelt an: Sie waren die größten Theaterunternehmer Deutschlands, vielleicht sogar Europas. Ausverkaufte Häuser gab es auf Monate hinaus, vor allem wenn es sich um Produktionen mit Richard Tauber handelte. Der Tenor wurde von ihnen mit immens hohen Gagen bezahlt und auch mit Erfolgsbeteiligungen bedacht. Zwischen den Theaterdirektoren und Lehár lief es in den Jahren der Zusammenarbeit nicht reibungslos, was in einem Eklat anlässlich der Premiere der Operette »Schön ist die Welt« im Dezember 1930 gipfelte. Das hatte zur Folge, dass Tauber statt Lehár-Operetten nun Korngold-Opern in den Theatern der Rotter-Brüder sang. Damit bestätigten sich Lehárs Ängste wieder einmal: Die Menschen kamen auch ins Theater, um Korngolds »Die tote Stadt« zu hören, wichtig war nur, dass Tauber sang.

Obwohl Tauber und die Gebrüder Rotter bis 1932 eng zusammenarbeiteten, blieben im Tauber'schen Zeitplan Ende der 1920er-Jahre pro Jahr nicht mehr als drei Monate, die er der Operette widmete. Der Rest des Jahres wurde zwischen Filmaufnahmen, Konzerten, Tourneen und Opernengagements aufgeteilt.

Dass Richard Tauber für volle Häuser bürgte, wussten nicht nur die Gebrüder Rotter. Lehár hatte die bittere Erfahrung, dass andere Tenöre nicht für den gleichen Erfolg sorgten wie Tauber, ja gerade mit der »Paganini«-Uraufführung in Wien machen müssen. Auch andere Komponisten wussten, dass Tauber ein Erfolgsgarant war: Oscar Straus und Emmerich Kálmán, beide mit Tauber befreundet, bemühten sich, auch später in den Jahren des Exils, um gemeinsame Projekte mit Tauber. Auch Taubers Idol aus Jugendtagen, Heinrich Hensel, schlug dem Tenor eine Zusammenarbeit vor. Ob aus diesem Ansinnen etwas geworden ist, lässt sich nicht belegen. Eine vertröstende Antwort auf die Bitte Hensels hin wurde nicht von Tauber selbst verfasst, sondern von seinem Büro.

Richard Tauber hatte gerade den Schlager »Ich küsse Ihre Hand, Madame« für den gleichnamigen Film mit Marlene Dietrich aufgenommen. Am 17. Januar 1929 wurde der Film im Berliner Tauentzienpalast, einem Premierenkino der UFA, uraufgeführt. Richard Tauber sang das Lied, zu dem im Stummfilm Dietrichs Filmpartner Harry Liedtke die Lippen bewegte, an diesem Abend live. Aus dem Lied wurde einer der größten Schlager des Jahres und aus Tauber

Foto: Der schwer erkrankte Richard Tauber mit Stiefbruder Otto (links) und Cousin Max 1929

75

und Dietrich über diese Zusammenarbeit hinaus ausgesprochen gute Freunde. Wann immer Tauber auf seinen späteren Tourneen durch die USA auch nach Kalifornien kam, besuchte er Marlene Dietrich. Sie ließ es sich auch nicht nehmen, den Tenor zu besuchen, als sie Mitte der 1930er-Jahre nach England reiste. Natürlich war das Treffen zweier Weltstars wie Dietrich und Tauber für die Öffentlichkeit etwas ganz Besonderes. Nicht nur in England fanden sich Fotografien von diesen freundschaftlichen Stelldicheins in den Zeitungen und Magazinen.

Nachdem sich Tauber bei einer Tournee im Rheinland im Jahrhundertwinter 1928/29 schwer verkühlt hatte, sang er nach einer kurzen Genesungspause zum 100. Mal die Partie des Goethe in der Berliner Inszenierung von »Friederike«. Die Arbeitspause dürfte nicht ausreichend gewesen sein, denn Tauber, der sich bis dahin, abgesehen von seiner einseitigen Fehlsichtigkeit, bester Gesundheit erfreute, erkrankte unter den Augen der Öffentlichkeit so schwer an einer Gelenksentzündung, dass er gelähmt in seinem Hotelzimmer im Nobelhotel Adlon lag. Er wurde von mehreren Ärzten behandelt und von engen Freundinnen wie Henny Porten, Marlene Dietrich und Vera Schwarz, seinem Stiefbruder Otto und dem Cousin Max Tauber, der zu diesem Zeitpunkt auch sein Manager war, wochenlang gepflegt, bis er transportfähig war und für eine Kur ins westslowakische Bad Piešťany, einen weithin bekannten Rheumakurort, gebracht werden konnte. Hier gelang es dank der eisernen Disziplin Taubers und durchaus schmerzintensiver Therapien, Schwefelbäder und Mineralschlammpackungen, eine deutliche Verbesserung seines Zustandes zu erzielen, und so konnte er im Sommer 1929 wieder nach Berlin zurückkehren.

Die deutsche Boulevardpresse ließ sich die Krankheit des Stars natürlich nicht entgehen:»Tauber völlig gelähmt!« oder»Tauber wird nie wieder singen können!« lauteten die negativen Schlagzeilen. Auch die seriöse Presse nahm Anteil an Taubers Erkrankung.

Foto: Ehefrau und gute Freundin: Diana Napier und Marlene Dietrich in London

Der auf einer Trage angereiste Tenor verließ den Kurort zwar ohne Krücken, eine vollständige Genesung wurde allerdings nicht erreicht: Die Beweglichkeit seines linken Knies blieb eingeschränkt: Tauber hinkte fortan leicht.

Als junger Tenor war Tauber für sein strahlendes Hohes C bekannt, seine Stimme, die wegen ihrer warmen baritonalen Mittellage geschätzt wurde, litt ebenfalls unter der schweren Erkrankung. Da Tauber auf eine neue Art atmen musste, musste er auch auf eine neue Art singen, also suchte er im Falsettgesang und im Piano den notwendigen künstlerischen Ausweg, was ihn noch mehr von seinen Kollegen unterscheiden sollte.

Auch an seinen Händen blieben Folgen der schweren rheumatischen Erkrankung zurück: Die Handgelenke waren nur noch eingeschränkt beweglich und Taubers Hände blieben zeit seines Lebens angeschwollen. Er lernte mit den neuen Einschränkungen so weit umzugehen, dass er wieder Klavier spielen, dirigieren und sich auf der Bühne weitgehend problemlos bewegen konnte. In seinen Film-

Foto: Der internationale
Werbestar Richard Tauber

rollen wurde er kaum in Bewegung gefilmt, um seine physischen Schwächen nicht sichtbar werden zu lassen.

In der Rolle des chinesischen Prinzen in Lehárs »Land des Lächelns«, dessen Premiere bald nach Taubers Genesung in Berlin auf dem Programm stand, hielt er seine noch stark in Mitleidenschaft gezogenen Hände in den weiten Ärmeln seines chinesischen Kostüms versteckt. Viele Sänger, die nach ihm die Rolle sangen, übernahmen diese Körperhaltung, ohne zu wissen, dass sie für Tauber eine Möglichkeit gewesen war, seine Gelenkserkrankung zu verbergen.

Als Tauber während seiner Kur außerhalb der Parkanlagen der Kuranstalt die Armut der Bevölkerung von Piešťany sah, beschloss er noch vor seiner Abreise, ein Benefizkonzert zu geben und unter den wohlhabenden Kurgästen Geld für die arme Bevölkerung zu sammeln. Solange es die politische Lage Tauber ermöglichte, kehrte er regelmäßig für weitere Benefizkonzerte in den Kurort zurück.

Tauber war nicht nur mit seinen Auftritten und Schallplattenaufnahmen in der Öffentlichkeit präsent: Werbeverträge für Seife, Zigaretten, Erfrischungsgetränke, Automobile wie für die auch privat genutzte Automarke Mercedes boten ein Zusatzeinkommen für den umtriebigen Tenor. Auch die Tatsache, dass Tauber ein passionierter Raucher war, spiegelte sich in seinen Werbeverträgen wider. So gab es unter anderem auch Zigarren, für die der Sänger nicht nur warb, sondern die auch seinen Namen trugen.

Auch später, nach der Vertreibung aus Deutschland, gehörte Richard Tauber zu den international bekanntesten Werbegesichtern. Dass sich jene, für die Tauber schon mit seiner Musik zu gegenwärtig war, darüber mokierten, versteht sich von selbst. Manche Künstler, die sich vielleicht eine ähnliche Öffentlichkeit und ähnliche Zusatzeinkommen wünschten, mögen auch aus Neid über Tauber und seine Präsenz in allen verfügbaren Medien gewettert haben. Ende der 1920er-Jahre war in den Berliner Kabaretts der allgegenwärtige Tauber ein willkommenes Thema. Ein boshaftes Lied Friedrich Hollaenders, das in der bekannten Nelson Revue gesungen und

von der »Berliner Morgenpost« gedruckt wurde, zeigt erneut, wie
populär Tauber war.

Die Ballade vom weltfremden R i c h a r d

Wer war schon Goethe?
Ein kleiner Poete!
Wer hat erweckt ihn?
Wer hat entdeckt ihn?
Wen hört man aus sämtlichen Laustsprechern schrei'n?
Ei, wer kommt denn da? Ei, wer kann denn das sein?
O Tauber, mein Tauber!

Am Ostseestrande,
Wer liegt im Sande?
In Wintersporten
Mit Henny Porten?
Wer jagt dich zur Nacht noch Alpdrucktraum?
Wer lächelt dich an unterm Weihnachtsbaum?
O Tauber, mein Tauber!

Wer prangt auf der Zeitung im Titelblatt,
Weil man ihn eben geschieden hat?
Wen hat Emil Ludwig mit heißem Bemüh'n
Gesammelt in tausend Photographien?
Urtauber, Großtauber, Tauber als Kind
Im dumpfen Buche beisammen sind!
Fleck auf der Schleife?
Nimm Tauberseife!
Kleine Erfrischung?
Trink Taubermischung!
Es strahlt wie ein Leuchtturm im Autogewühl
Sein Nam' vom Himmel wie einstmals Persil!
O Tauber, mein Tauber!

Tauber als Gatten,
Tauber auf Platten,
Tauber zum Nachtisch,
Tauber im Nachttisch,
Des Stimme so lind strömt wie lenzliche Luft,
Des Namen verfolgt dich noch bis in die Gruft.
O Tauber, mein Tauber!

Dem Rundfunkhörer zum halben Preis,
Vergiftet, vertaubert, im Todesschweiß,
Entringt sich ein Lallen, er wirft sich herum
Im Tauberfieberdelirium:
O Tauber, mein Tauber, jetzt faßt er mich an,
»Erltauber« hat mir ein Leid's getan!
O Tauber, mein Tauber,
wie liebst du dich!

Auf dieses Spottlied antwortete Tauber in der Zeitschrift »Tempo«:

Wenn ich wirklich Goethe wär',
Würd' ich es wagen,
Ein authentisches Zitat
Ihnen anzutragen.

Da ich n u r der Tauber bin,
Muß ich so mitnichten
auf d i e Antwort, lieber Freund –
Oh wie schad' – – – verzichten.

Tauber wusste, dass seine immense Bekanntheit für dieses Spottlied verantwortlich war, und er wollte, wie seine Antwort zeigt, kein Spielverderber sein. Er wusste auch, wie er sich für die Öffentlichkeit zu inszenieren hatte, um für sein Publikum das darzustellen, was es von ihm erwartete: Die Berliner wollten in Tauber den charmanten, lustigen und eben auch romantischen Tenor sehen, der ihnen mit seinen Arien unbeschwerte Momente bescherte.

Tauber wusste zudem, dass er für sein Publikum sichtbar zu sein hatte; so wohnte er, wenn er es für seine öffentliche Inszenierung brauchte, im Hotel Adlon direkt am Brandenburger Tor, wo er ständig ein Appartement gemietet hatte. Hier trat er, wie man es von ihm erwartete, stets in teuren Maßanzügen oder in Frack und Zylinder, immer mit dem für ihn typischen Monokel im Auge auf. Wollte Tauber privat sein, zog er sich in den Grunewald zurück und legte jegliche Mondänität ab: Anstelle des Monokels gab es Brillen und auch die Kleidung war unauffälliger gewählt.

Es war keine Maskerade, aber Richard Tauber unterschied deutlich zwischen seiner öffentlichen Person, die von den Litfaßsäulen der Stadt lächelte, die Menschen zu Begeisterungsstürmen hinreißen konnte und eben auch Ziel des intelligenten Spotts in den Berliner Kabaretts war, und dem privaten Menschen, der wirklich privat bleiben wollte. Zu Taubers öffentlicher Inszenierung gehörte auch, dass er jene Kabaretts besuchte, in denen er *vorgeführt* wurde. Im »Kabarett der Komiker« setzte er sich zum Beispiel spontan nach der Pause ans Klavier und begleitete Max Hansen bei seiner in ganz Berlin berühmten Tauber-Parodie. Richard Tauber, die personifizierte und, für manche kritische Zeitgenossen, übertriebene Freundlichkeit, ertrug es nicht, wie seine Witwe Diana Napier später festhielt, nicht geliebt zu werden. Tauber wollte »mit allen gut sein« und bezahlte für diesen starken Wunsch nicht nur 1933, als die Nationalsozialisten in Deutschland an die Macht kamen, sondern musste auch in seiner nächsten Umgebung erfahren, dass man nicht allen trauen und »mit allen gut sein« kann.

Seine überraschenden Auftritte in den Kabaretts hatten aber auch die wichtige Aufgabe, seinen Kritikern zu zeigen, dass er ein »lieber Mensch« war, der auch einen Spaß verstand. Richard Tauber war nicht nur ein allgegenwärtiger Star, ein öffentlicher Mensch, der vielen Berlinern ihr König war: Fuhr er mit seinem Mercedes durch die Stadt, wurde, wie selbstverständlich, der Verkehr für ihn angehalten. Richard Tauber war der Bestverdiener unter den besser bezahlten Künstlern. Er verweigerte sich nicht den großen Honoraren, die mit der Operette zu verdienen waren, machte er doch auch kein Hehl daraus, sich einen gewissen Lebensstil leisten zu wollen. Tauber war es mit seinen ersten großen Erfolgen in der Operette möglich, weitaus höhere Gagen zu verlangen als andere Sänger. Er war nicht nur eine Tenorstimme, die das Publikum wieder und wieder hören wollte; er war ein Opernsänger, der sich im Gegensatz zu anderen Operntenören nicht für die Operette zu schade war. Die immens hohen Gagen, die er aushandeln konnte und die ihm in Deutschland vor allem die Gebrüder Rotter zahlen konnten, bestätigten ihm seine Einstellung.

»Gewiß, ich gebe zu, daß mich die leichte Muse, wenn wir sie so nennen wollen, mächtig lockt. Denn erstens hat sie mich so liebevoll in die Arme genommen, daß ich ihr von ganzem Herzen dankbar sein muß. Nicht ganz zuletzt auch als mein eigener Finanzminister.«

Er war dafür bekannt, das Geld mit beiden Händen auszugeben, aber wie er selbst sagte: *»Ich kann mein Geld ruhig zum Fenster hinauswerfen, es kommt doppelt und dreifach zur Tür wieder herein.«*

Neben seiner ausgeprägten Neigung zur Verschwendung war es kein Geheimnis, dass Tauber ein großzügiger Mensch war, der die Rechnungen anderer bezahlte, Teile seiner Gagen an Kollegen abtrat oder regelmäßig Benefizkonzerte gab. Sang Tauber in Berlin an Samstagabenden in Vorstellungen auf einer Rotter-Bühne, gab es danach meist noch ein Konzert, dessen Einkünfte nicht bei ihm verblieben, sondern in Not geratenen Kollegen zugute kamen. Obwohl diese Konzerte nicht groß angekündigt wurden, wussten Taubers begeisterte und zahlungskräftige Anhänger Bescheid und es heißt, dass er in seiner gesamten Karriere *niemals* vor einem nur spärlich gefüllten Raum gesungen habe. Tauber hing dieses Engagement nicht an die große Glocke, dennoch erzählte man sich in Deutschland die unterschiedlichsten Geschichten über seine belegbare

Wohltätigkeit: Als Tauber nach dem umwerfenden »Paganini«-Erfolg 1926 durch das Saarland tourte, kam es zu einem schweren Grubenunglück, bei dem 100 Kumpel zu betrauern waren. Der Tenor war von dem Unglück tief erschüttert: »*Wie viele Menschen werden gespart haben, um mich einmal persönlich in meinen Konzerten auf der Saarland-Tournee zu erleben […] und gehören jetzt zu den so unglücklichen Familien. Nein, dieses Geld von diesen armen Menschen will ich nicht haben und gebe es zurück.*« Die Einnahmen aus den Konzerten überwies Tauber auf ein eingerichtetes Spendenkonto und übernahm sämtliche Spesen der Tournee.

Nach den Erfolgen von »Paganini«, dem »Zarewitsch« und »Friederike« war für die Direktoren Fritz und Alfred Rotter wie auch für Lehár und Tauber klar, dass man die Begeisterungswelle für das Gespann Lehár-Tauber in der Stadt keinesfalls unterbrechen durfte. Das Publikum verlangte nach einer neuen Operette und nachdem Lehár unter Beteiligung Taubers »Die gelbe Jacke«, ein 1923 gescheitertes Stück, überarbeitete, und die Librettisten Fritz Löhner-Beda und Ludwig Herzer die Überarbeitung des Textes von Victor Léon vornahmen, konnte man im Sommer 1929 mit den Proben für »Das Land des Lächelns« beginnen. Die Rolle des chinesischen Prinzen in Lehárs neuer Operette war Taubers Comeback, nachdem die Boulevardpresse schon damit beschäftigt gewesen war, ihn totzusagen.

Am 10. Oktober 1929 hieß es dann am Metropoltheater »Vorhang auf!« für die wohl erfolgreichste Lehár-Tauber-Produktion: Tauber sang den chinesischen Prinzen Sou-Chong; Vera Schwarz, der weibliche Star an der Wiener Staatsoper, brillierte als Lisa, das Wiener Mädel, das den Prinzen heiratet und ihm ins exotische China folgt. Nach dem Strickmuster der vorangegangenen Operetten war natürlich auch im »Land des Lächelns« ein Happy End unmöglich und die Liebenden, die sich den gesellschaftlichen Konventionen zu unterwerfen hatten, gingen am Ende getrennte Wege. »Dein ist mein ganzes Herz«, »Immer nur lächeln«, die beiden Arien Taubers, und das

Tauber-Schwarz-Duett »Wer hat die Liebe uns ins Herz gesenkt« mussten bei den Aufführungen mehrfach wiederholt werden und wurden binnen kürzester Zeit zu Schlagern über die Grenzen Deutschlands hinaus.

Es konnte keine Rede davon sein, dass Tauber nicht mehr auf der Höhe seines Könnens war, trotz der körperlichen Schwächen, die die Krankheit hinterlassen hatte. Sein Ruf als »König der Tenöre« festigte sich erneut. Der Kritiker Erich Urban schrieb nach der Uraufführung in der »B.Z. am Mittag«: »›Dein ist mein ganzes Herz!‹ … *Richard Tauber, der Wiedergenesene, der Wiedergewonnene, singt das Lied. Sein ›Tauber-Lied‹, vier-, fünfmal, ich hab's nicht gezählt, und kann kaum das Rasen des Theaters beruhigen. Er singt es mit dem bezaubernden Schmelz seiner Stimme, die heut einzig ist auf der Welt, mit höchstem Geschmack, mit virtuoser Beherrschung aller Kunstmittel. Er singt es, losbrechend im Schmerz, hinschmelzend in Wonne, jubilierend im sicheren Sieg. Noch nie hat seine Stimme mit der herrlichen baritonalen Mittellage, mit der sieghaften Höhe und dem schluchzenden Unterton, so schön geklungen.*«

Die Kritiker überschlugen sich: die einen vor Freude über die Rückkehr Taubers auf die Bühne, die anderen vor Ärger über den neuen Kitsch, der ihnen mit Lehárs neuestem Streich vorgesetzt wurde. Die Zurufe, die sich über das Comeback Taubers und seine Stimmgewalt freuten, waren allerdings lauter als die negativen. In der »Berliner Morgenpost« vom 11. Oktober 1929 hieß es: »*Tauber ist auch darstellerisch so ausgezeichnet, daß die Berlinerinnen hundert Vorstellungen hindurch an seinen Lippen hängen werden, wenn er im zweiten Akt seine große Nummer ›Dein ist mein ganzes Herz‹ steigen läßt …*«

Also ging das Kritiker-Karussell weiter: Tauber-Lehár lieferten den einen beste Unterhaltung und den anderen Grund, sich zu ärgern. Gleichgültig zeigte sich kaum jemand in den Medien, wenn Tauber-Lehár für die Produktion verantwortlich waren. Obwohl es nach der prunkvollen Operette »Das Land des Lächelns« noch weitere Koproduktionen Lehárs mit Tauber gab, blieb diese Operette die wohl erfolgreichste und auch bedeutendste für Taubers Karriere. Er *war* der Prinz Sou-Chong und alle Sänger, die die Partie nach ihm sangen, wurden zu »Tauber-Prinzen«.

Als er im Dezember 1938 von einem schottischen Journalisten gefragt wurde, was er eigentlich von »Dein ist mein ganzes Herz/You Are My Heart's Delight« hielte, antwortete Tauber: »*Was denken Sie von Ihrem eigenen Gesicht, wenn Sie es doch auch jeden Tag im Spiegel sehen?*« Über 15.000 Mal sang er im Laufe seiner Karriere dieses Tauber-Lied. Es war wahrhaftig seine Erkennungsmelodie.

Die glanzvolle »Land des Lächelns«-Premiere am 10. Oktober 1929 fand nur wenige Tage vor dem *Schwarzen Freitag*, dem 24. Oktober 1929, statt, jenem Paukenschlag der Weltwirtschaftskrise, die mit einem Zusammenfallen der Agrar- und der Bankenkrise die bis dahin schwerste Krise darstellte. »Das Land des Lächelns« trotzte der Krise und Tauber blieb der exotische Prinz, der als Kassenmagnet die Menschen weiterhin ins Metropoltheater zog. Wenn Tauber nicht jede Aufführung sang, reagierte das Publikum, das nur wegen ihm ins Theater kam, verärgert.

1929 begann Tauber mit den Aufnahmen zu seinem ersten Tonfilm »Ich glaub' nie mehr an eine Frau«, in dem unter der Regie von Max Reichmann auch Paul Hörbiger, Maria Solveg und Gustaf Gründgens zu sehen waren und der noch im gleichen Jahr in die deutschen Kinos kam. Obwohl der Film floppte und auch die folgenden Filmprojekte Taubers in Deutschland alles andere als Erfolge wurden, wies Taubers Engagement im Filmgeschäft in eine viel versprechende Richtung, sollte er doch in Großbritannien große Kinoerfolge feiern.

Tauber, der seit seiner Jugend eine große Leidenschaft für das Medium Film hegte, gründete, nicht zuletzt auf Drängen seines Cousins und Managers Max Tauber, die »Richard Tauber Tonfilm Gesellschaft«, die die weiteren Filme Taubers produzierte. Das Unternehmen schien sicher zu sein, Filme mit Tauber mussten ganz

Foto: Filmszene aus »Ich glaub' nie mehr an eine Frau«, mit Edith Karin, Agnes Schulz-Lichterfeld, Richard Tauber, Maria Solveg und Paul Hörbiger

einfach das große Geld bringen, war Max Tauber überzeugt. Doch die großen Erwartungen an das Filmgeschäft wurden alles andere als erfüllt, auch wenn Tauber unermüdlich tagsüber eine Szene nach der anderen drehte und große Summen in die Produktionsfirma steckte. Schon die Kritiken für die erste Produktion »Das lock-ende Ziel« waren nicht die besten, wenn auch das Publikum in die Kinos pilgerte. Eine Verfilmung von »Das Land des Lächelns« stand als Nächstes auf dem Plan. Doch nicht die erfolgreiche Operette sollte tatsächlich auf Celluloid gebannt werden, sondern eine von drei Drehbuchautoren verschnittene Version, die mit der Operette bis auf ein paar Lieder nichts mehr gemein hatte. Die durchaus als dilettantisch zu bezeichnende Regie Max Reichmanns versetzte dem Film den Todesstoß: Aus der dramatischen Operette war eine Lachnummer geworden, die für kurze Zeit das Berliner Publikum ungewollt amüsierte. Der dritte Film der Tauber'schen Filmfirma, »Die große Attraktion«, war der völlige Reinfall. Nach dem Desaster mit der

Operetten-Verfilmung schienen selbst Taubers treueste Fans den Tenor nicht mehr als Jazzmusiker sehen zu wollen. Auch die Regie Georg Jacobys und Adolf Wohlbrück als Co-Star konnten den Film nicht retten.

Was Richard Tauber nach diesem waghalsigen Ausflug ins Filmgeschäft blieb, war neben einem unglaublichen Schuldenberg ein schwer angekratztes Image. Das Geld war unwiederbringlich verloren, seinen Ruf wollte der Tenor gerettet wissen und begab sich vor die Künstlerkammer des Berliner Arbeitsgerichts, um dort schriftlich festzustellen: »*Ich will nicht, daß man meinen Namen weiterhin als Aushängeschild benutzt, um das Vermögen Dritter zu schädigen.*« Max Tauber, der als Geschäftsführer der Filmproduktionsfirma fungierte, hatte laut Presseberichten und verschiedener Briefwechsel, die sich im Tauber-Nachlass befinden, an die 90.000 Mark für sich zur Seite geschafft und er versuchte, seinen berühmten Cousin mit einem Haftbefehl von einer Ausreise aus Deutschland abzuhalten. Max Tauber sprach von »Fluchtgefahr«, da so ein weiteres Filmprojekt, von dem der Sänger im Übrigen noch gar nichts wusste, gefährdet wäre. Der Tenor konnte den zuständigen Behörden erklären, dass die Auslandsreise wegen Konzertverpflichtungen notwendig war, beglich die Ausstände von über 150.000 Mark, zahlte die offenen Gehälter und gab dies auch öffentlich bekannt. Um seinen guten Namen zu retten, musste er die Firma liquidieren. Die Auflösung der Firma übernahmen Taubers Anwälte.

Der gutmütige Sänger, der so hinterhältig ausgenutzt wurde, sprach für den Rest seines Lebens kein Wort mehr mit seinem betrügerischen Cousin. Als Max Tauber aus dem späteren amerikanischen Exil einen Bettelbrief an Richard Tauber schrieb, finden sich keinerlei Belege dafür, dass ihn der Sänger je beantwortet hätte. Und als Richard Tauber im Winter 1947/48 im Sterben lag, verbat sich seine Frau Diana jegliche Kontaktaufnahme von Max Tauber. Spätere Versuche Max Taubers, aus der Verwandtschaft mit Richard Tauber Kapital zu schlagen, wehrte Diana Napier-Tauber so gut es ging, auch mit der Hilfe von Rechtsanwälten, ab. Max Tauber gab bereitwillig Interviews über seinen berühmten Cousin und ließ sich als der gute Geist hinter dem Genie Tauber feiern. Seinen nachgewiesenen Bereicherungscoup verschwieg er selbstverständlich. Dass sich Max Tauber über das Filmdebakel hinaus weiterhin als Vertrauter und Agent seines berühmten Cousins darstellte, mag verwundern, übernahm doch Richards Halbbruder Robert Hasé-Tauber nach dem Untergang der »Richard Tauber Tonfilm Gesellschaft« die Agententätigkeit für den Sänger.

1930 war nicht das erste Jahr, in dem die deutschen Medien die Gagen Taubers diskutierten, nun wurden seine Einkünfte aber mit jenen der ebenfalls sehr erfolgreichen Kollegen Michael Bohnen und Heinrich Schlusnus verglichen. Dass Tauber mit seinen Theatergagen knapp mehr verdiente, war trotz der großen Präsenz der beiden Kollegen nicht verwunderlich. Sowohl dem Bass Bohnen als auch dem Bariton Schlusnus fehlten die romantischen Rollen eines Tenors, wie sie Richard Tauber in der Oper möglich waren und in der Operette auf den Leib geschrieben wurden.

Obwohl Tauber aus seinen Schallplattenaufnahmen nur einmalige Zahlungen bezog, beliefen sich seine Einkünfte aus diesem Bereich auf mehrere hunderttausend Reichsmark. Insgesamt, so rechneten die Zeitungen hoch, verdiente Tauber in dieser Zeit mehr als 1,5 Millionen Reichsmark pro Jahr. Astronomische Summen, die er teilweise anlegte, aber auch mit beiden Händen wieder ausgab oder – wie im Filmgeschäft – zum Teil auch wieder verlor.

Nach dem mehrteiligen Filmdebakel kehrte Tauber vorerst wieder auf die Bühne zurück. In der nächsten Zeit stand er entweder auf einer der Berliner Rotter-Bühnen oder in Dresden und Wien. 1931 begann seine erste USA-Tournee. Im selben Jahr brillierte er erstmals im Londoner Drury Lane Theatre mit Lehárs »Land des Lächelns«; zwei Jahre später begeisterte er das Publikum im Londoner West End in der Rolle Franz Schuberts in Bertés »Dreimäderl-haus«, das auf Englisch »Lilac Times« hieß und ein großer Erfolg am Aldwych Theatre wurde.

Obwohl die Menschen in den schwierigen Zeiten der Weltwirt-schaftskrise weiterhin ins Theater gingen und sich von Tauber, Schwarz & Co. Ablenkung erwarteten, blieb auch die heile Theater-welt nicht vor den schwierigen Wirtschaftsverhältnissen gefeit. Gerade die in der Berliner Theaterwelt bestimmenden Gebrüder Rotter gehörten zu den Opfern der Krise.

In der antisemitisch gefärbten Presse wurde von überzogenen Plänen und Spekulationen berichtet, die den Brüdern das geschäftli-che Genick gebrochen hätten. Bereits vor 1933 bezeichneten natio-nalsozialistisch gesinnte Journalisten Alfred und Fritz Rotter als »typische Kulturjuden«, und es gab von verschiedenen Seiten Bestrebungen, die beiden tonangebenden Theaterdirektoren zu rui-nieren. Andere, weniger erfolgreiche Theaterdirektoren sahen ungern, dass die Rotters selbst in der Krise und trotz Verlusten ihren Theaterbetrieb aufrechterhalten konnten, weil sie mit den ganz gro-ßen Stars wie eben Richard Tauber zusammenarbeiteten.

Aber nicht alle Produktionen der Gebrüder Rotter blieben in die-sen wirtschaftlich schwierigen Zeiten erfolgreich. Fiel Tauber aus und es sang nur die zweite oder dritte Besetzung, spürte dies das Metropoltheater sofort: Die Menschen kamen nicht wegen des Lehár-Stücks, sondern wegen Tauber. Dass Alfred und Fritz Rotter Tauber und andere Zugpferde ihrer Bühnen übervorteilten, wie es ihnen von Zeitgenossen Jahre später unterstellt wurde, lässt sich sowohl anhand der Verträge Taubers als auch mit Briefen der Rotter-Brüder, die im Teilnachlass Taubers vorliegen, widerlegen. Der Ton der Briefe ist zwar durchgängig fordernd – man wollte ja auch etwas für die unsagbar hohen Gagen haben –, aber stets äußerst freund-schaftlich gehalten.

Das Rotter'sche Theaterimperium zerbrach kurz vor der Wahl Hitlers zum Reichskanzler, als die Brüder endgültig zahlungsunfähig geworden waren. Noch im Frühjahr 1933 gelang es ihnen, nach Liechtenstein zu flüchten, wo sie seit 1931 das Bürgerrecht besaßen, wohl als Reaktion auf nationalsozialistische Übergriffe auf Produktionen in ihren Häusern – die Oscar-Straus-Operette »Eine Frau, die weiß, was sie will« mit Fritzi Massary, die seit dem 1. September 1932 im Metropoltheater lief, wurde wiederholt durch Nazi-Rufe gestört – und die seit 1930 generell zunehmenden Störaktionen von Nazis in Theatern und Kinos landauf, landab.

Nach der Machtergreifung wurden die Gebrüder Rotter in der deutschen Presse bei jeder sich bietenden Gelegenheit gegeißelt: Man unterstellte ihnen, dass sie vor einem Gerichtsverfahren wegen Betrugs geflüchtet waren. Sie hätten jahrelang Geld außer Landes geschafft, und statt der tatsächlichen Millionenschulden, die nicht zuletzt wegen der Bankenkrise und einiger unseliger Spekulationen entstanden waren, schrieb die deutsche Presse von einem Millionenvermögen, das in Liechtenstein gebunkert sein sollte.

Die NS-Presse versuchte mit diesen völlig aus der Luft gegriffenen Unterstellungen die 1931 erworbenen Bürgerrechte der Rotters in Liechtenstein zu erklären – diese Mutmaßungen werden bis heute in Texten über die Theaterlandschaft Berlins bis 1933 bedenkenlos übernommen. Man versuchte in Deutschland den Eindruck zu erwecken, dass die Flucht der Gebrüder Rotter schon seit Jahren geplant war. Wahr ist vielmehr, dass der Aufbruch nach Liechtenstein in überstürzter Panik erfolgte, wie unter anderem der Historiker Peter Kamber anlässlich der Rotter-Gedenktafel-Enthüllung am 4. Juli 2008 vor dem Berliner Admiralspalast unterstrich.

Nicht nur Fritz und Alfred Rotter waren geflüchtet, auch Gertrud Rotter, Alfreds Ehefrau, war neben einer gewissen Frau Wolf mit den beiden Theaterdirektoren überstürzt nach Liechtenstein abgereist. Am 5. April wurden sie von rechtsextremen Liechtensteiner Nationalisten gemeinsam mit deutschen Nazis, die die Rotter-Brüder an das nationalsozialistische Deutschland ausliefern wollten, aus dem *Waldhotel* in Vaduz gelockt. Als Fritz Rotter der wahre Hintergrund der eben angetretenen Fahrt klar wurde, sprang er aus dem fahrenden Auto und überlebte schwer verletzt. Alfred und seine Frau Gertrud stürzten kurze Zeit später, vermutlich auch bei einem Fluchtversuch, aus dem fahrenden Wagen über die Felsen von Gaflei in den Tod. Fritz Rotter wurde im Krankenhaus von Vaduz gesund gepflegt und reiste nach Frankreich weiter. Seine Spur verliert sich im Jahr 1939, als er in Paris zum letzten Mal gesehen wurde. Das Schicksal jener Frau Wolf ist ebenso unbekannt wie die Grabstellen von Alfred und Getrud Rotter …

Im Herbst 1933 wurde die dem Propagandaministerium unterstehende Reichskulturkammer gegründet, die nicht nur den Ausschluss jüdischer Kunstschaffender aus dem allgemeinen Kulturbetrieb kontrollierte und vorantrieb, sondern auch jüdische Inhaber wichtiger künstlerischer Unternehmen »beaufsichtigte«. Bis 1935 wurde eine Verfolgung derselben aus wirtschaftlichen Gründen allerdings vorerst hintangestellt. Dass das Rotter'sche Bühnenunternehmen bereits in Konkurs gegangen war, kam der NS-Propaganda höchst gelegen, so musste man die verhassten Rotters nicht noch weiter gewähren lassen, sondern konnte sich bereits Anfang 1933 zu Propagandazwecken bequem des Mythos der geflüchteten »Kulturjuden« bedienen.

Jaromír Weinbergers Operette »Frühlingsstürme« war die letzte Operette, in der Tauber in Berlin brillierte. In der Rolle des japanischen Offiziers Ito war er an der Seite von Jarmila Novotná im Berliner Admiralspalast an der Friedrichstraße, einer der bedeutendsten Vergnügungsstätten der Stadt, zu sehen. Das Theater im Admiralspalast gehörte vor ihrem Konkurs ebenfalls den Gebrüdern Rotter; Hans Albers, der in den Jahren zuvor zu einem der begehrtesten Schauspieler der UFA und auf den Theaterbühnen Berlins aufgestiegen war, begeisterte hier noch zu Rotter-Zeiten als Molnárs Liliom die Massen.

Die Premiere von »Frühlingsstürme« am 19. Januar 1933, nur wenige Tage bevor Hitler Reichskanzler wurde, war wie immer, wenn Tauber in der Stadt in einer neuen Produktion zu sehen war, pompös. Man präsentierte sich, Krise hin, Krise her, in großen Abendroben und fuhr in einer endlosen Reihe teurer Automobile vor. Wenige Tage später wurde auch noch auf dem Berliner Presseball ausgelassen gefeiert: Mit dabei natürlich Richard Tauber und Gitta Alpár, die beiden Operettensuperstars.

Bereits in den Jahren zuvor war die Arbeitssituation für jüdische Künstler in Deutschland deutlich schwieriger geworden. Wenn auch noch nicht von offizieller Seite unterstützt und gefördert, trat der vorhandene Antisemitismus innerhalb der Theaterwelt doch immer deutlicher zutage. »Frühlingsstürme« war die letzte Operette, in der noch einmal jüdische Stars wie Oskar Homolka und Siegfried Arno auf einer Berliner Bühne zu sehen waren und deren Komponist ebenfalls Jude war. Tauber soll sein Lied »Du wärst die Frau für mich gewesen« bei der Premiere viermal wiederholt, und auch bei den weiteren Aufführungen soll das Publikum wie rasend die Wiederholung dieses Tauber-Liedes gefordert haben.

Als die Operette »Frühlingsstürme« uraufgeführt wurde, lagen in den Plattenläden bereits Einspielungen des Stücks von Novotná auf *Electrola* und von Tauber bei seiner Plattenfirma *Odeon*. Novotnás Partner bei den Aufnahmen war der Tenor Marcel Witrisch, der sich wenig später mit musikalischen Führerhuldigungen hervortat. Witrisch neigte dazu, Taubers Gesang zu kopieren, was aber nur schwer möglich war. Als Witrisch im Berliner Hotel Kaiserhof, wo auch Tauber anwesend war, seine Kopierkünste vorführte, argwöhnte Tauber: »*Gleich wird er auch noch hinken!*«

Taubers Partnerin bei den Aufnahmen war Mary Losseff, die auch privat an Taubers Seite stand und ab 7. Februar im Admiralspalast die Rolle Novotnás übernahm, war die Novotná selbst doch bei Max Reinhardt im Deutschen Theater unabkömmlich. Noch probte Max Reinhardt mit seinem Ensemble, doch schon im selben Jahr verließ der Regisseur Deutschland in Richtung USA, und nur noch ein Mal, 1937, ohne zu ahnen, dass er seine Heimat zum letzten Mal sah, kehrte er für kurze Zeit nach Wien zurück. Die Flucht Reinhardts aus Deutschland wurde sehr oft in Relation zu Taubers Flucht gesetzt: Die beiden Österreicher waren maßgebliche Persönlichkeiten des Berliner Kulturbetriebes und standen, jeder für sich, symbolisch in der ersten Reihe der von den Nationalsozialisten verdammten jüdischen Künstler.

Am 27. Februar 1933, dem Tag des Reichstagsbrandes, kam es zur vorerst letzten Aufführung der »Frühlingsstürme«. Das Publikum sah nach dem Verlassen des Admiralspalasts in unmittelbarer Nähe den Reichspalast brennen. Vor aller Augen ging der deutsche Parlamentarismus in Flammen auf. Massenverhaftungen von KP-Mitgliedern und Sympathisanten folgten unmittelbar darauf. Sozialisten, Gewerkschafter und Monarchisten gehörten zu den politischen Gefangenen, die mit den ersten Transporten nach Dachau verschleppt wurden – noch vor der »Einweihung« des Konzentrationslagers am 1. April 1933 durch Himmler, der als Reichsführer-SS in Hauptverantwortung für die Konzentrationslager und damit auch für den Holocaust stand.

Am 28. Februar 1933 ließ die Direktion des Admiralspalastes mitteilen, dass wegen der anstehenden Wahlen die Aufführungen erst am 8. März wiederaufgenommen würden. Obwohl die NSDAP bei den Reichstagswahlen mit deutlichem Vorsprung vor der SPD und der KPD stärkste Partei wurde, ergab sich für die Nationalsozialisten keine absolute Mehrheit; erst durch ihre Koalition mit der ultrakonservativen Deutschnationalen Volkspartei war die Absolute erreicht.

Wenige Tage nach der Wahl, am 8. März 1933, wurden die Stimmen der KPD unter Anwendung der »Notverordnung zum Schutze von Volk und Staat«, die nach dem Reichstagsbrand erlassen worden war, annulliert. Einen Tag später als angekündigt, am 9. März, wurde »Frühlingsstürme« wiederaufgenommen: Neben Richard Tauber stand Siegfried Arno, der als »Volljude« kurze Zeit später in die Emigration ging, auf der Bühne. Als Tauber die Bühne betrat, brüllte der Mob auf den Rängen: »*Juden, runter von der Bühne!*«

Foto: Richard Tauber und Jarmila Novotná in Weinbergers »Frühlingsstürme«.

Tauber verstand nicht, was hier vor sich ging. War es möglich, dass er die politischen Veränderungen in Deutschland nicht wahrgenommen hatte und nicht verstand, dass er als »Halbjude« ein Feind des neuen Deutschland war? Bis zum 9. März 1933 deutete Tauber die zunehmenden antisemitischen Angriffe auf seine Person geflissentlich um: Als im Winter 1931/32 bei einem Konzert in Graz die Fensterscheiben seines Wagens von Nazis eingeschlagen worden waren, meinte er lapidar: »*Allzu stürmische Autogrammjäger haben sie eingedrückt*«.

An diesem Abend im Berliner Admiralspalast konnte Tauber nicht länger ignorieren, was in seiner Wahlheimat vor sich ging. Die Botschaft war allzu deutlich: Der König der Tenöre wurde von der Bühne gejagt. War es vielleicht doch ein Missverständnis? Tauber wollte trotz der hässlichen Situation dem Abend eine positive Wendung geben und lud den »Stahlhelm«-Mitbegründer und Arbeitsminister Franz Seldte, der in der Vorstellung gewesen war, zum Souper ins Hotel Kempinski ein. Seine Stiefbrüder Otto und Robert waren ebenfalls dabei.

Zu später Stunde brach man vom Abendessen im Kempinski auf. Durch die Drehtür ging als Erster Otto, gefolgt von Richard und dann Robert. Am Trottoir vor dem Hotel am Kurfürstendamm schlugen junge SA-Männer, die aus dem Nichts aufgetaucht waren, Tauber blutig und brüllten: »*Judenlümmel, raus aus Deutschland!*« Emil Bischoff, Taubers Chauffeur, der vor dem Restaurant gewartet hatte, ging auf die Angreifer los, auch ein Kellner des Restaurants versuchte dazwischenzugehen. Als sich Robert Hasé-Tauber nach dem Minister, der knapp hinter ihm gewesen war, umdrehte, war dieser verschwunden. Die Vermutung, dass die SA-Männer auf Anweisung des eben noch mit Tauber und seinen Brüdern soupierenden Ministers vor dem Hotel gewartet hatten, liegt nahe.

6. DIE VERTREIBUNG DER »KULTURJUDEN«

Nach dem blutigen Vorfall auf dem Kurfürstendamm packte Tauber die Koffer und verließ gemeinsam mit seinem Cousin Max Tauber, seinen Stiefbrüdern Robert und Otto und seiner Geliebten Mary Losseff Deutschland. Niemand aus seinem Umfeld, am wenigsten Tauber selbst, ging davon aus, dass diese Ausreise der Anfang eines Exils sein würde und er sein geliebtes Berlin nie mehr wiedersehen sollte.

Obwohl mit der offensiven Vertreibungspolitik der Nationalsozialisten gegenüber jüdischen Künstlern massive Angriffe einhergingen, wurde nicht jedem auf offener Straße von einem SA-Trupp aufgelauert, oft genügten auch verbale Drohungen: Bruno Walter wurde im März 1933 vor einem Konzert mit den Berliner Philharmonikern in Leipzig gedroht, man würde das Theater kurz und klein schlagen, sollte er es wagen, aufzutreten. Walter verzichtete auf das Dirigat. Das Konzert wurde aber nicht abgesagt, an seiner Stelle übernahm Richard Strauss die Aufgabe am Dirigentenpult.

Arturo Toscanini, der wohl bedeutendste Dirigent dieser Zeit und politisch klar gegen den Faschismus positioniert – er trat in seiner Heimat Italien wegen einer Auseinandersetzung mit den Faschisten seit 1931 nicht mehr auf –, sagte als Reaktion auf die Übernahme des Dirigats durch Strauss und die Verfolgung jüdischer Künstler in Deutschland sein Engagement in Bayreuth ab. Toscanini wurde in Bayreuth ebenfalls von Richard Strauss ersetzt.

Nicht nur Tauber und Walter gehörten zu den Künstlern, die wenige Wochen zuvor noch gefeiert wurden und nun, nach der Ernennung Hitlers zum Reichskanzler, innerhalb kürzester Zeit das

Land verlassen mussten. Tatsächlich zählten gerade Juden und Linke aus dem kulturellen Bereich zur ersten Gruppe der Verfolgten. Da für die Nationalsozialisten die »deutsche Kunst« einem Prestigeprojekt gleichkam, sollten die in der Kunst exponierten Juden und Linken so rasch wie möglich aus dem öffentlichen Leben verschwinden. Ziel des Regimes war es, die schon seit Langem ausformulierte nationalsozialistische Musikpolitik so rasch wie möglich umzusetzen.

Zahlreiche gegen Juden und Linke gerichtete Maßnahmen wurden in den unterschiedlichsten Bereichen gesetzt; die ersten Monate nach der Ernennung Hitlers zum Reichskanzler stellten hinsichtlich der Künstler, die in der Öffentlichkeit standen wie Richard Tauber, den Höhepunkt der Säuberungen dar. Unter nichtjüdischen Künstlern gab es nun, nachdem die berühmten jüdischen Kollegen verschwunden waren, die Möglichkeit, in die erste Reihe aufzusteigen.

Noch waren die menschenverachtenden und abstrusen Nürnberger Rassegesetze nicht eingeführt, die sogenannte »Rassezugehörigkeit« wurde missliebigen Künstlern jedoch schon zum Verhängnis. Dabei kam es in diesen ersten Monaten auch zu zahlreichen Verleumdungen. Einige »arische« Künstler sahen sich gezwungen, in Zeitungen Anzeigen zu schalten und dem Vorwurf, dass sie Juden wären, entgegenzutreten. Nach dem »Anschluss« 1938 wiederholten sich die Verleumdungskampagnen in Österreich, wieder ging es darum, erfolgreiche Kollegen in besseren Positionen zu diskreditieren, um deren Plätze einnehmen zu können. Der Staat baute auf ein Verleumdungssystem, und die üble Nachrede konnte lebensbedrohlich werden, brachte man jüdische Vorfahren ins Gespräch. Wie Saul Friedländer festhielt, wurde die Eliminierung des »übermäßigen Einflusses der Juden« auch von vielen begrüßt, die einzelne Übergriffe auf jüdische Intellektuelle verurteilten.

Selbst Thomas Mann, dessen Ehefrau Katia jüdischer Herkunft war und der sich am 17. Oktober 1930 in seiner »Deutschen Ansprache«, dem »Appell an die Vernunft«, die er im Berliner Beethovensaal gehalten hatte, deutlich gegen den Nationalsozialismus aussprach, konnte den Neuerungen noch 1933 auf eine ambivalente Weise Positives abgewinnen. In seinem Tagebuch schrieb er am 10. April 1933: »*Aber geht dennoch Bedeutendes und Groß-Revolutionäres vor in Deutschland? Die Juden … Daß die übermütige und vergiftende Nietzsche-Vermauschelung Kerr's ausgeschlossen ist, ist am Ende kein Unglück; auch die Entjudung der Justiz am Ende nicht. – Geheime, bewegte, angestrengte Gedanken.*«

Obwohl sich Mann 1933, dank einer Lesereise, bereits außerhalb Deutschlands aufhielt, vermied er in den ersten Jahren der NS-Herrschaft direkte Kritik an den neuen Machthabern – wohl um eine weitere Veröffentlichung seiner Werke in Deutschland sicherzustellen. Anzumerken sei an dieser Stelle, dass Werke seines Bruders Heinrich und seines Sohnes Klaus bei den Bücherverbrennungen am 10. Mai 1933 den Flammen zum Opfer fielen, die Arbeiten von Thomas Mann hingegen nicht.

Die Nationalsozialisten bedienten sich des in der Weimarer Republik geschürten Vorurteils, die deutsche Kultur sei von Juden unterwandert und Juden hätten nichtjüdische Künstler aus ihren Positionen verdrängt. Die Bedingungen in der Weimarer Republik, in der jüdische Künstler erstmals so frei wie ihre nichtjüdischen Kollegen ihr Schaffen sichtbar machen konnten – was im Kaiserreich nicht möglich gewesen war –, boten antisemitischen und rechten Kreisen Anlass, Ängste zu schüren und ihre abstrusen Thesen der jüdischen Unterwanderung in der Öffentlichkeit zu vertreten und vor einem allgemeinen Sittenverfall durch den Einfluss der Juden zu warnen. Der 1928 von Alfred Rosenberg gegründete »Kampfbund für deutsche Kultur« (KfdK) bereitete die ab 1933 rasch einsetzenden Säuberungen vor.

Der KfdK, der die Säuberungen als »nicht amtliche« Kampagne vorantrieb, wurde von allen Parteiorganisationen, vor allem von der SA, in den Boykottaktionen unterstützt. Zwar hinterließen die Ausschreitungen in der Öffentlichkeit den Eindruck, es handle sich um eine kleine Gruppe von Fanatikern, die gegen jüdische Künstler auftrat – der KfdK war aber nicht allein tätig: In der antisemitischen Wochenzeitung »Der Stürmer« wurde geraume Zeit, bevor Hitler zum Reichskanzler gewählt wurde, massiv gegen die »Unterwanderung der deutschen Kunst durch die Juden« agitiert. Diese Unterwanderung sollte nun, nach der Ernennung Hitlers zum Reichskanzler, rückgängig gemacht werden. Die Vertreibungen begannen.

Obwohl die nationalsozialistische Verfolgung in allen Kulturbereichen massiv einsetzte, war sie nirgendwo so einschneidend wie in der Operette: Die meisten zeitgenössischen Operettenkomponisten waren Juden; nahezu ausschließlich jüdisch waren erfolgreiche Librettisten wie Fritz Löhner-Beda, Paul Morgan, Alfred Grünwald und Ludwig Herzer, und auch unter den Regisseuren und Theaterdirektoren fanden sich nur sehr wenige Nichtjuden. Ähnlich sah es unter den darstellenden Künstlern aus, auch hier war die Mehrheit jüdisch oder jüdischer Abstammung. Die rasch einsetzende Verfolgung kam im Operettenbetrieb einem Kahlschlag gleich. Publikumslieblinge und Bühnenhits einer eben noch erfolgreichen Kunstgattung verschwanden spurlos; Operetten, wie die von Lehár, die in Deutschland weiterhin aufgeführt werden durften, mussten ab 1933 deutlich zahmer inszeniert werden. Auf den Bühnen Deutschlands war kein Platz mehr für Operetten, die verrückt, überzogen künstlich, verzweifelt und vielleicht auch anarchistisch, lebensbejahend angelegt waren. Die neuen Inszenierungen entsprachen völlig der eskapistischen, konservativ-biederen nationalsozialistischen Vorstellung von leichter Unterhaltung. Jede Anspielung auf Jazz oder gar rhythmische Verzierung hatte in den genehmigten Stücken keinen Platz mehr. In Lehárs »Land des Lächelns« zum Beispiel wurde der verzweifelten Inbrunst der unglücklichen Hauptfiguren Lisa und Sou-Chong völlig der Garaus gemacht. Die zuvor gefeierte, überbordende Dramatik und der sinnliche Schmelz in dieser Operette waren fortan strikt verboten, auch wenn »Das Land des Lächelns« weiterhin im ganzen Reich zur Aufführung gelangte.

Was auf den deutschen Bühnen im Februar 1933 begann, setzte sich mit den Bücherverbrennungen, die am 10. Mai 1933 ihren Höhepunkt fanden, fort und formte sich zu einer breit angelegten Verfolgungspolitik im Namen der deutschen Kultur. Berufsverbote für jüdische Künstler rissen tiefe Gräben in die Ensembles der deutschen Theater, Konzert- und Opernhäuser. Auch wenn die Nationalsozialisten behaupteten, dass der Verlust jüdischer Künstler mühelos ausgeglichen werden konnte, war dies nichts anderes als ein Schachzug der Goebbel'schen Propaganda. Und auch wenn die darstellende Kunst in einem anderen Tempo »gesäubert« wurde als die Literatur oder die angewandten Künste, darf dies nicht voneinander getrennt betrachtet werden. Dass die Vertreibung der Künstler von den Bühnen einfacher war als die Überprüfung privater Bibliotheken anhand der Schwarzen Listen der verbotenen Bücher, liegt auf der Hand.

Verzögerungen wie das Verbot der Produktion, Verbreitung und des Abspielens von Taubers Schallplatten, das im Dezember 1937 von der Reichsmusikkammer ausgesprochen wurde und mit Jahresbeginn 1938 in Kraft trat, standen damit in Zusammenhang, dass die Nationalsozialisten in den ersten fünf Jahren keinen Zugriff auf die in privaten Händen befindlichen Plattenfirmen fanden. Taubers Tantiemen, auf die er durch die Flucht keinen Zugriff mehr hatte, flossen allerdings direkt in die Staatskassen. Nach dem Inkrafttreten des Verbots gab es in Deutschland keine Schallplatten mit Taubers Stimme zu kaufen. Die Plattenfirmen produzierten aber vorerst weiter: für den Export.

1938 wurden neben Schallplatten von Tauber und anderen emigrierten Künstlern auch Filme wie der für das Genre des Musikfilms richtungweisende »Der Kongress tanzt« mit Lilian Harvey, Willy Fritsch, Conrad Veidt, Otto Walburg und Paul Hörbiger verboten: Zu viele der Mitwirkenden galten als systemfeindlich. Lilian Harvey wurde wegen Fluchthilfe für jüdische Freunde als politisch unzuverlässig eingestuft, der jüdische Regisseur Erik Charell war in die USA, Conrad Veidt über Großbritannien ebenfalls in die USA emigriert.

Otto Walburgs Flucht fand 1944 in den Niederlanden ein Ende, wo er Opfer einer Denunziation und in das Ghetto Theresienstadt deportiert wurde. Nach kurzer Zeit wurde Walburg nach Auschwitz verschleppt – und noch im selben Jahr vergast.

Das Hören und Besitzen von Taubers Musik wurde unter Strafe gestellt; über diese neuen Gesetze wurde auch international berichtet. In Großbritannien schrieb darüber unter anderen der »Daily Telegraph«, und auch im fernen Australien, wo Tauber Konzerte gegeben hatte, las man im »West Australian« von dem neuen Nazi-Dekret: »*Die Zensur betrifft nicht nur Jazz, der aus rassischen Gründen abgelehnt wird, sondern auch Musik, die von deutschen Emigranten komponiert wurde. Das Schwarze Korps greift brutal die Schallplattenhersteller dafür an, Schallplatten von Josephine Baker, Richard Tauber und anderen herzustellen, die offiziell verpönt sind.*«

Es gab zwar kein öffentliches Verbrennen von verbotenen Schallplatten oder Filmen, die nun zu meidenden Werke wurden aber auf für die Öffentlichkeit zugänglichen Listen veröffentlicht. Dass die Aufforderungen in der deutschen Presse, Taubers Schallplatten zu zerstören, fruchteten, beweist der geringe Bestand an Tauber-Tonträgern in Deutschland nach dem Krieg. Die meisten der heute noch auffindbaren 78er-Schallplatten stammen aus England. Ungeachtet aller Verbote gab es aber auch Menschen, denen es gelang, trotz der mittlerweile herrschenden Denunziationspolitik und der gegenseitigen Überwachung, Tauber-Aufnahmen vor dem Verbot zu retten. Taubers Witwe Diana Napier fand, als sie nach dem Krieg als Armeeangehörige nach Deutschland kam, entgegen aller Erwartung gut gehütete Tauber-Platten.

Mit der Verfolgung, Verschleppung und Emigration deutscher und österreichischer Intellektueller und Kunstschaffender kam es zu einem nie mehr wiedergutzumachenden *Brain-Drain* zugunsten der Exilstaaten, vor allem den USA und Großbritannien. In der Folge entstand ein nicht wieder aufzuholendes intellektuelles und künstlerisches Vakuum in Österreich und Deutschland, das auch die wenigen Remigranten nach 1945 nicht wieder aufzufüllen vermochten. Viele Künstler aus der zweiten und dritten Reihe übernahmen die Plätze der Vertriebenen. Nun standen sie, die hinter den bekannten Künstlern bis dahin nahezu unsichtbar gewesen waren, im Scheinwerferlicht. Wer wollte sich gegen den plötzlich aufkommenden Ruhm wehren? Der eingetretene Künstlermangel ermöglichte den bisher weniger Beschäftigten Auftritte und Aufträge in einer Häufigkeit, von der sie zuvor nur träumen konnten. Und die Möglichkeiten, die ihnen innerhalb von zwölf Jahren im nationalsozialistischen Deutschland geboten wurden, mussten auch mit Kriegsende nicht wieder aufgegeben werden. Nur wenige sahen nach dem Krieg ein, dass ihre Karrieren gerade *wegen* der Vertreibung der jüdischen Kollegen möglich geworden waren. Michael Jahry, der Komponist von Schlagern wie »Das kann doch einen Seemann nicht erschüttern« und »Davon geht die Welt nicht unter«, war einer der wenigen Nutznießer der Vertreibung, der öffentlich dazu Stellung nahm und Jahrzehnte nach Kriegsende bestätigte, dass die Vertreibungen und Verschleppungen von Vorteil für ihn gewesen waren, denn ohne diese hätten Künstler wie er »kaum eine Chance gehabt«.

Dass der Großteil der vertriebenen Künstler nach 1945 nicht mehr zurückkehrte, hing selbstverständlich auch mit Karrieren und neuen Lebensmittelpunkten, die man sich in den Exilländern erarbeitet hatte, zusammen. Neben dem Erwerb einer neuen Staatsbürgerschaft im Exilland waren auch die Erinnerungen an die Vertreibung maßgeblich für die Entscheidung, ob eine Rückkehr nach Deutschland oder Österreich überhaupt erwogen wurde oder nicht. Nicht zu vergessen ist, dass die Vertreibungspolitik der Nationalsozialisten im Nachkriegsklima Deutschlands und Österreichs keine Revidierung erfuhr. Es gab von öffentlicher Seite kaum Bemühungen, die Vertriebenen zurückzuholen.

Im Zusammenhang mit dem kaum mehr als halbherzigen Umgang der Zweiten Republik mit der Rückkehr der Vertriebenen sei kurz auf eine Episode im Leben Elisabeth Bergners verwiesen: Erst zu Beginn der 1980er-Jahre sprach der damalige österreichische Bundeskanzler Kreisky mit der nach England emigrierten Schauspielerin über eine mögliche Rückkehr nach Österreich. Nun wollte sie aber nicht mehr zurück, 1986 verstarb Bergner 89-jährig in London.

Für Emigranten der jüngeren Generation, wie den Schauspieler Otto Tausig, der mit dem Wunsch, ein neues Österreich aufzubauen, zurückkehrte, stellte sich die Überlegung, im Exilland zu bleiben, nicht. Für sie hatten die Jahre der Emigration einen anderen Stellenwert als für jene, die eine Karriere in Österreich oder Deutschland hinter sich gelassen hatten. Für Emigranten der jüngeren Generation begann die eigentliche Karriere oft erst nach der Remigration nach Österreich oder Deutschland. Sie mussten keine mühsam aufgebaute zweite Karriere zurücklassen, um in den Täterländern wieder neu anzufangen.

Anders als Richard Tauber verließen viele Künstler jüdischer Abstammung Deutschland 1933 nicht im Glauben, die Übergriffe der Nationalsozialisten wären lediglich ein Missverständnis und man würde bald wieder dorthin zurückkehren, wo man hingehörte: auf die Bühnen Berlins, im Zentrum der öffentlichen Aufmerksamkeit. Vielen war bereits 1933 klar, dass das hereinbrechende Unheil kaum in wenigen Wochen überstanden sein würde. Intellektuelle wie Walter Benjamin, der Deutschland im September 1933 verließ, sahen deutlich, welches Unheil sich schon seit einiger Zeit vorbereitet hatte und nun zur Entfaltung kam. Auch die Komponisten Kurt Weill, der Deutschland 1933 Richtung Frankreich verließ, und Arnold Schönberg, der 1933 nach dem Berufsverbot wieder zum jüdischen Glauben zurückfand und im selben Jahr in die USA emigrierte, schätzten die nationalsozialistische Herrschaft nicht als kurzes Intermezzo ein. Beide waren sich der veränderten politischen Umstände in Deutschland sehr wohl bewusst.

Die bereits erwähnte Elisabeth Bergner, die große Erfolge auf den

Theaterbühnen Berlins feierte, war aufgrund der Warnung eines Freundes Ende 1932, nachdem sie gemeinsam mit ihrem Ehemann, dem Regisseur Paul Czinner, zu Dreharbeiten nach England gereist war, nicht mehr nach Deutschland zurückgekehrt. Auch Bergner hatte, anders als Richard Tauber, erkannt, dass die Nationalsozialisten keine vorübergehende Zeiterscheinung waren. Klaus Mann würdigte Bergners klares politisches Verständnis übrigens mit der Figur der Dora Martin in seinem Roman »Mephisto«.

Jarmila Novotná, die gebürtige Tschechin, gehörte nicht nur in ihrer Heimat zu den ganz großen Stars, sondern wurde auch international als eine der bedeutendsten Sopranistinnen ihrer Zeit gefeiert; ab 1929 gehörte sie unter anderem zum Ensemble der Wiener Staatsoper. Obwohl selbst keine Jüdin, kehrte sie Deutschland nach »Frühlingsstürme« den Rücken und sang bis 1938 vor allem in Österreich, ehe sie nach dem »Anschluss« in die USA ging und nach Auftritten in San Francisco 1940 an der New Yorker Metropolitan Opera debütierte und dort unter Arturo Toscanini zahlreiche Partien sang.

Lotte Lehmann, eine der bedeutendsten deutschen Sopranistinnen, wurde anfänglich von den Nationalsozialisten umworben, verließ Deutschland aber ebenfalls 1933, da sie sich nicht in den Dienst der NS-Musikpolitik stellen wollte. Ihre konsequente Haltung, von den Nazis als »politische Unzuverlässigkeit« eingestuft, unterschied sie von den meisten deutschen christlichen Künstlerinnen von Rang.

Der Dirigent Fritz Busch tat es Lehmann und Novotná gleich. Er wurde von den Nationalsozialisten wegen seiner Weigerung, sich vor den künstlerischen Karren der Partei spannen zu lassen und Kapital aus der Vertreibung jüdischer Kollegen zu schlagen, aus seiner Position als Generaldirektor der Dresdner Semperoper entfernt – nachdem er vom organisierten Mob bei seinem letzten Konzert am 7. März 1933 vom Dirigentenpult gebuht worden war.

Busch verließ Deutschland 1933. Sein Nachfolger in Dresden wurde der gebürtige Grazer Karl Böhm, der zwar selbst kein Parteimitglied war, sich aber auf den »kunstsinnigen« Diktator verlassen konnte, der dafür sorgte, dass Böhm aus seinem Vertrag als Hamburger Generalmusikdirektor entlassen wurde, um in Dresden dem verfemten Fritz Busch als Opernchef nachzufolgen. Böhm wusste in Taten und Worten seiner nationalen Gesinnung Ausdruck zu verleihen: Nach dem »Anschluss« 1938 trat er im Wiener Konzerthaus mit dem »Deutschen Gruß« ans Dirigentenpult. Eine Geste, die von der NSDAP *nicht* eingefordert war, sondern als Fleißaufgabe verstanden wurde, wie das Propagandaministerium in einer Anweisung an die Reichskulturkammer schon 1936 festgelegt hatte: *»Die Begrüßung des Publikums mit dem deutschen Gruß bei Symphonie-Konzerten ist bisher nicht üblich gewesen, jedoch ist der deutsche Gruß auch bei solchen Gelegenheiten erwünscht. Ein Zwang auf die Dirigenten wegen der Form, in der sie das Publikum begrüßen, ist aber keinesfalls auszuüben.«* Auch während der Kriegsjahre, als vermehrt Durchhalteparolen ausgegeben und von Künstlern klare Positionierungen eingefordert wurden, wie etwa nach dem Hitlerattentat vom 20. Juli 1944, äußerte sich Böhm stets klar. Dass er sich später in der Rolle, die NS-Zeit als Antifaschist durchlebt zu haben, gefiel, stellt keinen Einzelfall dar.

Wie Karl Böhm versuchten sich gerade jene Künstler, die die Karrierevorzüge der Regimetreue nützten, aber nicht Mitglied in der Partei waren, später als besonders ehrenvolle Menschen darzustellen, die eigentlich die ganzen Jahre des Naziterrors lang auf der Seite der Unterdrückten gewesen waren. Dass es, wie im Fall Karl Böhms, Belege dafür gab, dass er *nicht* auf der »anderen Seite« gestanden hatte, wurde schlicht »vergessen«. Da die Vertreibung der künstlerischen Elite zu großen Lücken im deutschen Kulturleben geführt hatte, die Nationalsozialisten die Deutschen aber weiterhin als Kulturnation präsentieren wollten, wurde Künstlern, die dem Regime entweder wertfrei oder positiv gegenüberstanden, viel Freiraum und hohe Gagen geboten. Gerade im Musikbereich wurde großer Wert auf deutsche Tradition gelegt. Künstler wie Herbert von Karajan oder Karl Böhm waren wie geschaffen für das Fördersystem der Nationalsozialisten.

Goebbels und die ihm unterstellten Kulturstellen wussten aber auch genau, was sie der Bevölkerung als alltägliche Ablenkung schuldeten. Die Mehrheit der Deutschen ging nicht mehrmals wöchentlich in die Oper, sehr wohl aber ins Kino. Also musste das Regime neben eindeutigen Propagandafilmen wie »Hitlerjunge Quex« mit Heinrich George aus dem Jahr 1933 oder »Der Herrscher« mit Emil Jannings aus dem Jahr 1937 der Volksgemeinschaft auch noch etwas anderes bieten. Für Goebbels galt: »*Die gute Laune ist ein Kriegsartikel.*« Scheinbar völlig unpolitische Filme erfüllten eine wichtige Aufgabe. Dass genau diese Unterhaltungsfilme ab 1933 durchaus politisch zu bewerten waren, verstanden viele Menschen in Deutschland nicht und freuten sich über Liebeskomödien wie Willi Forsts »Allotria« mit Heinz Rühmann und Renate Müller oder Operettenfilme mit Marika Rökk und Johannes Heesters – zum Beispiel die 1936 entstandene Millöcker-Verfilmung »Der Bettelstudent«. Diese Filme produzierten wie vor 1933 die Operette weiterhin Schlager und diese wiederum dienten perfekt der einlullenden Ablenkung in einem Staat, der die Welt mit dem Einmarsch in Polen an den Abgrund führen sollte.

Bereits in den ersten Wochen und Monaten nach der Wahl Hitlers zum Reichskanzler stellten viele Künstler klar, wie sie zur neuen Führung standen. Jene, die nicht lauthals jubilierten, packten entweder die Koffer oder waren davon überzeugt, dass es nicht so schlimm werden konnte, wie man befürchtete.

Und dann gab es noch jene, wie Richard Tauber, die sich nicht im Geringsten dafür interessierten, was politisch vor sich ging, und die auch nicht daran dachten, sich politisch auf irgendeine Weise zu positionieren. Weitaus wichtiger war Tauber, welche Partien er unter welchem Dirigenten an welchem Theater sang. Der Tenor war damit keine Ausnahme, er unterlag wie viele andere zu diesem Zeitpunkt dem Irrglauben, dass Politik und Kunst getrennt werden könnten, und verlegte sich weiterhin darauf, was er bisher getan hatte: es allen recht zu machen und sich die grauenvolle Realität schönzureden. Tauber, dessen Leben gänzlich auf sein Künstlerdasein ausgerichtet war, verstand bis zu jenem Abend im Admiralspalast nicht, was in Deutschland vor sich ging. Es kümmerte ihn nicht, was sich hier drohend zusammenbraute, es ging ihm einzig und allein um die Kunst, auch wenn er diese für zahlreiche Benefizveranstaltungen, auch für die Theatergewerkschaften, einzusetzen wusste. Er war römisch-katholisch getauft, seine Mutter war Christin und damit war Tauber kein Jude – warum wurde er als solcher auf offener Straße angegriffen? Berlin war ihm doch zu Füßen gelegen, was war passiert? War das alles vielleicht ein großes Missverständnis? Dass der Übergriff auf ihn kein Einzelfall war, wollte sich Tauber nicht eingestehen.

Während er mit seiner Begleitung in die Schweiz aufbrach, wo innerhalb kürzester Zeit erfolgreiche Konzerte angesetzt werden konnten, wurden nicht nur seine beiden Villen in Grunewald beschlagnahmt, sondern auch seine Konten mit Millionenbeträgen von den neuen Machthabern binnen kürzester Zeit konfisziert.

Die nächste Station seiner Reise waren die Niederlande, wo er in Den Haag ein mehrwöchiges Gastspiel mit Bertés »Dreimäderl-haus« gab. Von hier aus, datiert mit 25. Mai 1933, schickte Tauber folgende Erklärung an das Reichsministerium des Inneren in Berlin: »*Ich, der Unterzeichnete Richard Tauber, Mitglied Nr. 34141 der Genossenschaft Deutscher Bühnenangehöriger, erkläre, dass ich den Zielen der nationalen Regierung des heutigen mir zur zweiten Heimat gewordenen Deutschland volles Verständnis entgegen bringe. Ich füge mich bewusst in die nationale Bewegung ein und stelle mich und meine Kunst dem Aufbau eines neuen deutschen Theaters zur Verfügung. Richard Tauber Österreich. Staatsangeh.*«

Nach Bekanntwerden dieser Anbiederung wurden Vermutungen laut, Taubers Stiefbruder Robert könnte die treibende Kraft hinter der Erklärung gewesen sein, aus Angst, die Schallplattenverkäufe würden in Deutschland massiv einbrechen, wenn es sich herumspräche, dass Tauber Deutschland verlassen hatte. Die im Nachlass Taubers gefundenen Briefe von Robert Hasé-Tauber lassen darauf schließen, dass Taubers Stiefbruder tatsächlich für die Erklärung Mitverantwortung trug. Tauber selbst darf aber in Anbetracht dieses Schreibens nicht aus der Verantwortung genommen werden. Er war schlichtweg davon überzeugt, dass es schon funktionieren würde, sich mit den Nazis gut zu stellen.

Tauber wollte nicht wahrhaben, dass die Nationalsozialisten über sein Verwandtschaftsverhältnis zu Anton Richard Tauber, der »Volljude« war und bis 1930 als Direktor in Chemnitz in der Öffentlichkeit stand, Bescheid wussten. Er ging so weit, die Tatsache, dass sein Vater Jude war, ehe er zum Katholizismus konvertierte, auszublenden. *»Ich will doch nur singen. Was hat das damit zu tun, daß mein Großvater Jude war?«* Richard Tauber glich in seinem Glauben, ihm würde mit dem Titel »Kammersänger« und den verliehenen Orden nichts geschehen, jenen Juden, die im Ersten Weltkrieg in der Deutschen Armee gedient hatten und mit dem Eisernen Kreuz ausgezeichnet wurden und jetzt annahmen, dass sie deshalb vor der Verfolgung der Nationalsozialisten sicher waren. Tatsache war: Im Januar 1933 war Tauber noch ein bedeutender Teil der künstlerischen Elite Deutschlands – nur wenige Wochen später musste er das Land seiner bis dahin größten Erfolge über Nacht verlassen.

Dass Tauber auf dem Kurfürstendamm niedergeschlagen wurde und sich wenige Wochen darauf beim Regime anbiederte, wurde von verschiedenen Autoren, die sich mit Taubers Zeitgenossen und Freunden wie Franz Lehár beschäftigten, bezweifelt.

Die Erklärung, die Richard Tauber aus den Niederlanden nach Berlin sandte, war nicht sein einziger Versuch, eine Rückkehr nach Deutschland möglich zu machen. Im Juni 1933 versicherte Wilhelm Furtwängler, der, von den Nationalsozialisten hofiert, bereits 1933 verschiedene offizielle Ämter bekleidete, auf ein Schreiben Taubers, er wolle »*alles tun, um bei den höheren Stellen die Frage zur Erörterung zu bringen. [...] Ich gehe darin, dass ein Künstler wie Tauber in Deutschland weiter tätig sein soll, vollkommen mit Ihnen einig.*« Furtwängler, einer der führenden Dirigenten seiner Zeit und bereits in der Weimarer Republik zur internationalen Identifikationsfigur der deutschen Tonkunst aufgestiegen, benutzte seine Position während der NS-Zeit zwar immer wieder, um sich für Juden einzusetzen, ließ sich gleichzeitig aber vom Regime instrumentalisieren und ist heute durch seine ambivalente Haltung dem Nationalsozialismus gegenüber weitaus schwieriger zu fassen als Künstler wie Richard Strauss, Karl Böhm oder der um einige Jahre jüngere Herbert von Karajan, die sich eindeutig mit der braunen Elite arrangierten, um ihre Karrieren unter den Nationalsozialisten voranzutreiben.

Die Tatsache, dass Furtwängler Deutschland nicht verlassen hatte und sich trotz einer durchaus als naiv zu bezeichnenden Abgrenzung vom nationalsozialistischen Regime vereinnahmen ließ, hielt Bruno Walter seinem Kollegen nach dem Krieg in einem Brief vor: »*daß Ihre Kunst Jahre hindurch als ein äußerst wirksames Mittel der Auslandskulturpropaganda für das Regime der Teufel verwendet wurde, daß Sie durch Ihre bedeutende Persönlichkeit und Ihr großes Talent diesem Regime wertvolle Dienste leisteten und daß Anwesenheit und Tätigkeit eines Künstlers Ihres Ranges auch in Deutschland selbst jenen furchtbaren Verbrechern zu kulturellem und moralischem Kredit verhalf, oder mindestens ihm beträchtlich zu Hilfe kam.*«

Dass sich Furtwängler zur Aufführung verbotener Komponisten wie Hindemith bekannte und Juden half, sei im Verhältnis zu seiner Rolle in der Öffentlichkeit marginal gewesen, so der Tenor der Furtwängler-Kritiker. Furtwängler war der Ansicht, dass er in Deutschland handeln konnte, um »Schlimmes zu verhindern«. Dass dies aber nur begrenzt gelingen konnte, zeigt auch die Einschätzung seiner Funktion für die Nazis durch Goebbels, der Furtwängler in seinen Tagebüchern, auch bei Konflikten, doch immer für dessen Loyalität lobte. Furtwänglers gescheiterte Bemühungen, Tauber zurück nach Deutschland zu bringen, zeigen klar die Grenzen seiner Möglichkeiten auf, auch wenn das Regime auf einen Künstler seines Formats nicht verzichten wollte und ihm eine besondere Behandlung zukam.

Michael Bohnen, einer der bedeutendsten Bässe seiner Zeit, kehrte nach einer Reihe von Gastspielen in Buenos Aires und New York 1934 nach Deutschland zurück und soll, gemeinsam mit Wilhelm Furtwängler, ebenfalls Anstrengungen unternommen haben, Tauber nach Deutschland zurückzuholen. Bohnen war durch seine internationale Reputation nahezu unangreifbar und er nutzte diese Position, um verfolgten Kollegen zu helfen. Doch wer auch immer sich um eine Rückkehr Taubers nach Deutschland bemühte, musste scheitern: Für die Nationalsozialisten war er der Inbegriff der verhassten »jüdischen Kultur« mit ihren – in Taubers Fall ganz besonders – schmelzenden Melodien und »undeutschen« Verdorbenheiten.

Auch Taubers persönliche Nähe zu den Theaterdirektoren Rotter war Wasser auf den Mühlen der nationalsozialistischen Propaganda. Es gab im neuen Deutschland keinen Platz für den »Halbjuden« Richard Tauber außer in den verhetzenden Artikeln des »Stürmers«, des »Völkischen Beobachters« und des »Schwarzen Korps« sowie der gleichgeschalteten Presse.

Hans Hinkel, unter anderem Reichsorganisationsleiter des »Kampfbundes für deutsche Kultur«, Dritter Geschäftsführer der Reichskulturkammer und ab 1935 auch in Goebbels' Propagandaministerium für die »Entjudung« des Kulturbetriebs zuständig, hatte im Sinne der Propagandamaschinerie, die sich Richard Taubers bediente, ein besonderes Interesse an dessen Nichtrückkehr. Der von Goebbels als »geborener Intrigant und Lügner« bezeichnete Hinkel soll einem weiteren Befürworter Taubers, dem Kammersänger Erich Mauch, auf dessen Fürsprache geantwortet haben, dass Tauber wohl wieder in Deutschland auftreten könne, solange er nicht gegen die »Belange des neuen Deutschland« verstoße. Dass Tauber, der bereits kurz nach seiner in der deutschen Presse ausgeschlachteten Flucht mit den NS-Propaganda-üblichen Zuschreibungen bedacht wurde, keine weiteren Auftrittsangebote aus Deutschland erhielt, überrascht nicht.

Obwohl es nicht die erhoffte Antwort war, gab es doch Nachricht aus Berlin. Tauber wurde in einem offiziellen Schreiben die Arisierung seines Vermögens angekündigt: Wegen offener Steuerfragen wurden seine beiden Häuser beschlagnahmt und seine Konten eingefroren. Tauber blieb vorerst seiner Maxime »sich mit allen gut zu stellen« treu, auch mit jenen, die ihn aus Deutschland vertrieben hatten und ihn für ihre verabscheuungswürdige Propaganda benutzten. Er war davon überzeugt, dass sich die Steuerfragen juristisch aufklären würden, und wollte auf Zeit spielen. Mit den kurzfristig angesetzten Konzerten in der Schweiz verdiente Tauber genügend, um nicht auf die eingefrorenen Gelder angewiesen zu sein. Die Engagements in Prag und London waren bereits lange geplant, also gab es finanziell keinerlei Engpässe. Zudem fürchtete Tauber schlechte Nachrede und wollte sich für den Fall, man würde ihn doch wieder in Deutschland singen lassen, nichts verunmöglichen, und so forderte er die Freigabe seines Vermögens nicht ein.

Auch wenn Tauber nach seiner Flucht durch die Lektüre der internationalen Presse und deutscher Zeitungen mit ihren verhetzenden Artikeln klar wurde, dass an eine baldige Rückkehr nicht zu denken war, hielt der Vertriebene bis an sein Lebensende die Hoffnung aufrecht, in *sein* Berlin zurückkehren zu können.

Tauber gehörte wie viele andere Sänger jüdischer Abstammung zu den unerwünschten Künstlern, daran war nicht zu rütteln. Diese Listen wurden nicht kurzfristig erstellt, vielmehr verfügten die Nationalsozialisten bereits vor 1933 über Aufstellungen, die besonders wünschenswerte Künstler auflisteten, und selbstverständlich über Listen von Künstlern, die in Deutschland keinen Platz mehr haben würden. In den folgenden Jahren wurden weitere Listen erstellt, etwa für Künstler, die trotz ihrer teilweise jüdischen Abstammung oder trotzdem sie mit Juden verheiratet waren, mit Sondergenehmigungen der Reichstheaterkammer vom Kulturbetrieb weiterhin »benutzt« werden konnten. Diese Liste umfasste vor allem »arische Männer mit jüdischen Ehefrauen oder Halbjuden«; nicht explizit genannt wurden »arische Frauen mit jüdischen Ehemännern«, sie gehörten aber ebenso auf diese Liste. Bestückt wurde sie hauptsächlich von Göring, Goebbels oder Hitler selbst, die die jeweilige »Sondergenehmigung« als Gnadenakt verstanden, wie Oliver Rathkolb in seinem Buch »Führertreu und gottbegnadet« festhielt.

Auch Hans Moser, der mit einer Jüdin verheiratet war, verfügte über eine Sondergenehmigung und spielte unter anderem in Veit Harlans »Mein Sohn, der Herr Minister«, der als Gefolgschaftsfilm klar der NS-Propaganda zugeordnet wird. Interessanterweise kam der Film bereits 1937 in die deutschen Kinos, zu einem Zeitpunkt, als der Österreicher Moser noch nicht gezwungen war, für die NS-Filmindustrie zu drehen, um seine 1939 nach Ungarn geflüchtete Frau Blanca, die zuvor noch zur *Ehrenarierin* ernannt worden war, zu schützen. Für Richard Tauber aber gab es trotz aller Bemühungen keinen Platz auf dieser Sondergenehmigungsliste. Sein Platz war ihm längst zugewiesen.

Kurz nach Beginn des Zweiten Weltkriegs wurde auf Anordnung Hitlers eine weitere Liste erstellt, auf der unabkömmliche Autoren, Bildhauer, Maler, Sänger, Schauspieler und Musiker genannt wurden, die somit vor Fronteinsätzen sicher waren; dem jeweiligen Namen wurde ein »uk« angefügt, das für »unabkömmlich« stand. Diese Liste galt bis 1945 und wurde immer wieder überprüft und auch verändert.

1944 wurde eine weitere für den künstlerischen Betrieb bedeutende Liste erstellt: die sogenannte »Gottbegnadeten-Liste«, bei der noch einmal zwischen der Liste der unersetzlichen Künstler und der im Künstlerkriegseinsatz befindlichen Künstler unterschieden werden muss. Anzumerken ist, dass nicht alle Künstler, die auf der »uk«-Liste standen, auch auf der »Gottbegnadeten-Liste« zu finden waren. Diese Liste umfasste Schriftsteller, Maler, Bildhauer, Komponisten, Dirigenten, Schauspieler (sowohl Film als auch Theater), Regisseure, Musiker und Filmautoren. Wilhelm Furtwängler, Hans Pfitzer und natürlich Richard Strauss waren jene drei Künstler, die allen voran in der Sparte Musik als unersetzlich galten. In der Kategorie Theater- und Filmschauspieler liest sich die »Gottbegnadeten-Liste« wie das Who's who des deutschsprachigen Schauspiels, unter anderen finden sich hier: Raoul Aslan, Hans Albers, Käthe Dorsch, Gustaf Gründgens, Heinrich George, Johannes Heesters, Attila und Paul Hörbiger, O. W. Fischer, Willy Fritsch, Heinz Rühmann, Oskar Sima und Paula Wessely. Von den Komponisten der »Gottbegnadeten-Liste« kenn man heute wohl nur mehr Carl Orff. Auf jener der Dirigenten fanden sich sich große Namen wie Herbert von Karajan, Karl Böhm, Clemens Krauss und Hans Knappertsbusch.

Neben dieser beeindruckenden Aufstellung wurden von den zuständigen Stellen im Ministerium weitere Listen erstellt, wie zum Beispiel die »Liste, der im Rüstungseinsatz tätigen, aber für Stunden in Rundfunk und Konzert gelegentlich beschäftigten Künstler«. Sämtliche Listen verbindet die Tatsache, dass die darauf Genannten sich dem System anzudienen wussten, auch wenn sie in Einzelfällen jüdischen Kollegen zu helfen versuchten, wie das Ehepaar Paula Wessely und Attila Hörbiger. Dass Wessely vor dem »Anschluss« dem Regime in Deutschland eher widerwillig begegnete und eben auch Versuche unternahm, für jüdische Kollegen an höchster Stelle zu intervenieren, mag der Tatsache gegenübergestellt werden, dass sie 1938 zu den Unterzeichnern eines Artikels in der Zeitschrift »Mein Film« gehörte, in dem unter dem Titel »Wir wollen sein ein einzig Volk von Brüdern« neben ihr auch Hilde Krahl, Willy Birgel, Karl Schönböck oder Oskar Sima Hitler dankten. Dem nicht genug: 1941 spielte Wessely in Gustav Ucickys berüchtigtem antipolnischen Propagandafilm »Heimkehr« die weibliche Hauptrolle.

Henny Porten, Richard Tauber
(Autogramme gebend) und Sima.
Dr. Erich Salomon.

Foto: Henny Porten und Oskar Sima; Richard Tauber beim Autogrammschreiben.

Nicht alle aufgelisteten Künstler waren in der Partei, aber alle wussten, wie sie sich mit dem braunen Regime arrangieren konnten. Auf die Karriere in Deutschland wollte keiner dieser Künstler verzichten, auch nicht jene, die durch private Verbindungen mit Juden eigentlich gegen das Regime hätten Position beziehen oder emigrieren müssen.

Der späte Zeitpunkt der Erstellung der »Gottbegnadeten-Liste« zeigt vor allem, dass es sich dabei um eine Art Versicherung vor dem Kriegseinsatz handelte. Einige der Genannten beriefen sich darauf auch Jahrzehnte nach Ende des »Tausendjährigen Reiches«, genauso wie auf Zwänge seitens des Propagandaministeriums, derer man sich nicht erwehren konnte. Andere entschuldigten sich nach Jahren des Schweigens für ihre Verblendung während der NS-Zeit.

Dass sich aber nicht alle vom Regime akzeptierten Künstler fortwährend vor den Karren der NS-Propaganda spannen ließen, zeigen die Beispiele Jan Kiepuras und Lilian Harveys, die auch in Unterhaltungsfilmen der UFA nach 1933 große Erfolge gefeiert hatten. Harvey galt wegen Fluchthilfe für Juden in die Schweiz als »politisch unzuverlässig« und verließ Deutschland 1939 Richtung Frankreich. Kiepura, der polnische Startenor mit jüdischen Wurzeln, drehte bis 1937 in Deutschland, ging 1938 nach dem »Anschluss« Österreichs an Deutschland über Frankreich und die USA nach Polen, wo er sich gemeinsam mit seiner Frau, der Sängerin Márta Eggert, dem bewaffneten polnischen Widerstand anschloss.

7. DER SINGENDE TRAUM

Nach der Konzertreihe in der Schweiz und den Auftritten in den Niederlanden im Frühling 1933 sang Tauber zunächst in Belgien und Schweden. Sein Programm bestand zu dieser Zeit vor allem aus Lehár-Melodien, die international Furore machten. Im Londoner West End feierte Tauber mit »Lilac Time«, der englischen Version der Berté-Operette »Dreimäderlhaus«, am Aldwych Theatre große Er-folge. Auch in Prag sang Tauber für mehrere Wochen den Schubert in Bertés Operette, ehe er nach Wien reiste. Wien war für den Tenor nach diesen Monaten nicht nur ein Ort, an dem er Auftritte absolvierte, hier bezog er bald auch eine Villa im vornehmen Bezirk Hietzing. Gleichzeitig setzte er in Wien seine Gewohnheit aus Berlin fort und mietete sich im Hotel Bristol, direkt neben der Staatsoper, ein. Tauber war seinen Papieren nach Österreicher und nun in das Land seiner Geburt und Kindheit zurückgekehrt.

Dass der »Umzug« nach Wien für Tauber, der nie die deutsche Staatsbürgerschaft besessen hatte, dennoch ein Exil war, lässt sich nicht nur durch seine Erfolge in Berlin erklären, sondern muss mit einem Blick auf seine Kindheit in Österreich, in der er zwischen den Eltern und Pflegeeltern hin und her gereicht wurde, verstanden werden. Deutschland war Tauber durch die behütete Jugend bei seinem Vater in Wiesbaden, den Zuspruch von Carl Beines in Freiburg und die daraufhin so erfolgreich beginnende Karriere in Dresden über lange Jahre Heimat gewesen. Österreich verband der Tenor vor allem mit einer Kindheit, die er zwischen Theaterkulissen, im Internat, bei den Pflegeeltern und nur selten mit den leiblichen Eltern verbrachte. Abgesehen von seiner Arbeit an den Wiener Bühnen und bei den

Salzburger Festspielen bedeutete Österreich für Tauber ein Aufenthalt bei Lehár in Ischl oder ein Besuch bei seiner Mutter in Salzburg. Tauber wurde zeit seines Lebens nicht müde, über die Liebe zu seiner Mutter zu sprechen und das Mutter-Sohn-Verhältnis als besonders innig zu bezeichnen. Dass sich Tauber und seine Mutter nach seinem Umzug zum Vater aber nur noch sporadisch sahen, lässt erahnen, dass das Verhältnis weitaus distanzierter war als das zwischen Tauber und seinem Vater. Österreich war für Tauber mit seiner unsteten Kindheit und dem missglückten Vorsingen bei Demuth an der Wiener Oper konnotiert. In Deutschland aber wurde Richard Tauber von Anfang an auf allen Ebenen angenommen: Hier erlebte er seine ersten Liebesbeziehungen und feierte seine ersten großen Erfolge.

Obwohl viele Künstler Deutschland bereits 1933 verließen, gingen nur jene nach Wien, die wie Tauber in Deutschland gearbeitet hatten und hier eine Möglichkeit sahen, weiterhin vor einem deutschsprachigen Publikum aufzutreten, das sie bereits kannte, und bei denen bereits zuvor Arbeitsverhältnisse in Österreich bestanden hatten wie bei Jarmila Novotná an der Wiener Staatsoper. Vera Schwarz, Taubers Partnerin aus der Berliner »Land des Lächelns«-Produktion, die eine gebürtige Wienerin war und an der Wiener Staatsoper ihr künstlerisches Zuhause hatte, kehrte ebenso nach Wien zurück wie Fritzi Massary, die Deutschland kurz nach der Wahl Hitlers zum Reichskanzler verließ.

Bruno Walter, der zwar gebürtiger Deutscher war, aber 1911 die österreichische Staatsbürgerschaft angenommen hatte, kam nach dem Eklat in Leipzig nach Wien und arbeitete bis zum März 1938 vor allem an der Wiener Staatsoper höchst erfolgreich weiter. Wien war auch für nichtjüdische Künstler, die sich mit den Nationalsozialisten nicht arrangieren mochten, eine erste Anlaufstelle: Lotte Lehmann, ebenfalls eine Gesangspartnerin Taubers, setzte ihre Karriere ab 1933 hier fort.

»Giuditta«, die letzte Lehár-Operette, die genau genommen eine Mischform zwischen Oper und Operette, also eine *Spieloper* darstellt, war von Lehár wie die Operetten zuvor für eine Uraufführung in Berlin vorgesehen. Die Flucht der Gebrüder Rotter und die Vertreibung Taubers vereitelten dieses Vorhaben. Mit »Giuditta«, der ein Carmen-Motiv zugrunde lag, schrieb Lehár mit den Librettisten Paul Knepler und Fritz Löhner-Beda, seiner späten Schaffensphase entsprechend, einmal mehr eine Liebesgeschichte ohne Happy End.

Die in Deutschland grassierende Theaterkrise hatte auch nicht vor Wien und der Wiener Staatsoper haltgemacht. Abwandernde Sänger und schlecht ausgelastete Saisonen ließen das Kulturministerium die Entscheidung fällen, dass es für das Haus am Ring finanziell von Vorteil wäre, die neueste Lehár-Operette herauszubringen. Der Dirigent Clemens Krauss, der seit 1929 an der Wiener Staatsoper als Direktor tätig war, hatte dem Wunsch des Ministeriums zu entsprechen, und um vermehrt Publikum in die Staatsoper zu locken, war man geneigt, hin und wieder auch Operettenproduktionen zu zeigen – wie etwa Franz von Suppés »Boccaccio« oder »Eine Nacht in Venedig« von Johann Strauß. Nicht mehr als eine Operettenproduktion innerhalb von drei Saisonen lautete die Vorgabe bezüglich der Auf-

Jarmila Novotna

Richard Tauber

Fotos: Jarmila Novotná und Richard Tauber als Giuditta und Hauptmann Octavio auf Star-Sammelbildern der Schokoladenmarke *Bensdorp*.

119

nahme von Operetten in den Spielplan. Dass die Stücke bereits Publikumshits sein mussten, um überhaupt an der Staatsoper gespielt werden zu können, verstand sich von selbst. Man wollte auf Nummer sicher gehen und sich auf keine Experimente einlassen. Dass nun mit Lehárs »Giuditta« die Uraufführung einer Operette auf die Bühne gebracht werden sollte, war ein ungewöhnlicher, wenn auch publikumswirksamer Schachzug.

Nach längeren Gesprächen und in Anbetracht der Tatsache, dass das Opernhaus dringend einer Produktion mit guter Auslastung bedurfte, willigte Krauss ein, Ernst Kreneks »Karl V.« abzusetzen und dafür »Giuditta« in den Spielplan aufzunehmen. Ursprünglich waren Jan Kiepura und Maria Jeritza für die Hauptrollen vorgesehen, letztlich aber sang Tauber den Hauptmann Octavio und Jarmila Novotná die weibliche Titelpartie. Die Librettisten hatten sich in der Namensgebung für die männliche Hauptrolle auf jene Partie Taubers bezogen, mit der er auf den Opernbühnen seine größten Erfolge feierte: Don Ottavio in Mozarts »Don Giovanni«.

Hätte der polnische Startenor Kiepura, der mit Tauber und Joseph Schmidt zu den »drei Tenören« der 1930er-Jahre gehörte, die männliche Hauptrolle und damit das Tauber-Lied »Du bist meine Sonne« gesungen, wäre »Giuditta« als letzte Lehár-Operette völlig aus dem bis dahin üblichen Rahmen gefallen: Wie sollte ein anderer als Richard Tauber zum ersten Mal das Tauber-Lied singen? Tauber hatte auch bei »Giuditta« an der Komposition mitgearbeitet. Es war also, trotz der Einwände seitens des Wiener Opernhauses, undenkbar, dass die Lehár-Operette auf ihn verzichtete.

Lehár wollte schon seit Jahren nicht mehr nur als Komponist der leichten Muse in die Musikgeschichte eingehen und damit von der Musikkritik als unseriös abgetan werden. Die im deutschsprachigen Kulturkreis so deutlich gezogene Trennlinie zwischen der hohen Opernkunst und ihrer unterhaltsamen kleinen Schwester machte es Lehár in seinen Bestrebungen nicht leichter, auch wenn gerade ab den 1920er-Jahren seine Operetten mitunter an verschiedenen

Opernhäusern zur Aufführung kamen. Die Aufführungspraktiken und die Rezeption der wohl bedeutendsten Operette überhaupt, Johann Strauß'»Fledermaus«, setzten den Rahmen, in den Lehár mit seinen Werken aufgenommen werden wollte. Und nun, mit »Giuditta«, stand sogar die Uraufführung an einem Opernhaus bevor und damit die höchste Weihe, auf die Lehár in seiner langen Karriere gehofft hatte.

Eine Woche vor der Uraufführung, am 20. Januar 1934, nahm Lehár gemeinsam mit Novotná und Tauber die wichtigsten Lieder auf, um diese nach der Premiere sofort in den Verkauf bringen zu können.»Meine Lippen, die küssen so heiß«,»Freunde, das Leben ist lebenswert« und»Du bist meine Sonne« sind die drei bis heute berühmtesten Arien aus»Giuditta«. Obwohl die Kartenpreise dreimal höher waren als regulär und die Karten am Schwarzmarkt zu entsprechend noch höheren Preisen gehandelt wurden, war das Haus am Ring bis auf den letzten Stehplatz ausverkauft. 120 Radiostationen übertrugen weltweit, als Tauber in der Staatsoper»Du bist meine Sonne« und»Freunde, das Leben ist lebenswert« sang. Dank der technischen Möglichkeiten wurde Tauber mit»Giuditta« auch außerhalb seines bisherigen Wirkungskreises schlagartig berühmt und von der internationalen Presse endgültig auf das höchste Podest – neben den elf Jahre zuvor verstorbenen Enrico Caruso – gehoben.

Obwohl mit dem Gewinn aus dem Premierenabend von»Giuditta« die höchsten Operneinnahmen an der Staatsoper übertroffen wurden und das Premierenpublikum begeistert war, gab die Kritik nur Anlass zu gedämpfter Freude:»Giuditta« sei nichts anderes als ein billiger Abklatsch von Bizets»Carmen« und hätte zudem ein »enorm konstruiertes, billiges Libretto«. War es für Lehár in Wien noch schwieriger als in Berlin, wo seine lyrischen Operetten zwar bei den Rotter-Brüdern an einer der besten Bühnen Berlins aufgeführt wurden, aber eben nicht an der Oper Unter den Linden?

Lehár bezeichnete seine letzte Operette als»sein liebstes Kind«. Dass genau sie anders angelegt war als andere Operetten (fünf Akte statt drei wie sonst üblich), dass sie damit am ehesten einer Halboper entsprach und ihr somit in der musikwissenschaftlichen Einschätzung ein völlig anderer Stellenwert zugewiesen werden muss als seinen so viel erfolgreicheren Operetten »Die lustige Witwe«, »Das Land des Lächelns« oder »Der Zarewitsch«, lässt Lehárs Umgang mit seinen vorangegangenen Werken in einem etwas merkwürdigen Licht erscheinen. Es wirkt fast so, als hätte er nichts anderes als Halbopern schreiben wollen, es aber um der Popularität willen nicht getan, und nun, kurz vor dem Ende seiner langen Karriere, schäme er sich für die anderen Werke.

Noch in den 1920er-Jahren betonte Tauber, auf Lehárs Operetten angesprochen, dass dem Komponisten eine Sonderstellung zukomme. »Lehár schreibt Lehár«, und damit war für einen Tenor von der Klasse Taubers die immer wieder auftretende Frage nach der Wertigkeit der Operette gegenüber der Oper erledigt.

Lehár schrieb mit »Giuditta« das Totenlied der Operette: Die Verquickung mit aktuellen Bezügen bekam dem Stück ebenso wenig wie die mittlerweile bis zur Erschöpfung wiederholte unglückliche Beziehung der Hauptfiguren. Die politischen Umstände verweigerten sich den von Lehár noch immer als produktionswürdig angesehenen Stoffen. Bei der Premiere an der Wiener Staatsoper sprach er davon, mit »Giuditta« »sein Bestes gegeben« zu haben. Zweieinhalb Jahre später schrieb der Komponist an den New Yorker Theaterdirektor J. J. Shubert, um eine amerikanische Überarbeitung von »Das Land des Lächelns« abzuwenden: »*Diese Operette [›Das Land des Lächelns‹, Anm. E. S.] ist das beste Werk, das ich bisher geschrieben habe, und übertrifft an Bühnenwirkung die ›Lustige Witwe‹. Dieses Werk ist die Krönung meiner Lebensarbeit.*«

Lehár widersprach sich mit dieser Einschätzung so kurze Zeit nach der Uraufführung und der großen Worte, die er für »Giuditta« gefunden hatte, selbst. Vielleicht war ihm aber nach dem mäßigen Erfolg der Operette und dem fehlenden internationalen Interesse an seinem jüngsten Bühnenwerk bereits klar geworden, dass »Das Land

Foto: Typische Ankündigung für einen Tauber-Auftritt.

des Lächelns« längerfristig ein weit größerer Erfolg bleiben würde und damit wohl auch das beste Stück, das er geschrieben hatte. Sicher ist, dass sich die Begeisterung für »Giuditta« international in Grenzen hielt, nur die Tauber-Lieder aus »Giuditta« wurden in das Konzertrepertoire des Tenors aufgenommen. Von der Krönung seines Schaffens durch seine letzte Operette war für Lehár eindeutig keine Rede mehr.

Obwohl die »Giuditta«-Arien zu Schlagern wurden, Tauber das Wiener Publikum zu Begeisterungsstürmen hinreißen konnte, seine beiden Tauber-Lieder »Du bist meine Sonne« und »Freunde, das Leben ist lebenswert« drei-, viermal wiederholen musste und die

Einnahmen der Premiere jene eines normalen Opernabends um ein Vielfaches überstiegen: Die immense Erwartungshaltung des Publikums und der Presse, aber auch des Komponisten standen der Produktion im Weg und »Giuditta«, gerade 43 Mal mit Tauber in der Rolle des Octavio an der Staatsoper aufgeführt, wurde bei Weitem nicht so erfolgreich wie Lehárs vorangegangene Operetten.

Trotzdem Tauber seinem Freund Lehár nach der Premiere versicherte, er habe eine »so schöne Musik noch nie gehört«, genügte die Musik Lehárs nicht mehr, um einen sicheren Erfolg zu landen. Um aber das Scheitern dieser Operette zu erklären, muss etwas weiter ausgeholt werden. Obwohl es bei »Giuditta« letztlich zu keinem Eifersuchtsmord kommt, ist der Plot mit dem verschmähten Uniformierten und der leichtlebigen Schönheit Bizets »Carmen« zu ähnlich. Darüber hinaus wartete »Giuditta« mit einem politisch heiklen Hintergrund auf: Nachdem bei der Haager Konferenz im Januar 1930 unter Mithilfe Italiens die Reparationspflichten Österreichs gemäß der 1919 geschlossenen Verträge von St. Germain fast völlig aufgehoben wurden, schloss Österreich im Februar 1930 einen Freundschaftsvertrag mit dem faschistischen Italien. Im selben Jahr kam es zum von den Heimwehren organisierten Korneuburger Eid, bei dem die Teilnehmer einem westlichen, demokratisch organisierten Parteienstaat abschworen und sich unter der Führung Ernst Rüdiger Starhembergs einer autoritären Politik verschrieben. Innerhalb kürzester Zeit war Österreich außenpolitisch isoliert, im Inneren begannen faschistische Einflüsse zu greifen. Nach der Machtergreifung der Nationalsozialisten in Deutschland übernahm Italien gegenüber Österreich eine Schutzmachtfunktion, der nach dem Staatsstreich Dollfuß' im März 1933 noch mehr Bedeutung in der notwendigen Abgrenzung zu Deutschland zukam.

Vor dieser Kulisse des zeitgenössischen Italien und des von Italien besetzten Libyen entwickelte sich in Lehárs letzter Operette die unglückliche Liebe zwischen dem desertierten Hauptmann Octavio und der heißblütigen Giuditta.

Auf Empfehlung des ungarischen Journalisten Géza Herczeg, einem gemeinsamen Freund Lehárs und Mussolinis, sandte der Komponist Libretto und Klavierauszug – mit Widmung – an den »Duce«, wohl auch um an höchster Stelle die Aufführung seiner Operette an der Mailänder Scala zu erwirken. Dass Lehár mit der Widmung seines Werkes bei Mussolini nicht punkten konnte, hing mit dem Libretto zusammen. Mussolini lehnte »Giuditta« ab, da es einen aus Liebesdingen desertierenden Soldaten wie Octavio in der italienischen Armee nicht geben könne. Damit war eine Aufführung an der Scala unmöglich und Wien wurde zur letzten Bühne einer Lehár-Uraufführung.

Nur wenige Tage nach der glanzvollen »Giuditta«-Premiere, bei der neben der Wiener Gesellschaft auch Mitglieder der Regierung anwesend waren, begann am 12. Februar 1934 der Österreichische Bürgerkrieg, der schon im März 1933 durch die Ausschaltung des Parlaments und den Aufbau eines autoritären Ständestaates durch Bundeskanzler Engelbert Dollfuß vorbereitet wurde. Nach schweren Kämpfen zwischen Heimwehr und dem bereits verbotenen Schutzbund wurden die Sozialdemokratische Partei und alle ihre Vorfeldorganisationen verboten. Der klerikalfaschistische Ständestaat nahm mit der Proklamation einer autoritären Verfassung am 1. Mai 1934 endgültig Form an.

Tauber kehrte in Wien, als Ensemble-Mitglied der Staatsoper, wieder mehr zur Oper zurück. Tauber wäre aber nicht Tauber gewesen, wenn er in Wien auf die Operette völlig verzichtet hätte. Die Vertreibung aus Deutschland sollte seiner Arbeit im Opern- und Operettenbereich keinen Abbruch tun.

In Anbetracht der »Mitarbeit« Taubers bei Lehárs Spätwerken scheint es nur eine Frage der Zeit gewesen zu sein, bis der Tenor, der ja auch Komposition studiert hatte, eine eigene Operette vorlegte. Wie »Giuditta« war Taubers »Der singende Traum« ebenfalls für eine Uraufführung in Berlin vorgesehen, wurde nun aber am Theater an der Wien am 31. August 1934 uraufgeführt. Am Libretto war neben Hermann Feiner auch Hubert Marischka beteiligt, der bei der Uraufführung die Regie übernahm und gleichzeitig Direktor des Theaters an der Wien war.

Die weibliche Hauptrolle, die Sonja Sorina, sang Mary Losseff, Taubers Geliebte, die in diesen Jahren, wann immer es möglich war, an seiner Seite auf der Bühne stand, Tauber übernahm die männliche Hauptrolle des Zauberers Tokito. In einer Nebenrolle der Uraufführung war eine gewisse Sari Gábor zu sehen, die soeben die Ausbildung an der Wiener Musikakademie abgeschlossen hatte und später unter dem Namen Zsa Zsa Gabor in Hollywood Karriere machen sollte, vor allem in Unterhaltungsfilmen ohne besonders hervorzuhebenden künstlerischen Anspruch und nicht zuletzt mit ihren turbulenten privaten Beziehungen in der Regenbogenpresse.

Obwohl Taubers Operette mit ihrem Libretto auf nur schwachen Beinen stand, herrschte wohl schon allein aus dem Grund, dass der berühmte Tenor eine Operette komponiert hatte, großes Publikums- und Medieninteresse. Welcher andere Komponist sang schon selbst in seinen Stücken die Hauptrolle?

Nach Taubers Tod wurde »Der singende Traum« nur noch sehr selten aufgeführt, die Operette erlebte schon in ihrer ersten Spielzeit keine hundert Aufführungen im Theater an der Wien, das nur wenige Monate nach der Tauber-Premiere in Konkurs ging. Dennoch waren die Kritiken, die sich auf die Komposition bezogen, durchwegs positiv und ein Tauber-Lied aus seiner Feder wurde natürlich auch gebührend positiv kommentiert. Die Arie »Du bist die Welt für mich«, die Tauber seiner Geliebten Mary Losseff gewidmet hatte, wurde zu einem Schlager, der unter anderem auch von Joseph Schmidt gesungen wurde und für Tenöre späterer Generationen wie Francisco Araiza, Fritz Wunderlich, Rudolf Schock und René Kollo zum Repertoire gehörte. Der Presse wurde mit der Tauber-Operette auch ein kleiner Skandal geliefert: Die erste Zeile von »Du bist die Welt für mich« ähnelte in der Notierung einem Violinkonzert Mendelssohns, was nach ersten Plagiatsvorwürfen vor der nächsten Aufführung ausgebessert wurde.

Lob für Taubers Komposition gab es von Lehár: »*Hätte von mir sein können*«. Das Kompliment lässt die Frage aufkommen, ob Tauber nicht mehr als die eine oder andere Rondoform zu den Lehár'-schen Tauber-Liedern beisteuerte. Als sich Tauber und Lehár aufgrund der Emigration des Sängers für die nächsten neun Jahre nicht mehr sahen und Tauber mit seiner zweiten Operette »Old Chelsea« große Erfolge in England feierte, verfolgte Lehár Taubers kompositorisches Werk mit anderen, konkurrierenden Augen, sah er doch seine Interessen durch den emigrierten Tenor, auf den er nicht mehr Einfluss nehmen konnte, schwinden. Kurze Briefe des Komponisten sollten den Sänger daran erinnern, dass er bei seinen Konzerten nicht auf die Lehár-Melodien vergessen durfte. Lehár schien also sehr wohl zu wissen, dass die Menschen in erster Linie Tauber hören wollten und erst in zweiter Linie seine Melodien, auch wenn Taubers Erkennungsmelodie in Großbritannien »You Are My Heart's Delight«, die englische Version von »Dein ist mein ganzes Herz«, wurde.

»Du bist die Welt für mich« war durch und durch ein Tauber-Lied – von Tauber komponiert, von Tauber gesungen. Die Arie nahm zwar nie den Platz von »Dein ist mein ganzes Herz« ein, war aber dennoch auch in späteren Konzerten Taubers immer wieder Teil des Programms. Nach Taubers Tod behauptete seine Witwe Diana Napier in ihren Erinnerungen, er hätte das Lied für sie geschrieben. Da dies schon aus zeitlichen Gründen nicht möglich war – 1934, im Jahr der Wiener Premiere, kannten sich Tauber und Napier noch gar nicht –, ist die Widmung für Losseff, die mit Tauber seit 1929 liiert war und ihm in der schwierigen Zeit der Scheidung von seiner ersten Frau Carlotta Vanconti zur Seite gestanden und mit ihm auch Deutschland verlassen hatte, weitaus schlüssiger. »Du bist die Welt für mich« galt Mary Losseff, die Tauber auch über das Ende der Beziehung hinaus privat verbunden blieb.

»Der singende Traum« erzählt die Geschichte einer mittelmäßigen Kneipensängerin, die nur durch Hypnose des Zauberers Tokito zu einer großartigen Sängerin wird, wenn er aber abwesend ist, schlichtweg versagt. Der Plot scheint durchaus Parallelen zu den Frauen in Taubers Leben zu haben, konnten doch sowohl seine erste Frau Carlotta Vanconti als auch Mary Losseff sowie seine zweite Frau Diana Napier ihre Karrieren hauptsächlich durch Taubers Zutun vorantreiben. Inhaltlich gibt es also eine Parallele zu Taubers Leben. Der Titel spiegelt Taubers Desinteresse an den politischen Umständen seiner Zeit und die von ihm praktizierte Trennung von Kunst und Politik wider: Tauber lebte noch immer seinen eigenen *singenden* Traum.

Zunächst richtete sich Tauber mit seinen Engagements an der Staatsoper, seinen Gastauftritten an der Volksoper und der Produktion seiner eigenen Operette in Wien gut ein. Was er auch unternahm, wo er auch auftrat, die österreichische Presse pries ihn überschwänglich und verglich ihn, wie das »Wiener Tagblatt«, wenn er als Dirigent arbeitete, mit den Größten dieses Fachs: »*Tauber […] ist zweifellos ein Mann von ebensoviel Geist wie Temperament, eine echte Musikantenseele. Furtwängler nach seiner Neunten kann nicht noch stürmischer gefeiert werden.*«

Gerade seine zahlreichen Schallplattenaufnahmen und die Radioübertragungen der »Giuditta« mehrten das Interesse aus dem Ausland an Tauber, dem der Tenor, soweit es ihm möglich war, auch nachkam. Er wusste, dass er es sich langfristig finanziell nicht leisten konnte, hauptsächlich an die Engagements in Österreich gebunden zu sein. Das kleine Österreich bot dem Tenor keine ausreichenden Einsatzmöglichkeiten. Er musste seine Karriere in größeren, internationalen Zusammenhängen planen und ahnte dabei noch nicht, dass diese zunächst hauptsächlich wirtschaftlichen Interessen für sein Schicksal einmal von großer Bedeutung sein sollten. Dennoch darf die Rolle Österreichs für Tauber nicht unterschätzt werden: Hier konnte er seine Mutter wie auch emigrierte Freunde aus Berlin sehen, hier konnte er sich ganz wie früher mit Franz Lehár, Oscar Straus oder Emmerich Kálmán in Bad Ischl treffen. Hier sprachen die Menschen seine Sprache und er war einer von ihnen, kein »Judenbengel«, den man auf offener Straße niederschlug. In Österreich konnte sich Tauber der Illusion hingeben, dass das, was ihm zuletzt in Deutschland widerfahren war, nur ein Missverständnis war.

Wien war zwar Taubers erste Station seiner Emigration – er sang hier bis kurz vor dem »Anschluss« im März 1938 regelmäßig an der Staatsoper –, er blieb aber keineswegs durchgehend in Wien, was allein schon mit seinen internationalen Konzertreisen nicht vereinbar gewesen wäre. In der österreichischen Presse war er der heimgekehrte Sohn, auf den man nun, da er hier sein Zuhause hatte, noch weitaus stolzer sein konnte als zu der Zeit, da er seine großen Erfolge in Berlin feierte.

Er war ein österreichischer Kammersänger und Weltstar: Trat Tauber in diesen Jahren zum Beispiel an der Pariser Oper auf, schrieben nicht nur die französischen Zeitungen über den Galaabend mit Lehár-Musik, sondern auch österreichische Blätter wie der »Grazer Mittag«, die »Wiener Zeitung« und »Der Tag«. In zahlreichen Artikeln österreichischer Zeitungen von 1933 bis zum »Anschluss« 1938 wurden Loblieder auf Tauber gesungen, dabei wurde stets unterstrichen, dass Tauber Österreicher war. Gerade so, als wollte man die erfolgreiche Vergangenheit in Taubers zweiter Heimat Deutschland vergessen machen, war doch das klerikalfaschistische Österreich in diesen Jahren aus den genannten Gründen stark daran interessiert, sich auf jede mögliche Weise von Hitlerdeutschland abzugrenzen.

Während in Deutschland die Presse keine Gelegenheit ausließ, den vor Kurzem noch geschätzten Künstler nur noch als den »Juden Tauber« zu bezeichnen und massiv anzufeinden, unterließ die österreichische Presse auch den geringsten Hinweis auf seine jüdische Herkunft. Obwohl es in Österreich eine lange Tradition des Antisemitismus gab und die sich an der Macht befindliche »Vaterländische Front« klar antisemitisch eingestellt war, stand es vor 1938 scheinbar außer Frage, mit ähnlichen Anwürfen journalistisch gegen Tauber vorzugehen. Tauber wurde von den österreichischen Zeitungen hofiert – man hoffte wohl, durch den Weltklassetenor etwas internationalen Glanz zurückzugewinnen. Die Huldigungen Taubers durch das offizielle Österreich und sein begeistertes Publikum wurden in Deutschland sehr wohl wahrgenommen und es folgten weitere Hetzartikel gegen den Sänger, aber auch gegen die autoritäre »Vaterländische Front«.

Grundsätzlich ist hier noch einmal festzuhalten, dass die klerikalfaschistische Vaterländische Front dem italienischen Faschismus bedeutend näher stand als den Nationalsozialisten in Deutschland. Obwohl in Italien die meisten Juden unter den Antifaschisten zu finden waren, darf nicht vergessen werden, dass Enrico Rocca, einer der Gründer des römischen Faschismus, Jude war und auch andere Juden in die Führung der faschistischen Bewegung eingebunden waren. In Italien gab es bis Mitte der 1930er-Jahre keine antisemitische Propaganda, erst im Oktober 1938 wurden, nicht zuletzt durch die engere politische Verbindung zu Deutschland, auch in Italien antijüdische Rassegesetze eingeführt. 1943 kam es dann zu ersten Deportationen italienischer Juden nach Auschwitz.

Die Arbeitsmöglichkeiten in Österreich waren für den Heimkehrer Tauber im Gegensatz zu jenen in Deutschland vor 1933 mit Einschränkungen verbunden: Ausgedehnte Konzertreisen wie in Deutschland waren schon aufgrund der Größe Österreichs nicht möglich, auch bot Wien keine solche Vielzahl an Theatern, an denen Tauber arbeiten konnte, wie es in Berlin der Fall gewesen war.

In Wien wirkte Tauber vor allem an der Wiener Staatsoper, wo er, neben seinen Auftritten in den Lehár-Operetten »Giuditta« und »Das Land des Lächelns« am Theater an der Wien, bei Nachmittagsaufführungen von »Der singende Traum« am Dirigentenpult stand; außerdem im Konzerthaus, dem Musikverein und der Volksoper, wo er in Opern wie Bizets »Carmen«, Offenbachs »Hoffmanns Erzählungen« oder Kienzls »Evangelimann« zu sehen war. Darüber hinaus unternahm Tauber in diesen Jahren ausgedehnte internationale Konzertreisen. Das Wiener Zwischenexil Taubers widerspricht völlig den Exilsituationen anderer Verfolgter, die aus Deutschland nach Österreich geflüchtet waren und deren berufliche Qualifikationen sich für die Situation im Exil einschränkender erwiesen. Tauber verfügte, trotz des eingefrorenen Vermögens in Deutschland, über finanzielle Mittel und musste sich auch nicht wie andere Emigranten eine neue Karriere aufbauen. Er konnte, dank der Internationalität seiner Musik, dem Netzwerk unter den Musikschaffenden an den verschiedenen Opernhäusern und der Tatsache, dass Partien aus seinem außergewöhnlich breit gestreuten Repertoire auch in anderen Sprachen wie Französisch und Italienisch zu singen waren, international arbeiten. Tauber hatte, wie auch andere emigrierte Sänger, Musiker und Dirigenten, einen großen Vorteil gegenüber emigrierten Schauspielern oder Autoren, die durch die Bindung an die deutsche Sprache mit größeren Schwierigkeiten konfrontiert waren.

Joseph Schmidt, der aus Davideny in der Bukowina stammende Tenor mit der traurig-einprägsamen Stimme, gehörte neben Tauber zu den begehrtesten Tenören der 1930er-Jahre. Wie Tauber musste Schmidt Deutschland 1933 verlassen, wo trotz großen internationalen Erfolgen das Zentrum seiner künstlerischen Arbeit angesiedelt war. Im Sommer 1933 kam Schmidt erstmals nach Wien, nachdem er nach seiner Flucht aus Deutschland, im Juni 1933, umjubelte Konzerte in Belgien gegeben hatte. Der offizielle Anlass der Wienreise Schmidts war die Kinopremiere seines neuesten Films »Ein Lied geht um die Welt« im Wiener Apollo-Kino, die zu einem gesellschaftlichen Ereignis wurde. Schmidt, Sohn eines Kantors, war, ehe er Gesang bei Hermann Weissenborn in Berlin studierte, selbst zum Kantor ausgebildet worden und feierte noch vor dem Umzug nach Berlin knapp 20-jährig seinen ersten Erfolg bei einem viel beachteten Auftritt in

Czernowitz, das mittlerweile zu Rumänien gehörte. Auch für Schmidt, der bis 1935 immer wieder aus familiären Gründen nach Deutschland reiste, hatte Wien nun die Rolle Berlins übernommen.

Joseph Schmidt hatte vor allem in Österreich, den Niederlanden und England eine treue Anhängerschaft. Auch wenn ihm aufgrund seiner geringen Körpergröße Auftritte auf Opernbühnen verwehrt blieben, wurde er »Radiocaruso« genannt und tat es innerhalb seiner Möglichkeiten Tauber gleich: Von Wien aus trat er nun seine Konzertreisen durch Europa an und kam auch immer wieder hierher zurück, wo er weitere Filme drehte wie »Heut ist der schönste Tag in meinem Leben«.

Schmidt war in Wien zwar in keiner Opernproduktion zu sehen, doch das Wiener Publikum erlebte ihn bei anderen Gelegenheiten wie dem traditionellen Faschingskonzert der Wiener Philharmoniker im Wiener Musikverein, das jedes Jahr ein gesellschaftliches Ereignis darstellte. 1935 war die Liste der beteiligten Künstler besonders illuster: Oscar Straus, Emmerich Kálmán, Robert Stolz und Paul Abraham, vier der wohl berühmtesten Operettenkomponisten dieser Zeit, die allesamt nicht mehr in Deutschland aufgeführt wurden (bis auf die vorübergehende Ausnahme des Nichtjuden Stolz), waren eingeladen, um ihre eigenen Werke im Rahmen des Faschingskonzerts zu dirigieren.

Zu den Vortragenden gehörte neben Jarmila Novotná und Eva Hadrabová auch Joseph Schmidt, der »Du bist die Welt für mich« aus Taubers »Der singende Traum« vortrug. Tauber stand als Komponist am Dirigentenpult, als sein Freund Schmidt die Arie sang und das Publikum im Musikverein, wie Schmidts Biograf Alfred Fassbind schrieb, »in einen Begeisterungssturm ausbrechen ließ«.

Nachdem das Zusammenspiel der beiden Superstars im Rahmen dieses Konzerts so gut funktioniert hatte, nahmen Tauber und Schmidt nur wenige Wochen nach dem Faschingskonzert gemeinsam Arien aus Taubers Operette auf. Tauber, als Komponist, blieb dabei am Dirigentenpult, Kollege Schmidt sang.

Die Verleihung des Kammersängertitels 1933 war nicht die einzige Ehre, die Tauber vom offiziellen Österreich in diesen Jahren erwiesen wurde. Und sie war als Wink nach Deutschland zu verstehen: Ihr habt den größten Sänger unserer Zeit vertrieben, er ist einer von uns und wir zeichnen ihn mit hohen Ehren aus.

Mit der Annahme der Auszeichnungen stellte sich Tauber auf die Seite der regierenden »Vaterländischen Front«. Bedenkt man sein bisheriges Desinteresse am politischen Geschehen, ist es nicht verwunderlich, dass er sich auch von den österreichischen Faschisten instrumentalisieren ließ. Tauber war durch die Flucht aus Deutschland nicht zu einem politisch bewussten Menschen geworden. Ob es für ihn der Wunsch war, mit einer seiner zwei Heimaten weiter verbunden zu bleiben, oder einfach Ignoranz, ist heute reine Spekulation. Tauber nahm die Auszeichnungen des offiziellen Österreich an, wie auch Hermann Leopoldi, der bald nach dem »Anschluss« wegen seiner Nähe zum österreichischen Regime ins KZ Buchenwald verschleppt wurde, so lautete jedenfalls der offizielle Grund.

Tauber zeigte sich, was die politischen Umstände betraf, in seinen ersten Wiener Jahren weiterhin völlig unbedarft; erst als er immer mehr Zeit in England verbrachte, verstand er, dass die Umstände in Österreich durchaus als schwierig zu bezeichnen waren. Nach dem »Anschluss« äußerte er sich erstmals, wenn auch vorerst etwas vage, politisch.

Die Flucht nach Österreich implizierte zwar die Möglichkeit, weiter in der Muttersprache arbeiten zu können, verlangte aber auch eine gewisse Indifferenz gegenüber den politischen Zuständen in Österreich oder gar eine Akzeptanz des aufkeimenden Klerikalfaschismus. Wer sich als Kommunist oder Sozialist politisch betätigen wollte, ging zumeist ohne Umweg über Wien ins fremdsprachige Exil. Dass der klar gegen Nazideutschland auftretende Arturo Toscanini in diesen Jahren bei den Salzburger Festspielen auftrat, mag damit zusammenhängen, dass es in Österreich noch keine vom Regime gesteuerte Judenverfolgung gab, gegen die er sich so deutlich aussprach.

Als Tauber 1934 Nachricht erhielt, dass er trotz seines einbehalte-
nen Vermögens und der beschlagnahmten Grunewald-Villen Steuerschulden in Deutschland hatte, schickte er seinen Stiefbruder
Robert nach Berlin, um diese zu begleichen. Trotz der Warnungen
und Einwände seiner Freunde war Tauber der Meinung, mit diesen
Zahlungen der Propaganda gegen seine Person Einhalt gebieten zu
können. Dass er sich mit dieser Einschätzung völlig getäuscht hatte,
musste er wenig später bei der Lektüre der deutschen Presse erken-
nen. Die Propagandamaschinerie war angeworfen und sollte in
Sachen Tauber nicht mehr verstummen.

In den ersten Jahren richteten sich einige Artikel gegen Tauber
gleichzeitig gegen die österreichische Kulturpolitik, wie am Beispiel
des »Westdeutschen Beobachters« aus Köln oder der »Mitteldeut-
schen Nationalzeitung Halle« im August 1934 deutlich wird. Hier
ging es konkret um das marode Theater an der Wien, das kurz vor
dem Ruin stand und mit Steuergeldern gerettet werden sollte: »*Die
Nutznießer der öffentlichen Gelder sind in der Hauptsache natürlich –
Juden. In erster Linie der ›bettelarme‹ Richard Tauber, der als Komponist und Hauptdarsteller eine ›Kanone‹ von Geldern darstellt. Ferner
ist noch eine in der Zusammensetzung begriffene Operette von Kal-
man und eine neue Operette von Abraham unseligen Angedenkens
vorgesehen. Deutsche und arische Autoren von Operetten sind
anscheinend in Österreich nicht beliebt. Auch wenn es sich um öffentliche Gelder handelt.*«

Betrachtet man Taubers Versuche, mit Nazideutschland zu ver-
handeln, und seine Bereitwilligkeit, sich vom austrofaschistischen
Ständestaat vereinnahmen zu lassen, könnte man ihn als politisch
naiv bezeichnen. Eine gewisse Arglosigkeit muss ihm tatsächlich
unterstellt werden, da er mit einem unerschütterlichen Vertrauen an
das Gute glaubte und dies auch bei jeder sich bietenden Gelegenheit
unterstrich.

Auch wenn Tauber exorbitante Gagen für seine Auftritte verlangte, so behielt er das Geld nie ausschließlich für sich. Eine ganze Rei-

he von Menschen, die ihm nahestanden, wurden von ihm finanziell unterstützt, gleichzeitig gab er laufend Benefizkonzerte und versuchte all jene, die ihm wohlgesinnt waren, in einem noch helleren Licht erscheinen zu lassen. Tauber war sich seiner Wirkung bewusst und konnte mit diesem Wissen einen Schritt zurück machen und anderen Platz lassen. Er stand dennoch immer im Mittelpunkt des öffentlichen Interesses.

Tauber engagierte sich während seiner gesamten Karriere für wohltätige Zwecke: egal ob er Konzerte für sozial Schwache, für die Gewerkschaft der Bühnenangehörigen, für die Bevölkerung seines slowakischen Kurortes oder die österreichische Winterhilfe gab. Dieses ehrenhafte Engagement war ein wesentlicher Grund für die Verleihung des *Ritterkreuzes 1. Klasse* in Wien. Nach dem schmerzlichen Rauswurf aus Deutschland bedeuteten ihm die österreichischen Auszeichnungen sehr viel. Es waren nicht nur die hohen Gagen und der Applaus, die ihn wieder aufrichteten, er erhielt auf diese Weise auch wichtigen Zuspruch.

Nachdem Tauber 1934 mit Lehárs »Giuditta« erstmals in einer Operette an der Staatsoper aufgetreten war, konnte man ihn in den folgenden Jahren im Haus am Ring wiederholt in anderen Operetten sehen, zum Beispiel am Silvesterabend 1936 als Alfred in der »Fledermaus« von Johann Strauß. Am Dirigentenpult stand Bruno Walter. Tauber, der Vielbeschäftigte, arbeitete in Wien nun auch wieder mit Vera Schwarz, seiner Berliner »Land des Lächelns«-Partnerin, zusammen. An der Staatsoper standen sie gemeinsam in der »Fledermaus« und zuletzt 1938 in Lehárs »Land des Lächelns« auf der Bühne. Zwar arbeiteten sie nicht oft zusammen, dass die beiden aber eine Freundschaft verband, beweist das Gästebuch, das Taubers zweite Frau Diana für das Hietzinger Heim angelegt hatte. Neben Oscar Straus und anderen prominenten Persönlichkeiten finden sich hier auch Dankesworte von Vera Schwarz für gemeinsame schöne Stunden.

Der umtriebige Sänger, der ja auch in seiner Berliner Zeit nicht ausschließlich dort gesungen hatte, übernahm weiterhin zahlreiche internationale Konzertverpflichtungen: London, Prag, das bereits erwähnte Bad Piešťany, Budapest und Paris, um nur ein paar Stationen zu nennen. Tauber gab, wohin er kam, höchst erfolgreiche Konzerte. Wieder und wieder reiste er in der ersten Zeit seiner Emigration, in Begleitung Mary Losseffs, nach England, um Konzerte auch außerhalb Londons zu geben, und kam dabei auch wieder an die Bühnen des Londoner West Ends, wo er bereits 1931 große Erfolge gefeiert hatte.

Dass sich Taubers Exil schon nach einigen Jahren Wien nach London zu verlagern begann, kann mit der Tatsache in Zusammenhang gebracht werden, dass dort zahlreiche Konzertmöglichkeiten und ein nahezu neuer Markt gegeben waren. Hinzu kam, dass der österreichische Regisseur Paul L. Stein, mit dem ihn aus der gemeinsamen Zeit in Berlin eine Freundschaft verband, Tauber für die Hauptrolle in der Verfilmung der im Londoner West End erfolgreichen Schubert-Operette »Blossom Time« nach England holte. Unter dem Titel »Liebeslied« kam der Schubert-Film 1934 in die österreichischen Kinos und löste erneut Wellen der Begeisterung aus. In den Kinos des nationalsozialistischen Deutschland war für Taubers Filme kein Platz mehr.

1937 reiste Tauber zum zweiten Mal in die USA. Über zweieinhalb Monate dauerte die Tournee quer durch die Staaten. In Los Angeles gab er einen Liederabend, bei dem unter anderem alte Bekannte aus Berlin wie Max Reinhardt, seine Freundin Marlene Dietrich, aber auch Ernst Lubitsch, Helene Thimig, Jeanette MacDonald, William Powell und der »König von Hollywood«, Clark Gable, zu den Gästen gehörten. Tauber erinnerte sich an eine Einladung im Weißen Haus und an ein Konzert, das er im Rahmen eines Staatsdinners des amerikanischen Präsidenten gab: »*Ich brachte Lieder von Schubert, Grieg, Johann Strauss und Lehár und wurde nach dem offiziellen Teil des Festes einer Zusammenkunft im kleinen Kreise beigezogen, wobei*

Präsident Roosevelt und seine Gattin mit mir sprachen und sich für die musikalischen und im allgemeinen für die künstlerischen Verhältnisse in Österreich lebhaft interessiert zeigten. Zum Abschied überreichte mir der Präsident sein Bild mit einer Widmung, das ich aber nicht mitnehmen konnte, da es Brauch ist, daß diese Bilder mit Holz gerahmt werden, aus dem das alte Dach des Weißen Hauses bestanden hat.«

Im Januar 1938 sang Tauber wieder an der Staatsoper und am Raimundtheater in Wien. Werke von Kienzl, Leoncavallo, Smetana und Mozart standen ebenso auf dem Programm wie solche von Lehár. »Das Land des Lächelns«, gemeinsam mit Vera Schwarz, wurde nun, vier Jahre nach »Giuditta«, auch im Haus am Ring aufgeführt.

Am 30. Januar 1938 hatte Tauber als Prinz Sou-Chong an der Staatsoper Premiere. Zwischenzeitlich gastierte er am Neuen Deutschen Theater in Prag als Sänger und Dirigent. Zu insgesamt fünf Aufführungen sollte es »Das Land des Lächelns« in Wien bringen. Nach den nächsten Auslandskonzerten waren weitere Aufführungen geplant. Doch Tauber kehrte nur noch einmal, zu einer Aufführung von »Giuditta«, nach Wien zurück.

Als sich Richard Tauber auf die nächste Konzertreise nach Monaco, Frankreich und Italien begab, ahnte er nicht, dass sein Auftritt als Hauptmann Octavio am 7. März 1938 an der Wiener Staatsoper sein letzter Auftritt in Österreich sein würde. Innerhalb weniger Tage hatte seine Heimat zu existieren aufgehört.

HERR TAUBER *LUFFS* ENGLAND

Taubers Beziehung zu England war ursprünglich nicht auf der Notwendigkeit eines Exils aufgebaut. Er musste nach seiner Flucht aus Deutschland nicht um Aufnahme in einem fremden Land bitten, im Gegensatz zu vielen anderen, die Deutschland 1933 verlassen mussten, wurden ihm in England Tür und Tor geöffnet. Man kannte ihn bereits durch Schallplattenaufnahmen und Auftritte im Londoner West End Anfang der 1930er-Jahre: Richard Tauber, das war kontinentaler Charme, dem das Londoner Publikum besonders gewogen war. Tauber gehörte zu einem Zeitpunkt, als erste Flüchtlingswellen aus Deutschland über den Ärmelkanal England erreichten, nicht zu den Verfolgten, die lediglich dank der bereits seit Jahrzehnten eingerichteten Flüchtlingshilfen und vielleicht auch einer Anstellung in einem englischen Haushalt überleben konnten.

Tauber war 1934, trotz der Vertreibung aus Deutschland ein Jahr zuvor, kein Exilant, gegen den die rechtskonservative britische Presse hätte wettern können. Als im Januar 1935 ein Artikel über das Verbot Taubers in Deutschland im Londoner »Evening Standard« erschien, wurde das Wort »Emigrant« in Anführungszeichen gesetzt und auch über Taubers »jüdisches Blut« geschrieben, als verstünde man nicht, wie die Herkunft des Weltstars von Bedeutung sein könne. Da Tauber nach seiner Vertreibung aus Deutschland noch immer Österreich und damit seine Heimat offenstand, wurde er in diesen ersten Jahren nur in Ausnahmefällen, wie in dem angesprochenen Artikel des »Evening Standard«, als Emigrant bezeichnet. Die Schicksale der Flüchtlinge aus Deutschland wurden zu diesem Zeitpunkt noch in keinerlei Verbindung mit ihm gebracht; vielleicht deshalb, weil auch andere deutsche Musiker bis 1938 in Großbritannien gastierten; solche, die Parteimitglieder waren wie der Bariton Rudolf Bockelmann, oder die sich vom NS-System instrumentalisieren ließen wie Wilhelm Furtwängler. Auch die Berliner Philharmoniker, die für Propagandaminister Goebbels gerade bei Auslandsgastspielen die wichtige Aufgabe erfüllten, Deutschland – aufkeimender Kritik zum Trotz – weiterhin als Kulturnation zu präsentieren. Die britische Presse berichtete über die Repressalien in Deutschland, die Gründung der Reichskulturkammer oder auch die Vertreibung Otto Klemperers, Fritz Buschs und Bruno Walters. Man war in England über die kritische Lage in Deutschland gut informiert. Kritik an Deutschland wurde nur vereinzelt in linken Zeitungen laut. Große Tageszeitungen wie die »Times« berichteten zwar regelmäßig, enthielten sich aber jeglicher Kritik.

Großbritannien verstand sich Anfang der 1930er-Jahre noch immer als Einwanderungsland, obwohl die Immigrationsbestimmungen weitaus strenger gehandhabt wurden als etwa zur Jahrhundertwende. Trotz der für Flüchtlinge bereits schwierigen Rechtslage und den Bemühungen Großbritanniens, mehr und mehr Emigranten zu einer Weiterreise in die USA zu bewegen, wurden rechtskonservative und nationalistische Kreise nicht müde, eine deutliche Verschärfung der Einwanderungsgesetze zu fordern. Mit dem Fremdenerlass von 1920 wurden Immigranten zum Nachweis einer bezahlten Arbeit in Großbritannien verpflichtet, auf dass sie dem Staat nicht finanziell zur Last fielen. Flüchtlingsorganisationen, die in den jüdischen Gemeinden Londons stark verankert waren, spielten in der Unterstützung dieser Einwanderer eine bedeutende Rolle. Sie konnten auf ihr Wissen zurückgreifen, das sie in den vergangenen Jahrzehnten im Dienste jüdischer Einwanderer aus Osteuropa erworben hatten, und so den aus Deutschland eintreffenden Immigranten wenigstens das Notwendigste an Beihilfe zukommen lassen. Viele waren auf Unterstützung angewiesen, hatte doch die Mehrheit der

Emigranten keinerlei finanzielle Rücklagen im Ausland, die nach Verlassen der Heimat über die erste Zeit hätten helfen können.

Allein aufgrund der Sprachbarriere waren für viele Exilanten die zuvor ausgeübten Berufe nicht mehr möglich und ein großer Anteil musste sich vor allem als Haushaltsangestellte oder Gärtner verdingen. Emigrierten Musikern gelang es mitunter, privaten Musikunterricht zu erteilen. Oft waren diese Lehrertätigkeiten mit Aufgaben in den Haushalten gekoppelt.

Nach dem »Anschluss« Österreichs im März 1938 wurden von der Wiener Kultusgemeinde Kurse angeboten, die nach England flüchtende Wiener Juden auf die Arbeit in englischen Haushalten vorbereiteten; der österreichische Lyriker Theodor Kramer besuchte einen dieser Kurse.

Richard Tauber war in keiner Weise von der allgemeinen Immigrationsproblematik betroffen: Dem Tenor lag die Welt zu Füßen und die britische Öffentlichkeit hatte es auch gar nicht notwendig, ihm Begeisterung vorzugaukeln. Er brachte internationalen Glanz nach England und war mit seinen für diese Zeit hohen Gagen nicht bedürftig wie zum Beispiel jene Juden, die auf der Flucht vor Pogromen in Osteuropa seit dem 19. Jahrhundert in Großbritannien eine neue Heimat gefunden hatten oder hier ihre weitere Emigration nach Übersee planten. Ob Tauber Jude, Katholik oder Protestant war, wurde in den ersten Jahren seiner stärker werdenden Präsenz in England nicht thematisiert. Das änderte sich allerdings mit dem »Anschluss« Österreichs an Hitlerdeutschland 1938.

Als Tauber 1934 nach London kam, jubelte man über den Coup, den Tenor für die Rolle Franz Schuberts im Musikfilm »Blossom Time« gewonnen zu haben. Sein Freund aus frühen Berliner Tagen, Paul L. Stein, ein gebürtiger Wiener, der sich nach einer mäßig einträglichen Schauspielkarriere dem Regiefach zugewandt hatte, war nach erfolgreichen Jahren in Hollywood, wo er unter anderem für MGM gearbeitet und sich mit romantischen, sentimentalen Komödien, oft aus weiblicher Perspektive, einen Namen gemacht hatte,

1932 nach Europa zurückgekehrt. Obwohl Berlin sein eigentliches Ziel gewesen war, blieb er wegen der politischen Entwicklungen in Großbritannien und begann dort als Regisseur Fuß zu fassen. Nach Steins erster britischer Produktion »Red Wagon« stand »Blossom Time« auf dem Programm, ein Film, der mit weitaus mehr finanziellen Mitteln umgesetzt werden sollte und mit dem die Produktionsfirma »British International Pictures« (B.I.P.) sehr große Erwartungen verknüpfte.

Um diesen Erwartungen gerecht zu werden, brachte Stein Richard Tauber ins Spiel. Tauber, den das Medium Film auch privat faszinierte, sagte begeistert zu. Der Tenor, der mit der Bühnenvorlage bereits das Londoner West End erobert hatte, erkannte die Möglichkeiten, die sich mit »Blossom Time« für ihn ergaben.

Tauber befand sich zum Zeitpunkt der Anfrage Steins bereits in Wien und war daran interessiert, so international wie möglich zu arbeiten, fehlte doch seit der Vertreibung aus Deutschland ein wichtiger Markt für Konzerte, Operetten, Opern und Liederabende, und auch die Tantiemen seiner Plattenverkäufe in Deutschland landeten nicht mehr auf seinen Konten, sondern flossen direkt in die Staatskassen Hitlerdeutschlands. Der Film wurde hauptsächlich in den Londoner *Elstree Studios* gedreht, für die notwendigen Außenaufnahmen reiste man im Frühling 1934 nach Österreich. Tauber war vom offiziellen Deutschland nahegelegt worden, deutschen Boden nicht mehr zu betreten, also reiste er gemeinsam mit dem Kameramann Otto Kanturek und Paul L. Stein über Frankreich. Jene Mitglieder des Filmteams, die Deutschland ungefährdet betreten konnten, nahmen den kürzeren Weg.

Dass mit »Blossom Time« ein Film, der in einem Wien »der guten alten Zeit« spielt, die erfolgreichste britische Filmproduktion des Jahres 1934 werden sollte, scheint angesichts der Februarkämpfe und der politisch höchst problematischen Lage Österreichs in dieser Zeit von besonderem Zynismus. Es war aber so, dass das britische Publikum in den 1930er-Jahren alles andere als begeistert reagierte, wenn

realistische Filmstoffe verarbeitet wurden und in die Kinos kamen.
Auch die Appeasementpolitik der britischen Regierung gegenüber
Hitlerdeutschland wirkte sich auf die Filminhalte aus, und so erleb-
ten gerade jene Filme Hochkonjunktur, die völlig unpolitisch in
historischen Zusammenhängen und fremden Städten, bevorzugt
Wien, spielten, aber in England gefilmt und produziert wurden.

»Blossom Time« war nicht der erste Film dieser Art, es gab bereits
einige andere vor ihm, und einige mehr sollten ihm folgen, da man
am großen Erfolg des ersten britischen Tauber-Films mitnaschen
wollte. Weder einer der früheren noch einer der späteren Filme mit
der Wiederaufbereitung des bereits abgenützten Wien-Themas war
so erfolgreich wie »Blossom Time«. Die bittersüße Geschichte einer
verschmähten Liebe entsprach dem typischen Operetten-Strick-
muster, für das Tauber von seinem Publikum geliebt wurde. Trotz
des unglaublichen Publikumserfolgs gab es für Taubers Schubert-
Film nicht nur gute Kritiken. Das Spiel des Sängers wurde als hölzern
beschrieben und auch das »Vienna«-Genre, wie das unpolitische,
zuckersüße, immer wieder verwendete Operetten-Sujet genannt
wurde, wurde von vielen Kritikern nicht mehr positiv bewertet.

Dennoch wurde Taubers erster britischer Musikfilm ein großer
Erfolg: Sieben Wochen lang lief der Film allein im *Regal Cinema* am
Londoner *Marbel Arch*, wo er auch seine Uraufführung erlebt hatte.
Das englische Publikum liebte Taubers Stimme. Wie der Filmwis-
senschaftler Christian Cargnelli in einem Essay über Paul L. Stein
festhielt, wurde der Schubert-Film mit Richard Tauber zu »The
Sound of Music« seiner Zeit.

Auch international war der Film zu sehen. In Österreich kam er
unter dem Titel »Liebeslied« 1935 in den Kinovertrieb. 1937 startete
er in den US-amerikanischen Kinos. Einzig in Deutschland war der
Film nicht zu sehen: Tauber, ein »Halbjude«, in der Hauptrolle und
Stein, ein »Volljude«, als Regisseur waren dem deutschen Publikum
nicht zuzumuten.

Mit dem Schubert-Film war Tauber nun auch jenseits des Londoner West Ends angekommen und genoss auf den britischen Inseln eine umso größere Popularität. Es sollte kein Jahr vergehen, bis der nächste Film mit Tauber in der Hauptrolle in Produktion ging: »Heart's Desire«, wieder unter Steins Regie, wurde zum nächsten Leinwanderfolg.

Die Londoner Premiere von »Blossom Time« am 9. Juli 1934 brachte Tauber nicht nur mehr Popularität in Großbritannien, sondern auch eine tiefere private Bindung zu England, traf er dabei doch zum ersten Mal auf seine spätere Frau Diana Napier, die mit bürgerlichem Namen Molly Ellis hieß. Zum Zeitpunkt der Begegnung Taubers und Napiers war Tauber zwar schon Jahre von seiner ersten Frau getrennt – die Scheidung ging unter großem Mediengetöse 1928 in Deutschland über die Bühne –, dennoch sollte die ungleiche Rechtslage in Deutschland und Österreich noch für einige Schwierigkeiten sorgen. Als Tauber und Napier aufeinandertrafen, litt die Beziehung des Sängers zu Mary Losseff bereits massiv unter dem Alkoholmissbrauch der Sängerin. Losseff gelang es trotz der Unterstützung Taubers nicht, sich eine eigenständige Karriere aufzubauen, was sie mehr und mehr Trost im Alkohol suchen ließ, womit die Beziehung zu Tauber aber letztlich zum Scheitern verurteilt war.

Verschiedenen Quellen zufolge soll Losseff die große Liebe in Taubers Leben gewesen sein. Da sich Tauber, der Alkohol selbst sehr diszipliniert genoss, mit der Alkoholsucht seiner Partnerin nicht arrangieren konnte, war ein Ende der Beziehung der beiden, trotz der Liebe, die sie verband, abzusehen. Dennoch blieben Tauber und Losseff bis zum Tod des Tenors freundschaftlich verbunden und das nicht nur, weil er seiner ehemaligen Geliebten regelmäßig finanziell unter die Arme griff.

Taubers neue Flamme hieß Diana Napier, eine junge englische Schauspielerin, die vor allem im Theater und in Filmproduktionen von Alexander Korda kleinere Rollen übernommen hatte. In späteren Interviews betonte Napier, dass sie (obwohl sie in der Premierenvorstellung von »Blossom Time« gewesen war) keine Ahnung hatte, »*wer dieser dicke, hinkende Mann mit Monokel und merkwürdigem Akzent*« gewesen war. Erst als der auf den ersten Blick verliebte Tauber nach mehreren telefonischen Versuchen die junge Schauspielerin erreichte, fragte sie ihre Zofe, eine gebürtige Österreicherin, ob sie den Namen Tauber schon gehört habe, und diese soll erwidert haben, dass der Mann ein weltberühmter Tenor sei. Entsprechend geschmeichelt, verabredete sich die junge Schauspielerin mit dem Sänger. So erzählte Napier in zahlreichen Interviews von den Anfängen der Liebesbeziehung zwischen ihr und Richard Tauber. Innerhalb kürzester Zeit wurde aus den beiden ein Paar und bald waren sie verlobt.

Diana Napier entsprach ganz und gar dem Frauentyp des Tenors: Wie ihre Vorgängerinnen war sie ausnehmend attraktiv, nur mittelmäßig künstlerisch begabt und hatte finanzielle Schwierigkeiten, die Tauber mit einem Wink beseitigen konnte. Selbst Taubers letzte Beziehung, die er während der in den letzten Jahren nur noch als lose freundschaftlich zu bezeichnenden Ehe mit Napier zu Esther Moncrieff unterhielt, lief nach genau dem gleichen Muster ab. Vanconti, die eher unterdurchschnittlich begabte Soubrette; Losseff, deren Karriere nicht in die Gänge kommen wollte; das Starlet Napier und zuletzt Esther Moncrieff: Taubers Geliebte standen mit ihm auf der Bühne oder vor der Kamera. Richard Tauber war keineswegs daran interessiert, seine Partnerinnen vorzuführen oder in dem auf ihn gerichteten Scheinwerferlicht bloßzustellen, er muss vielmehr der unerschütterlichen Meinung gewesen sein, der jeweils geliebten Frau dadurch bei ihrem beruflichen Fortkommen eine Plattform zu bieten und sie so in ihrer Karriere zu unterstützen.

Dass die Begabungen seiner Angebeteten nicht ausreichen, blendete Tauber in jeder seiner Liebesbeziehungen aus. So auch bei Napier, die durch die Verbindung zu Tauber eine glamouröse Society-Karriere begann und in den folgenden Filmen ihres Mannes auch größere Rollen übernehmen durfte.

Dass Tauber nun mit einer Engländerin verlobt war, verhalf dem

Foto: Tauber und Carlotta Vanconti, seine erste Ehefrau, beim Spaziergang in Berlin.

Tenor auf die Titelseiten verschiedener englischer Gesellschaftsmagazine, wie die des namhaften »Tatler«, der sich bis heute vor allem dem Leben der oberen Zehntausend widmet. Mit der Bekanntgabe der Verlobung erschienen Reportagen über das junge Glück in zahlreichen Zeitschriften und den Wochenendbeilagen der überregionalen Tageszeitungen. Tauber scheute sich nicht davor, den britischen Gazetten von seinem privaten Glück vorzuschwärmen. Auf diese Weise wurde er für sein (hauptsächlich weibliches) Publikum einmal mehr zum idealen, weil so unendlich romantischen Mann, der seine Frau auf Händen trägt. War Taubers weibliches Publikum auch außerhalb Deutschlands, vor allem aufgrund der romantischen Rollen, die er vornehmlich sang, von ihm begeistert, so wurde mit der Verlobung und der Hochzeit mit Diana Napier auch der reale Tauber einmal mehr zum Idealmann. Nun verkörperte er nicht nur auf der Bühne den romantischen Liebhaber, sondern inszenierte sich selbst als ein solcher. Seine Lebemann-Inszenierungen aus Berlin, wo er bis zu seiner Hochzeit mit Carlotta Vanconti immer wieder an der Seite unterschiedlichster Schönheiten in der Öffentlichkeit aufgetreten war, hatte nun keine Berechtigung mehr. Nun gab es für den Sänger nur noch die *eine*, nur noch Diana. Für die englischen Medien, die auch schon in den 1930er-Jahren eine wahre Freude an detaillierter Gesellschaftsberichterstattung hatten, war es ein gefundenes Fressen, dass sich der Weltstar Tauber just in eine Engländerin verliebt hatte. Die Zeitungen feierten diese Liebe, als hätte Tauber mit der Beziehung zu Napier dem Königreich einen Dienst erwiesen. So als hoffte man, dass durch die öffentlich zur Schau getragene Beziehung zu Napier etwas vom Glanz des international begehrten Tenors auf das Land abfärben würde.

In zahlreichen Briefen, die er Diana Napier während der Verlobungszeit und den Jahren ihrer Ehe schrieb und die in seinem Nachlass vorliegen, bestätigt sich das Bild, das Tauber von sich in den Medien schuf: Er war unverbesserlich romantisch und las seiner Frau jeden Wunsch von den Augen ab. Auch als in die Leben der bei-

THE TATLER
No. 1789. October 9, 1935

RICHARD TAUBER AND HIS FIANCÉE, DIANA NAPIER

Foyer of Vienna, Dorland House

The greatest voice of the present epoch may not be deemed an over-description of Richard Tauber's, and whether this be so or not, it has been the "heart's delight" of the inhabitants of the continents of the world. Richard Tauber is with us in England at the moment, and following his song recital at the Albert Hall on the 29th of last month, he fares forth on a tour of England and Scotland on October 12. At the Albert Hall recital Tauber's programme was devoted to a few classical works and songs from the musical comedies and films in which he has appeared—"The Land of Smiles," and so forth. Octavio's aria from "Don Giovanni," in the more serious department of his selection, was acclaimed as the singer at his best. Tauber's wedding to Miss Diana Napier is to take place in February. Miss Napier has acted in a number of films, amongst them "Wedding Rehearsal," "Strange Evidence" and "Her First Affaire."

Foto: Richard Tauber und Diana Napier wurden mit diesem Bild in den internationalen Medien als Traumpaar gefeiert.

den andere Partner traten, blieb Tauber dabei, seiner »Schnapula«, wie er sie zärtlich nannte, jede mögliche Unterstützung angedeihen zu lassen, und blieb ihr in einer Liebe verbunden, die für Menschen, die sich mehr als Tauber an Konventionen halten, vielleicht unverständlich erscheint.

Tauber setzte mit den englischen Medien also fort, was er in Deutschland begonnen hatte und wofür er in den 1920er-Jahren von Friedrich Hollaender verspottet worden war. Er war nach wie vor ein Meister der öffentlichen Inszenierungen und nahm jede Gelegenheit wahr, den Medien zu bieten, was sie wollten, einen medial öffentlichen Menschen, der durch seine künstlerische Arbeit ein internationaler Star geworden, aber trotz seines weltweiten Ruhms bodenständig geblieben war und »zu Hause seiner Frau am Klavier Liebeslieder« vorsang.

In Tauber fand die britische Regenbogenpresse den idealen Partner: Schon während der Dreharbeiten zu »Blossom Time« veröffentlichten die Zeitungen auf der Insel eifrig Interviews mit Tauber oder Porträts des Künstlers, den man bisher nur bei seinen Engagements im West End und auf den Konzertbühnen Großbritanniens erleben konnte. Dabei wurde Tauber auch immer als der zugängliche, freundliche Künstler beschrieben, und er verstand es, in jedem Interview von England zu schwärmen, ohne sich dabei anzubiedern.

In den englischen Zeitungen erschienen bereits 1935 erste Artikel, in welchen Tauber seine gute Beziehung zu England hervorhob. Wenn er in Interviews über Wien sprach, flochten die jeweiligen Journalisten immer die Wendung »Now you are back from Vienna« – »Nun sind Sie also aus Wien zurück« ein, ganz so, als wäre für den gebürtigen Österreicher ein Aufenthalt in Wien nur ein Zwischenspiel gewesen, ehe er endlich wieder nach England zurückkehren konnte. So wurde zum Beispiel in den »Shields Daily News« der Artikel »England my Second Home« abgedruckt, in dem Tauber

Foto: Stars, wohin das Auge blickt … Von links nach rechts, letzte Reihe: Flora Robson, Alexander Korda, Elsa Lanchaster, Douglas Fairbanks Jr., Marlene Dietrich, Richard Tauber, Diana Napier, Tamara Desni, Elisabeth Bergner, Alan Hale, W.K. Howard. Von links nach rechts, vordere Reihe: Conrad Veidt, Ann Harding, Marie Tempest, Renée Ray, Edward G. Robinson, »Googie« Withers. Victor Saville (vor Veidt).

über seine wachsende Zuneigung zu England sprach und mit bewundernden Worten für die britische Filmindustrie nicht geizte. Die charmante und von den britischen Journalisten als typisch österreichisch bezeichnete Art Taubers kam sowohl bei den Zeitungen selbst als auch beim Publikum gut an. Tauber bewahrte in allen, heute noch in seinem Nachlass vorhandenen, Interviews stets eine freundliche Distanz, die den Briten durchaus entsprach, und geriet lediglich ins Schwärmen, wenn es um sein begeistertes englisches (oder schottisches oder walisisches, je nachdem in welchem Land er sich befand) Publikum ging. Dabei unterstrich der Sänger in allen

Interviews, dass er sich als Gast in Großbritannien verstand und sich über die ihm entgegengebrachte Gastfreundschaft freute.

Nach der Vertreibung aus Deutschland schien Tauber in England ein Land gefunden zu haben, in dem er sich weder für die Oper noch für die Operette entscheiden musste, denn hier wurde eine weniger strenge Grenze zwischen den beiden Genres gezogen als in Deutschland und Österreich. Hinzu kam, dass in den frühen 1930er-Jahren wenige wirklich internationale Superstars in England lebten. Tauber bot den Briten mit seiner unvergleichlichen Stimme und seinen Inszenierungen wahre Starqualität und wurde dafür von den Engländern geliebt: Er war nicht weniger als »*the great austrian tenor*«, »*the famous austrian tenor*«, »*the world famous tenor*« oder auch »*the most popular tenor in the world and the idol of the opera house, theatre, concert hall and screen*«.

Dieser internationale Superstar ließ es sich natürlich nicht nehmen, die Menschen in England mit Benefizkonzerten zu begeistern. So sang er zum Beispiel gemeinsam mit Gitta Alpár am 5. Dezember 1935 für den *Safer Motherhood Appeal* unter der Schirmherrschaft von Mary Victoria, der Princess Royal, und der Herzoginnen von Kent und York im ehrwürdigen Grosvenor House.

1935 begannen die Dreharbeiten zu »Heart's Desire«, der unter dem Titel »Wien, Wien, nur du allein« 1936 in die österreichischen Kinos kam. Wieder war Paul L. Stein der Regisseur. Und wieder spielte der Film zu einem guten Teil in Wien; doch dieses Mal war es nicht das kaiserliche Wien, sondern ein zeitgenössisches, obwohl auch hier – allgemein typisch für die Zeit – auf politische Statements verzichtet wurde. Dennoch hat der Film durchaus politische Konnotationen. Tauber ist in »Heart's Desire« in der Rolle des Wiener Heurigensängers Josef Steidl zu sehen, der von einer wohlhabenden und hübschen Engländerin, Frances Wilson, entdeckt wird, die gemeinsam mit ihrem Geliebten, einem Opernkomponisten, kreuz und quer durch Europa reist, um den besten Tenor des Kontinents für die

ROYAL OPERA HOUSE

LESSEES]   [ROYAL OPERA HOUSE CO. LTD.

COVENT GARDEN

THURS. SEPT. 17 at 8.30

Under the Gracious Patronage of

HIS MAJESTY THE KING

and

H.R.H. THE PRINCESS BEATRICE

The Duchess of Northumberland
The Duchess of Portland
The Duchess of Rutland
The Marquis and Marchioness of Anglesey
The Marquis and Marchioness of
    Londonderry
The Marquis and Marchioness of
The Marchioness of Salisbury (*President*)
The Countess of Durham
The Earl and Countess of Pembroke and
    Montgomery
The Countess of Ilchester
The Countess of Oxford and Asquith
The Countess of Rosebery
The Countess of Ancaster
The Earl of Sefton
Margaret, Countess of Birkenhead
The Viscount and Viscountess Hambleden
The Viscountess Cowdray
Mrs. Stanley Baldwin
The Lord and Lady Herbert

The Lord and Lady Charles Montagu
The Lady Kemsley
The Lady Plunket
The Lady Honor Channon
The Lady Juliet Duff
The Lady Mary Hope
The Lady Anne Hunloke
The Lady Maureen Stanley
The Lady Camrose
The Lady Moyne
The Hon. Mrs. Rupert Beckett
The Hon. Mrs. Cochrane-Baillie
The Hon. Mrs. Dawson Eccles
The Hon. Gerald Chichester
The Hon. Esmé Glyn
The Hon. Mrs. Edward Stonor
The Hon. Seymour Berry
The Hon. Esmond Harmsworth
The Hon. Evelyn and Mrs. Fitz-Gerald
The Hon. James Smith
Lady Alexander
Lady Cunard

Lady Slesser
Lady Lowther
Captain Victor Cazalet, M.C. M.P.
Capt. E. Beddington Behrens, M.C.,
W. R. Hart-Davies, Esq.   [Ph.D.
Mrs. Lionel de Rothschild
Leopold de Rothschild, Esq.
Mr. & Mrs. James de Rothschild
Mrs. J. L. Blythe
W. Bruce Lockhart, Esq.
R. H. Bruce Lockhart, Esq.
Miss J. Vickers
H. Tempest Reilly, Esq.
Miss D. Skinner
Miss J. Heaver
H. Robinson, Esq.
R. T. Walters, Esq., M.A., F.C.A.
C. Horsfield, Esq.
    C.H., M.A. (Oxon). L.L.D. Birm.
Miss Lilian Baylis,
Miss Violet Mapleson   (Hon.)
Mrs. R. T. Walters
Mrs. Gordon Moore

IN AID OF

ISLINGTON & FINSBURY SLUM CLEARANCE SCHEME

ISLINGTON & FINSBURY HOUSING ASSOCIATION LTD.

President : THE MARCHIONESS OF SALISBURY

HAROLD HOLT presents   **RICHARD**

TAUBER

LONDON PHILHARMONIC ORCHESTRA

Conductor :

SIR THOMAS BEECHAM

BART.

ELLEN BALLON

THE CELEBRATED CANADIAN PIANIST

Accompanist   -   **PERCY KAHN**

STEINWAY PIANO   PARLOPHONE RECORDS

TICKETS : Res. : Stalls £5.5.0, £3.3.0, £2.2.0. £1.1.0, 12/-, 7/6.
Stalls Circle £1.1.0, 12/-   Dress Circle £1.1.0, 12/-   Balcony Stalls 7/6
Amphitheatre Stalls 5/-, 3/6 Unres. Gallery 2/- Boxes: By Arrangement

From Box Office, Royal Opera House ; Chappell's, 50 New Bond St. & Queen's Hall.
Usual Agents and The Hon. Mrs. Rupert Beckett, 22 Hyde Park Gardens, W.2

Foto: Tauber singt auch im Exil für den guten Zweck: Hier zugunsten der Gebäudesanierungen in den damals noch verslumten Londoner Stadtteilen Islington und Finsbury.

151

neue Oper ihres Liebsten zu finden. Steidl/Tauber lässt sich auf das Abenteuer in London ein, um auch endlich zu Geld zu kommen. Die Reise nach London wird in dem Film mit dem Zug absolviert, so kommt es zu einer Szene, in der Steidl aus der 1. Klasse zu den Reisenden in die 3. Klasse flüchtet, wo er das alte deutsche Volkslied »Morgen muß ich fort von hier« singt und die einfachen Mitreisenden zu jubelndem Applaus hinreißt. Der Wechsel von der 1. Klasse, in der seine Entdeckerin und der Komponist reisen, in die 3. Klasse, für die Steidls Freund Florian ein Ticket gelöst hat, unterstreichen den Zugang Steidls zu den einfachen Menschen, und die Auftritte vor der feinen Londoner Gesellschaft, wo er das von ihm erwartete Programm singt, können als Anspielung auf Taubers Karriere verstanden werden. Tauber, der sich unter einfachen Menschen viel wohler fühlte als in der »besseren Gesellschaft«, auf deren Anerkennung wie auf offizielle Ehrungen aber nicht verzichten mochte, wurde das Happy End des Films, eine Rückkehr in seine Heimat, im wahren Leben verwehrt. Obwohl es zwischen der Filmfigur und dem Startenor durchaus Parallelen gab, wurden diese von den britischen Medien nicht thematisiert.

Diana Napier, die neue Frau an Taubers Seite, spielte in »Heart's Desire« eine Nebenrolle – für die britische Presse ein immer wieder zu unterstreichendes Detail in der Berichterstattung rund um den Film. Die private Verbindung zwischen Tauber und Napier schadete dem Erfolg des neuen Musikfilms keineswegs, wollten doch viele die Liebenden auch auf der Kinoleinwand sehen. Spätestens mit dem Erfolg, den »Heart's Desire« in den britischen und internationalen Kinos feierte, wurde deutlich, dass Richard Tauber zu den Zugpferden der britischen Filmindustrie gehörte.

Neben den USA und den Niederlanden zog Großbritannien den stärksten Nutzen aus der Flucht zahlreicher deutscher und österreichischer Filmschaffender, war doch die UFA eine der wichtigsten Filmgesellschaften jener Zeit und eine hervorragende Talentschmiede. Den Großteil der emigrierten Filmschaffenden und Schauspieler zog es nach Hollywood, wie Ernst Lubitsch bereits 1922, Marlene Dietrich 1930 oder nach der Machtergreifung Hitlers 1933 den Österreicher Billy Wilder, der zuvor innerhalb weniger Jahr als Drehbuchautor im Berliner Filmgeschäft Fuß gefasst hatte. Die US-amerikanische Traumfabrik blieb auch nach 1933 für viele Filmschaffende das begehrteste Ziel; nur wenige Künstler sahen ihre Möglichkeiten in England und seiner durch die Abwanderung britischer Filmtalente geschwächten Filmindustrie. Eines der berühmtesten Beispiele ist Alfred Hitchcock, der nach seinen ersten Regieerfolgen in England nach Hollywood ging, um dort einer der einflussreichsten Filmregisseure des 20. Jahrhunderts zu werden.

Dass Österreicher im britischen Filmgeschäft vor und hinter der Kamera wichtige Funktionen übernommen hatten, war auch in Österreich kein Geheimnis. Immer wieder schrieben österreichische Zeitungen darüber und brachten dabei die Rolle der Österreicher in der englischen Filmindustrie durchaus mit dem Boom englischer Filme auf dem internationalen Markt in Verbindung, wie »Das Echo« in Wien am 25. August 1936 betonte. Neben Richard Tauber wurde als einflussreichster Altösterreicher der Regisseur und Produzent Alexander Korda genannt, der bereits vor 1933 seinen Platz in der britischen Filmindustrie gefunden hatte. Die Zeitschrift »Picturegoer« schrieb im September 1936: »*Richard Tauber ist ohne Zweifel die größte Sensation von B.I.P. und er hat gerade einen neuen Musikfilm abgedreht, den er selbst geschrieben hat.*«

Tauber war nun nicht mehr nur einer der bedeutendsten Sänger der Welt, sondern endlich auch ein erfolgreicher Schauspieler, obwohl natürlich angemerkt werden muss, dass er in keinem Film nur Sprechrollen hatte. In seinen erfolgreichen Filmen war er, wie in den vorangegangenen Flops für die UFA, immer Sänger *und* Schauspieler. In den kommenden Jahren folgten weitere Filme, die allerdings nicht mehr an den Erfolg der beiden ersten anschließen konnten. Weder »Land ohne Musik« noch die Verfilmung von Leoncavallos »Pagliacci« zogen die Menschen scharenweise ins Kino. Die österreichische Zeitung »Die Stunde« berichtete im Februar 1937 von einer »geschwächten Fremdkonjunktur im englischen Film« und erklärte, dass es sich nicht um ein singuläres Problem der Filme mit Richard Tauber handle, sondern um ein allgemein geschwächtes Interesse an Geschichten, die in keiner Weise mit Großbritannien zu tun hatten. Für Tauber bedeuteten die schlecht besuchten Filme aber keinerlei Popularitätseinbruch in England. Wo immer er auftrat, überschlugen sich die Kritiken und das Publikum erging sich in Begeisterungsausbrüchen. Taubers Gesangskünste standen außer Frage, seine Darstellung und sein Gestus allerdings wurden in den britischen Medien durchaus kritisiert: »*Tauber can sing, but why those theatrical gestures?*«, fragte der britische »Star« am 25. März 1935 in großen Lettern.

Kam es zu landesweiten Ausstrahlungen von Taubers Konzerten oder, wie die BBC es nannte, zu *Tauber-Hours*, wurde in den Regionalzeitungen und den landesweiten Medien tagelang darauf hingefiebert.

Dass seine Filmkarriere ins Stocken geraten war, schien Tauber nicht weiter zu betrüben. Er war mit zwei Kinofilmen sehr erfolgreich gewesen und konzentrierte sich nun wieder auf seine Plattenaufnahmen, Konzerte, Radioübertragungen und Opernpartien. Dem Film blieb er vor allem privat treu, drehte er doch während seiner Konzertreisen wie auch in seinem jeweiligen Haus Filme mit seiner Frau Diana, oder er filmte Gäste, die sich gerne bei den Taubers einstellten. Taubers Leidenschaft für dieses Medium war damit aber längst noch nicht befriedigt: Diana Napier erinnerte sich in ihrem Buch über Tauber, dass er mit ihr bei einem Aufenthalt in New York an einem freien Tag vom frühen Nachmittag bis spät in die Nacht eine Filmvorführung nach der anderen besuchte. Dies wiederholte sich in anderen Städten – wohin die Taubers auch kamen, in einem dunklen Kinosaal konnte der Tenor Stunde um Stunde verbringen.

Dass Tauber in den Kriegsjahren keinen einzigen Film drehte, erklärt sich nur zum Teil aus den beiden schwachen Filmen und der

Verlagerung seiner Karriere wieder ausschließlich auf das Singen. Nach dem Krieg stand Tauber noch zweimal vor der Kamera: 1945 in Paul L. Steins »Hochzeitswalzer« und 1946, ebenfalls unter der Regie von Paul L. Stein, in »Lisbon Story«; beide Male war Tauber nur in Nebenrollen zu sehen. Trotz seiner kriegsbedingten Filmpause verließ man sich noch immer auf seine Strahlkraft und die Zugkraft seines Namens an den Kinokassen, selbst wenn er nicht die Hauptrolle spielte.

Der Tenor stand in diesen ersten Exiljahren nicht nur vor der Kamera und auf den Bühnen der Welt, sondern komponierte neben Bühnenstücken wie »Der singende Traum« und später »Old Chelsea« auch Lieder für Filme anderer Stars, so etwa für den 1935 in Österreich entstandenen Film »Letzte Liebe« unter der Regie von Fritz Schulz, in dem Albert Bassermann, einer der bedeutendsten Schauspieler Deutschlands, und Michiko Meinl, die mit Tauber an der Wiener Staatsoper in »Madame Butterfly« gesungen hatte, glänzten. Durch seine immense Bekanntheit wurde Tauber auch für seine Komponistentätigkeit in den britischen Zeitungen gefeiert.

In England stand Tauber nicht nur auf den Theaterbühnen des Londoner West Ends und vor den Kameras in den Elstree Studios, er avancierte nun auch zum begehrten Dirigenten. Natürlich hatte er bereits in Deutschland und in Österreich immer wieder am Dirigentenpult gestanden. Diese Karriere setzte sich nun vor allem mit Sir Thomas Beechams *London Philharmonic Orchestra* erfolgreich fort. 33 Konzerte des berühmten Londoner Orchesters leitete Tauber, wobei er nicht nur legendäre Interpretationen einer Reihe von Strauß- und Mozart-Werken präsentierte, sondern auch Weber, Wagner, Beethoven und Grieg dirigierte. Gerade während des Zweiten Weltkriegs arbeitete Tauber vermehrt als Dirigent.

Der britische Musikkritiker Felix Aprahamian erinnerte sich an Taubers Dirigentenqualitäten: *»Niemand hat jemals einen Strauß-Walzer so dirigiert wie Tauber ›Geschichten aus dem Wienerwald‹. [...] Tauber setzte Akzente, von denen man sonst nur träumen kann,*

ich werde nie seine Interpretation von ›Geschichten aus dem Wiener-
wald‹ vergessen. Die Freiheit, die außergewöhnliche Musikalität Tau-
bers, als er diesen Strauß-Walzer dirigierte. Er musste zur Erklärung
nichts vorsingen. Bei Tauber genügte völlig seine Handgelenkstechnik,
seine Armtechnik.« Sänger schwärmten von der Zusammenarbeit mit Tauber als Dirigent, war er doch selbst Sänger und wusste, welche Unterstützung
die Kollegen auf der Bühne benötigten.

Zu Jahresende 1936 folgte König George VI. seinem Bruder, König
Edward VIII., auf dem britischen Thron nach. Offizieller Grund der
Abdankung Edwards war seine Beziehung zur geschiedenen Ameri-
kanerin Wallis Simpson. Inoffizieller Grund waren kaum verhohle-
ne Sympathien des Monarchen für das nationalsozialistische Regime in Berlin. Auch Simpson selbst soll laut FBI-Dokumenten, die
rund 70 Jahre nach der Abdankung veröffentlicht wurden, in dieser
Staatsaffäre eine bedeutende Rolle gespielt haben, unterhielt sie
doch intime Beziehungen zu hohen Vertretern des NS-Regimes, wie
zu Joachim von Ribbentrop, der 1936 deutscher Botschafter in London war. Aus Edward dem VIII. und seiner Geliebten wurden der
Herzog und die Herzogin von Windsor, und das Vereinigte Königreich feierte seinen neuen König George VI. und mit ihm die beiden
Prinzessinnen Elizabeth und Margaret sowie seine Ehefrau Elizabeth, die spätere Queen Mum. Unter den Gratulanten befand sich
auch Richard Tauber und er sang für die jubelnde Menge vor dem
Buckingham Palace von einem Balkon aus »You Are My Heart's
Delight«.

Wieder und wieder soll Tauber, wie Jahre später noch in den britischen Medien daran erinnert wurde, der Menge »*Long live the
King*« und »*I am one of you*« zugerufen haben. Zu Taubers Tod im
Januar 1948 schrieb der »Evening Standard«, dass er sogar »*I am
going to be british myself soon – I'll be the Kings subject*« gerufen
haben soll und danach weinend vom Balkon getreten sein. Da die

Krönung Ende 1936 stattfand, zu einem Zeitpunkt also, als Tauber noch in Österreich lebte und arbeitete und keine Notwendigkeit bestand, die österreichische Staatsbürgerschaft aufzugeben, kann die im »Evening Standard« abgedruckte Erinnerung nur einem Wunsch der Redaktion entsprungen sein.

Obwohl sich Tauber England so zugetan zeigte, war er in den ersten Jahren zwischen Wien und London kaum daran interessiert, sich politisch zu äußern, was auch der allgemeinen Beschwichtigungspolitik Großbritanniens gegenüber Hitlerdeutschland entsprach. Erst nach und nach ließ er in Interviews für britische und internationale Zeitungen durchblicken, was er von der Politik in Deutschland hielt und welche Gedanken er sich zur Kriegsgefahr in Europa machte.

Noch standen aber Taubers Auftritte, Radioübertragungen und sein privates Glück im Zentrum des allgemeinen Interesses. Tauber und seine Verlobte planten ihre Hochzeit mediengerecht in Wien und London, was Carlotta Vanconti, die erste Frau des Tenors, auf den Plan rief. Es kam zu einem Erpressungsskandal, der schließlich vor Gericht endete.

Der Skandal um den Tenor und seine Frauen ging natürlich durch die internationalen Medien. Auch das »Wiener Journal« nahm sich der Geschichte an: »*Im Jahr 1928 kam zwischen dem Ehepaar Tauber eine Vereinbarung zustande, auf Grund welcher Frau Tauber von ihrem Manne 150.000 Reichsmark, eine luxuriöse Zehnzimmerwohnung im Werte von 100.000 Reichsmark, überdies ein kostbares Auto und reichen Schmuck bekam. Sie war damit entsprechend abgefertigt. Wenn nun Frau Tauber Fehlspekulationen gemacht und Geld verloren hat, so sei dies, führte der Vorsitzende aus, nicht die Schuld ihres Mannes, Richard Tauber habe seine Frau mit Geld überschüttet, und sie habe es ebenso mit vollen Händen hinausgeworfen. Jede andere Frau wäre glücklich gewesen, wenn sie dieses Vermögen gehabt hätte. Hatte sie doch jedenfalls über 600.000 österreichische Schilling bekommen, und man müsse sich an den Kopf greifen, wie rasch sie mit dem Geld fertig geworden ist. Später verlangte sie von Tauber neuerlich Geld. Tauber ließ sich durch die Angst, daß ein Brief vom Jahre 1928 in die Öffentlichkeit komme, zu weiteren Verhandlungen bewegen.«* Vanconti drohte mit der Veröffentlichung eines Buches mit pikanten Details aus der gemeinsamen Ehe. Tauber verpflichtete sich erneut zu monatlichen Zahlungen über 1.500 Reichsmark an seine Exfrau, um die Veröffentlichung zu verhindern. Vanconti soll ihrem Exmann gedroht haben, unter anderem eine von ihm unterschriebene Genehmigung der Öffentlichkeit zugänglich zu machen, mit der er ihr außereheliche sexuelle Beziehungen erlaubt habe.

Als 1935 die internationalen Medien über Taubers Verlobung mit Diana Napier und eine baldige Verheiratung berichteten, war Vanconti erneut der Meinung, Geld aus ihrem Exmann herauspressen zu können, da die in Berlin erfolgte Scheidung in Österreich keine Gültigkeit hatte und sie die Einwilligung für eine weitere Scheidung verweigern wollte, wenn er ihren Forderungen nicht nachkommen sollte. Vanconti verlangte weitere 180.000 Reichsmark. Tauber ließ sich aber von seiner Exfrau nicht mehr einschüchtern und erstattete Strafanzeige. Bei dem sich in die Länge ziehenden Prozess wurde eine Verbindung zwischen Taubers Exfrau und Cousin Max, der sich ja bis zum Zusammenbruch der Filmgesellschaft bestens mit den Finanzen des Sängers ausgekannt hatte, aufgedeckt. Max Tauber soll Vanconti in dieser Angelegenheit beraten haben, ein Teil des eingeforderten Geldes hätte wohl an ihn gehen sollen. Taubers Exfrau wurde schließlich der Erpressung für schuldig befunden und zu zwei Monaten strengen Arrests verurteilt.

Nachdem das Ende der Erpressungsgeschichte durch die internationale Presse gegangen war, wurde im März 1936 die Ehe zwischen Tauber und Vanconti auch nach österreichischem Recht geschieden. Die Tagespresse nannte Vanconti *»äußerlich eine Soubrette und innerlich ein Krokodil«.*

Einen Monat später wurde die Verlobung zwischen Napier und Tauber offiziell bekannt gegeben. Die Hochzeit wurde für den 20.

Juni 1936 in London angesetzt. Eigentlich wollte das Paar vorher schon in Wien heiraten; durch den Erpressungsprozess und die verzögerte Scheidung wurde der Bund nun aber zuerst im *Marylebone Register Office*, dem, wie österreichische Zeitungen schrieben, »schönsten Standesamt von London«, besiegelt. Alle landesweiten Zeitschriften und Tageszeitungen in Großbritannien berichteten über die Vermählung. Auch in Italien, Frankreich, Südafrika, Japan, Indien, Algerien, Neuseeland, Rumänien, Österreich, Argentinien, Belgien, Ceylon, den USA, der Tschechoslowakei, Australien und Südamerika war die Tauber-Hochzeit ein Thema, dem viel Platz eingeräumt wurde. In großformatigen Fotos und in den Wochenschauen war zu sehen, wie eine begeisterte Menge das Brautpaar vor dem Standesamt begrüßt und den Bräutigam um ein Lied bittet.

Auch in deutschen Zeitungen wurde über Taubers Hochzeit berichtet, wobei die deutsche Presse in diesem Fall nicht darauf verzichtete, Tauber zu beleidigen und sich über den Sänger und seine Gesangsqualitäten abfällig zu äußern. Dass die deutsche Volksgemeinschaft einen so »minderen Balzsänger« wie Tauber nicht vermisse, wurde auch anlässlich der Hochzeit mehrfach unterstrichen. Die Herabwürdigungen Taubers funktionierten immer nach dem gleichen Muster, und sie wurden, um eine möglichst breite Leserschaft zu erreichen, in den unterschiedlichsten Medien abgedruckt. Nicht alle Deutschen lasen den »Völkischen Beobachter«, aber vielleicht die regionalen Tageszeitungen. So erschienen Artikel wie »Herr Tauber und Frau empfehlen sich« unter anderem in der HJ-Zeitung in München. In London aber erinnerte dieser Tag Richard Tauber an die lang zurückliegenden Zeiten im Berliner Sportpalast – in Sprechchören bat ihn die Menge vor dem Standesamt um ein Lied. Doch Tauber wollte seinen Hochzeitstag, nach der ausgestandenen Erpressungsgeschichte mit Vanconti, allein mit Diana teilen. So bat er die Menge, man möge ihm, da es sein Hochzeitstag sei, doch verzeihen, aber »*er könne heute nicht singen, es sei ein privater Feiertag*«.

Und doch sang Tauber an diesem Tag. Filmaufnahmen zeigen

einen glücklichen Tauber am Klavier sitzend für eine berückte Diana, die direkt am Flügel steht, »You Are My Heart's Delight« singen: »Dein ist mein ganzes Herz«. Der Komponist dieses Tauber-Liedes, Franz Lehár, war Taubers Trauzeuge in London und lud die Frischvermählten in sein Schikanederschlössl in Wien-Döbling ein, um in der dortigen Kapelle die Ehe auch in Wien zu schließen.

Während der Flitterwochen, die sie zu einem großen Teil auf dem Anwesen von Freunden in England verbrachten, gab es Fototermine für die Taubers, und nachdem sich der Hochzeitsrummel gelegt hatte, berichteten die britischen und internationalen Medien auch wieder über die großen Konzerterfolge Taubers. Mit Diana an der Seite war er nun noch mehr als der große Sänger aus Wien; die beiden wurden zu einem der glamourösesten Paare des Königreiches und die Regenbogenpresse folgte ihnen auf Schritt und Tritt. Man bot den Medien, was gewünscht war: Neben Reportagen, die Tauber und seine Frau beim Frühstück zeigten, Berichten über die greise Mutter Taubers, die noch immer in Salzburg lebte, und launigen Fotos mit Marlene Dietrich, Taubers Freundin aus gemeinsamen Berliner Tagen, anlässlich eines Besuchs in den Elstree Filmstudios, füllten Schnappschüsse des Liebespaares, beinahe von heutiger Paparazzi-Qualität, die Seiten der britischen Presse. Nun waren nicht nur die nächsten Konzertverpflichtungen Taubers in den verschiedenen Städten des Königreiches oder sein weiteres künstlerisches Engagement interessant, sondern es gab Modestrecken mit Napier in britischen Modemagazinen und jeder gemeinsame öffentliche Auftritt wurde dokumentiert. Trat Richard Tauber merklich verjüngt und schlanker vor sein Publikum, war Diana schon zur Stelle, um in Interviews über die Diät ihres Richard zu berichten. Dem Bild, das die beiden in der Öffentlichkeit von sich entwarfen, konnte sich offenbar kaum jemand in England entziehen: der Weltstar und die junge wunderschöne Schauspielerin, die für ihren berühmten Ehemann ihre viel versprechende Karriere hintanstellt.

HIS 'FAN' FARE!

Tauber and His Bride 'Mobbed' By Admirers

Glasgow Evening Citizen

22 JUL 1936

Tauber's Wedding

RICHARD TAUBER, the Austrian tenor and film star, found that his work only just allowed him time for his marriage. He but recently returned to London from Zurich, after appearing at the Franz Lehar festival, to resume work on his new film, "Land Without Music," and could not be spared again, so he and Diana Napier—himself busy film-making —had to snatch a brief week-end together before getting back to work. Tauber's most popular song, "You are my Heart's Delight," has provided a theme for hundreds of fans who have sent presents of every conceivable kind, from rugs and cocktail sets to cigar bors and cushions embroidered or painted with a few bars of the song. Tauber's present to his wife was an operetta composed by himself, and called "The Singing Dream," which may be produced in London later on with Tauber in the leading role. Franz Lehar, who came to England specially for the wedding, presented the original manuscript of "Land of Smiles."

steps to have the divorce confirmed by the Vienna Court—the marriage having taken place in Austria—in order that he might be free to marry Miss Napier

Herr Tauber and Miss Napier met when they were making the film "Heart's Delight," and their engagement was announced last year. Soon afterwards Miss Napier brought her fiancee to see the City of her birth and during a round of sight-seeing visits they were accorded a reception the enthusiasm of which obviously touched and delighted them both.

Not long afterwards Herr Tauber returned to Bath to fulfil a singing engagement at the Pavilion, where he was cheered by a great audience.

Besides being a clever actress Miss

Foto: Die internationalen Medien waren voll von Berichten über die Hochzeit Taubers in London.

161

Taubers Vater war 1930 nach 18 Jahren als Intendant am Städtischen Theater in Chemnitz in den Ruhestand getreten. Im Gegensatz zu seinem Sohn verließ er Deutschland nicht bereits 1933, sondern blieb bis 1936 in Dresden, wo er auch seine Pension bezog. Das Leben in Deutschland wurde auch für einen pensionierten Theaterintendanten nicht einfacher, besonders nicht, wenn man der Vater eines berühmten und des Landes verwiesenen Sängers war. Anwürfe gegen den »Volljuden« Tauber tauchten in der deutschen Presse auf und Tauber senior wurde klar, dass sich die politischen Zustände in Deutschland wohl nur noch verschlimmern konnten. Im September 1936 zog er gemeinsam mit seiner Frau Elise nach Meran, ehe es weiter ins Schweizer Exil ging. Kaum überraschend wusste die Gestapo von Taubers Emigration und gab diese Informationen auch an die Stadt Chemnitz weiter, die für die Auszahlung der Pension zuständig war. Tauber senior wurde in den Personalakten der Stadt mit 1. Juli 1937 als Emigrant geführt, womit die Pensionszahlungen eingestellt wurden und auch sein Vermögen in Deutschland beschlagnahmt wurde. Dabei handelte es sich zwar nicht um Beträge in Millionenhöhe wie bei seinem Sohn, dennoch waren es mehrere Zehntausend Reichsmark, um die er gebracht wurde.

Aus dem Ausland versuchte Tauber, um sein Vermögen und die Fortsetzung seiner Pensionszahlungen zu kämpfen, was allerdings nicht von Erfolg gekrönt war. Auch wenn sich in den dazugehörigen Akten Notizen fanden, die sich gegen die Einbehaltung der Pension aussprachen, wurde die entsprechende Verfügung nicht rückgängig gemacht. Während sich die Gestapo auf die Suche nach weiterem Vermögen von Anton Richard Tauber machte, befand der Oberbürgermeister der Stadt Chemnitz, Walter Schmidt, dass der Entzug des Ruhegeldes für Tauber verkraftbar sei: »*Da der Sohn Taubers, der bekannte Sänger Richard Tauber, im Ausland künstlerisch noch eine große Rolle spielt und demnach Richard Tauber senior bei Entzug des Ruhegehaltes nicht mittel- und hilflos dastehen würde.*«

Trotz aller Einwände und Versuche kam es zu keiner weiteren

Auszahlung der Pension und auch das Vermögen des pensionierten Theaterintendanten war weg. Das Vorgehen gegen Tauber senior war im Deutschen Reich keine Ausnahme. Es steht außer Frage, dass mit dem Bescheid gegen Anton Richard Tauber auch der Sohn getroffen werden sollte – die gesperrten Konten mit über einer Million Reichsmark und die beiden arisierten Villen in Grunewald genügten offenbar noch nicht.

Noch aus Wien sandte Tauber seinem Vater regelmäßig Geld nach Meran und später in die Schweiz. Dies geschah vor allem mit Botenfahrten von Taubers Chauffeur Emil Bischoff, dem der Tenor voll und ganz vertraute.

Die österreichische Presse blieb bis zum »Anschluss« dabei, Taubers Auftritte und Auszeichnungen zu kommentieren und Kritiken zu veröffentlichen. Wenn über das Ausnahmetalent Tauber gesprochen wurde, wurde zwar darauf verzichtet, über die Vertreibung Taubers aus Nazideutschland zu schreiben, dafür ließ es sich kaum ein Journalist nehmen, auf Taubers Verbindung zu Österreich einzugehen. Vereinzelt wurde auch hier auf das junge Glück des Sängers Bezug genommen. Mit März 1938 endete aber die freundliche Berichterstattung über Tauber in den Wiener Tageszeitungen und anderen – nun gleichgeschalteten – Medien.

Der »Anschluss« Österreichs an Deutschland brachte eine anders nuancierte britische Berichterstattung über Richard Tauber mit sich. Plötzlich wurde in britischen und anderen internationalen Blättern vermehrt darüber geschrieben, dass Tauber »half-jewish« sei, man bediente sich zu dieser Zeit auch der hanebüchenen NS-Diktion, wie sie in den Nürnberger Gesetzen festgeschrieben wurde. Obwohl diese »half-jewish«-Zuschreibungen in den internationalen Medien just zum Zeitpunkt des »Anschlusses« Österreichs an Nazideutschland auftauchten, muss unterstrichen werden, dass in den Zeitungsberichten keinerlei antisemitische Untertöne mitschwangen. Das Schicksal des Weltstars wurde von zahlreichen britischen und US-amerikanischen Blättern vielmehr dazu genutzt, auf die Probleme der Emigranten aufmerksam zu machen und auch eine klare Abgrenzung zur britischen Appeasementpolitik zu fordern. Tauber wurde in den britischen und internationalen Medien nun als Vertriebener, als Heimatloser gesehen und als positives Beispiel eines Emigranten in England angeführt.

Jenen Zeitungen, die nach wie vor die Forderung erhoben, die Einwanderungsgesetze zu verschärfen, war Tauber alles andere als nützlich. Den englandfreundlichen Tenor konnte man nicht vor den Karren der »Exilanten-Verhetzung« spannen, durch seinen internationalen Erfolg als schauspielernder Weltklassetenor und seine stets freundliche und tendenziell sogar servile Haltung in Bezug auf Großbritanniens Gastfreundschaft verunmöglichte er jeglichen Versuch in diese Richtung.

Im überregionalen »Star« war am 30. November 1938 zu lesen, dass mit dem nahenden Jahresende die Pässe der in England lebenden Österreicher ihre Gültigkeit verlieren würden. Auch hier wurde Richard Tauber zur Illustration der schwierigen Lage angeführt, und mittlerweile wurde auch darauf verzichtet, die schwierige Situation für in England ansässige Österreicher gegenüber den deutschen Behörden schönzureden:

»Die Umstände sind alles andere als normal. Aus unterschiedlichen Gründen wagen sich Österreicher nicht zu nahe an die Deutsche Botschaft heran, außer sie wollen das Risiko eingehen, auf der Stelle in den Österreichischen Gau zurückbeordert zu werden. Es ist anzunehmen, dass das Home Office einen praktischen Zugang zu dieser Problematik einnimmt und nicht darauf besteht, dass Österreicher ihre Pässe erneuern. Unsere Behörden stellen vielmehr Reisepapiere zur Verfügung, um ihre Identität im Ausland zu verifizieren, allerdings ohne das Recht des Schutzes durch Großbritannien. Tauber gehört zu denjenigen mit solchen Papieren. Er und Diana Napier, seine gebürtige britische Ehefrau, haben die Welt mit solchen Papieren bereist. Vor nicht allzu langer Zeit hat er erzählt, wie erstaunt er war, welche Wir-

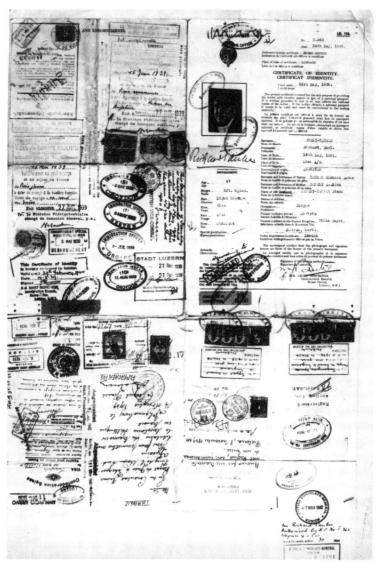

Foto: Taubers Reisepapiere, die er, nachdem sein österr. Pass die Gültigkeit verloren hatte, bis zu seiner Einbürgerung 1940 bei internationalen Reisen verwenden konnte.

kung diese britischen Papiere hatten, bei welcher Gelegenheit er sie auch immer vorzeigte. Tauber hat sich um die Einbürgerung beworben und hofft darauf, seinen ersten britischen Reisepass zu bekommen, wenn er nächstes Jahr aus Amerika zurückkehrt.«

Das Unterfangen, in den Jahren zwischen 1933 und 1938 von einem eindeutig England oder Österreich zuzuordnenden Exil Taubers zu sprechen, muss letztlich scheitern: Tauber war in diesen Jahren weder hauptsächlich in Wien noch in London, er wechselte häufig zwischen den beiden Städten und versuchte hier wie da präsent zu sein. Gleichzeitig unternahm er ausgedehnte Konzertreisen und versuchte auf seine Art, eine Balance zwischen Österreich und England zu finden. Es kann in diesen Jahren auch noch nicht von einer Schwerpunktverlagerung Taubers nach England wegen der Beziehung zu Diana Napier gesprochen werden. Tatsächlich war es so, dass die junge Schauspielerin durch die Ehe die österreichische Staatsbürgerschaft erworben hatte und wie ihr Ehemann von 1938 bis 1940 auf die im Zitat angesprochenen Reisepapiere Großbritanniens angewiesen war.

Viele andere vorerst nach Österreich emigrierte Künstler hatten zwar nicht annähernd die Möglichkeiten Taubers, versuchten aber auch, wie zum Beispiel Joseph Schmidt, der ebenfalls in England Filme drehte und große Konzerterfolge in den Niederlanden feierte, neue Märkte zu erschließen. Doch Taubers Erfolge können nur schwer mit jenen von Schmidt verglichen werden: Tauber hatte ein größeres Repertoire als sein Kollege, stand er doch auf den Bühnen der Musiktheater und sang dort Opern- und Operettenpartien, was Joseph Schmidt völlig versagt blieb. Der schmächtige Tenor spürte denn auch bald die finanziellen Einbußen durch den Verlust des deutschen Marktes.

Tauber wusste um die finanziell schwierige Lage seines Freundes und ließ Schmidt, wie es heißt, seine Tantiemen aus der gemeinsamen Schallplatte zukommen. Die Hilfe für seinen in Not geratenen Freund war für Tauber nichts Besonders, vielen anderen half er auch;

mit seinen hohen Gagen war ihm dies ohne Weiteres möglich: Man zahlte Tauber jeden geforderten Preis. Alle Welt wollte immer wieder »You Are My Heart's Delight« hören. Und dennoch legte Tauber keinem anderen Land sein Herz so klar zu Füßen wie England, auch wenn er sich in Interviews über andere Länder, in denen er zu Gast war, stets charmant äußerte. Ein Interview im »Daily Independent« vom 23. März 1935 schloss mit einem der vielen Liebesbekenntnisse Taubers für England: »*As I went away he called me back. ›Something‹, he said, ›Something I forgot. I luff England …‹ I knew. I appreciated. We shook hands. ›Auf Wiedersehen!‹*«

DAS EXIL EINES UNPOLITISCHEN

Tauber hatte sich wenige Tage vor dem »Anschluss« Österreichs von Wien aus auf eine Tournee durch Monaco, Italien, Frankreich und die Schweiz begeben und machte gerade in Mailand Station, als deutsche Truppen auf dem sogenannten »Blumenfeldzug« Österreich an das Deutsche Reich annektierten.

Es war keine Konzertreise, die Tauber allein bestritt, er war vielmehr mit einem Ensemble des Wiener Raimundtheaters unterwegs, auf dem Programm standen die Operetten »Das Land des Lächelns« und »Dreimäderlhaus«. Der Schauspieler Didier Aslan, der Bruder Raoul Aslans, trat in verschiedenen Produktionen an der Seite Taubers auf. So spielte Aslan die Rolle des Gustl in der österreichischen Erstaufführung von »Land des Lächelns« am Theater an der Wien. Zu Taubers 25. Todestag erinnerte sich der Schauspieler in der Zeitung »Wiener Samstag«: »*Richard Tauber war ein entzückender, rührend netter Mensch. Seine Gutmütigkeit wurde von zahllosen Leuten schamlos ausgenützt. Sie alle lebten von ihm. Ich konnte das immer wieder beobachten. Besonders bei unseren Tourneen durch ganz Europa, wo wir mit dem ›Dreimäderlhaus‹ (Tauber natürlich als Schubert und ich als Schober) Triumphe feierten. Wir sangen Deutsch. Doch in Paris schrieb man wegen des dortigen Deutschenhasses auf die Plakate ›En langue Viennoise‹.*«

Nach erfolgreichen Auftritten in Frankreich und Monte Carlo reiste man nach Mailand, wo Tauber über Heiserkeit und Halsschmerzen zu klagen begann. Er war bereits im Begriff, nach Wien zurückzukehren, um sich dort von Spezialisten untersuchen zu lassen, doch als er seiner Frau, die mit ihrer Mutter noch ein paar Tage in Monte Carlo bleiben wollte, von der geplanten Rückkehr nach Wien am Telefon erzählte, brachte Diana die bereits mehrmals zwischen den Eheleuten diskutierte Gefahr eines Einmarsches der deutschen Truppen in Österreich zur Sprache. Tauber schlug die Warnungen seiner Frau in den Wind: »*Meine liebe Diana, Schuschnigg ist an der Macht. Es kommt zu einer Abstimmung; die Nazis werden es nicht wagen, in Österreich einzumarschieren. Denke doch gar nicht an so etwas!*«

Diana hielt in aller Eile Rücksprache mit einem befreundeten Politiker, dem Unterhausabgeordneten Randolph Churchill, Winston Churchills Sohn, der ihre Furcht vor einem bevorstehenden Einmarsch in Österreich als berechtigt bestätigte. Nach einem weiteren Telefonat mit Tauber machte sie sich mit dem Auto auf den Weg nach Mailand, um ihren Mann davon abzuhalten, den bereits gebuchten Nachtzug nach Wien zu nehmen. In Mailand angekommen, erinnerte sie Tauber an seinen übertriebenen Optimismus, mit dem er schon 1933 ähnliche Warnungen ignoriert hatte. Tauber gab nach und verschob seine Reise auf den nächsten Tag. Wohl nicht, weil er seiner Frau glaubte, sondern, wie Diana Napier in ihren Erinnerungen schrieb, »weil er mich nicht unglücklich machen wollte«. Er schien davon überzeugt, dass seine Frau die Angelegenheit am nächsten Tag anders sehen würde, und wiederholte immer wieder: »*Hitler in Österreich einmarschieren? Unmöglich!*«

Am nächsten Morgen war das für Tauber Unvorstellbare passiert, deutsche Truppen waren unter frenetischem Jubel in Österreich einmarschiert. »*Hitler ist in Österreich*«, mehr sagte Tauber an diesem Morgen nicht, ehe er sich für ganze drei Tage in sein Zimmer einschloss und weder mit Diana noch mit seinem Stiefbruder Robert ein Wort wechselte. Diese drei Tage, die die weitere italienische Tournee verzögerten, soll Tauber nur still an seinem Piano gesessen sein. Als er wieder aus seinem Zimmer kam, schien er nach außen ruhig, aber seinen Nächsten fiel auf, dass er müde und niedergeschlagen war.

In Taubers Heimat säumten begeisterte Menschen den Weg der Wehrmacht nach Wien, wo Hitler am 15. März 1938 am Heldenplatz den Anschluss »seiner Heimat an das Deutsche Reich« proklamierte. In Wien begannen die Übergriffe auf jüdische Mitbürger und die berüchtigten »Reibpartien« nicht erst nach Hitlers Rede, sondern bereits am 12. März. Insgesamt wurde in Österreich bei den Säuberungen ein beachtliches Tempo vorgelegt. Man wollte »deutscher als die Deutschen« sein und war mit Grausamkeiten gegenüber den jüdischen Mitbürgern besonders einfallsreich. Wilde Arisierungen und Enteignungen mussten bald per Gesetz reguliert werden. Bereits unmittelbar nach dem »Anschluss« wurde in Österreich auch mit den Verhaftungen begonnen: Intellektuelle, Ärzte, Rechtsanwälte, wohlhabende jüdische Geschäftsleute und Künstler wurden im Wiener Polizeigefängnis auf der Elisabethpromenade, der heutigen Rossauer Lände, inhaftiert.

Fritz Löhner-Beda, der Librettist und Schlagertexter, der gemeinsam mit Ludwig Herzer die Libretti der Lehár-Operetten »Friederike«, »Das Land des Lächelns« und »Giuditta« verfasst hatte, wurde bereits einen Tag nach dem Einmarsch verhaftet. Löhner-Beda wurde wie der Autor Rudolf Kalmar sowie zahlreiche Politiker mit dem ersten »Prominententransport« am 1. April 1938 ins KZ Dachau verschleppt. Nur kurze Zeit später wurden Künstler wie der Komponist Hermann Leopoldi, der Kabarettist, Librettist und Regisseur Fritz Grünbaum, der Schauspieler und Librettist Paul Morgan und der Autor Jura Soyfer ebenfalls nach Dachau deportiert.

Richard Tauber wollte in den ersten Tagen, trotz der Erfahrungen, die er fünf Jahre zuvor in Deutschland gemacht hatte, unbedingt daran glauben, dass ihm, wäre er in Wien gewesen, nichts geschehen wäre. Erneut schien es für ihn unvorstellbar, dass Menschen, die ihm wenige Tage zuvor noch zugejubelt hatten, ihn nun verdammen sollten. Und dass das in seiner Heimat möglich war, schien erst recht unvorstellbar für Tauber, wie für viele andere auch, die in Österreich waren und die Möglichkeit zur Flucht nicht hatten, oder vielleicht einfach nicht wahrhaben wollten, was in ihrer Heimat tatsächlich vor sich ging. Nach und nach erfuhr Tauber, was mit seinen Kollegen und Freunden geschehen war. Bald erfuhr er von der Flucht Joseph Schmidts und der Verschleppung Löhner-Bedas, mit dem er eng zusammengearbeitet hatte.

Letzten Endes musste Tauber einsehen, dass eine Rückkehr nach Österreich in nächster Zukunft auszuschließen war. Ein Wiedersehen mit seiner hochbetagten Mutter, die noch immer in Salzburg lebte, musste aufgeschoben werden. Dass Elisabeth Seifferth ihr Richardl nicht mehr wiedersehen sollte, ahnten zu diesem Zeitpunkt weder Mutter noch Sohn. Selbstverständlich verlor Tauber auch in Österreich erneut große Teile seines Vermögens. Da er nach den Verlusten in Deutschland dazu übergegangen war, einen Prozentsatz seiner Einkünfte auf Schweizer Konten zu deponieren, und auch in England über Konten verfügte, auf welche Gagen eingezahlt wurden, hielten sich die Verluste im Vergleich zu 1933 in Grenzen. Was bleibt, wiegt schwer genug: Innerhalb weniger Jahre verlor Tauber zum zweiten Mal seine Heimat: 1933 seine Wahlheimat Deutschland, und nun Österreich, das Land, dessen Staatsbürger der Sänger zeit seines Lebens war. Nun blieb ihm kein Land mehr, in dem er seine Muttersprache sprechen konnte. Singen konnte er noch auf Deutsch, Schubert-Lieder zum Beispiel, wie auf der höchst erfolgreichen Tournee durch Italien.

Im Alltag blieb ihm von nun an hauptsächlich die englische Sprache, nur mit den Menschen, die ihm am nächsten standen, konnte er noch Deutsch sprechen. Diana lernte Deutsch, aber das ging nur so recht und schlecht. Doch auch wenn Tauber Deutschland und nun auch noch Österreich genommen waren, eine Heimat verlor er nicht: seine Musik.

Während Österreich von der politischen Landkarte verschwand, feierte Tauber in Italien Triumphe. An Taubers Erfolg in Rom als Schubert erinnerte sich Walter Kochner, der ebenfalls an der Operetten-Tournee teilnahm: »*Die denkwürdigste Aufführung fand aber in Rom statt. Toni Birkmeyer leitete das großartige Ballett, Fritz Imhoff mimte den Tschöll, Richard Tauber sang den Schubert und ich war sein Gegenspieler Baron Schober. Die Sensation dieser Tournee war, daß Richard Tauber zum erstenmal in Italien auf einer Bühne sang! In Rom saßen im Zuschauerraum die berühmtesten Sänger Italiens, Benjamino Gigli, Aureliano Perile, Tito Schippa usw. Alles war gespannt, Tauber zu hören. Richard sang im zweiten Akt als Einlage drei Schubert-Lieder und begleitete sich selbst am Klavier. Als er als letztes das Ständchen ›Leise flehen meine Lieder‹ sang und den letzten Ton in sein sagenhaftes Pianissimo ausklingen ließ, entstand eine kurze Pause, und in diese Pause schaltete sich im Zuschauerraum eine mächtige Stimme ein: ›Ricardo, sei grande!‹ Es war die begeisterte Stimme Benjamino Giglis. Unbeschreiblicher Jubel, den ich niemals vergessen werde, brach los und wollte nicht enden, bis Richard fünf Zugaben sang!*«

Die italienische Presse und das Publikum waren von Taubers Darbietungen überwältigt – wo immer der Tenor auftrat, kam es zu nicht enden wollendem frenetischen Applaus. »Popolo di Roma« schrieb von »*zur Raserei anwachsendem Beifall der Zuschauer*«. Für Tauber waren die Erfolge im Land Carusos von besonderer Bedeutung, gehörte der 1921 verstorbene Tenor aus Neapel doch zu seinen großen Vorbildern. Er ließ es sich auch nicht nehmen, im Zuge dieser Italienreise das Grab Carusos auf dem Del-Pianto-Friedhof in Neapel zu besuchen. Im faschistischen Italien spielte die jüdische Herkunft Taubers keine Rolle. Die Begeisterung in der Presse war vielleicht nicht nur in der Tatsache begründet, dass Tauber einer der bedeutendsten Sänger der Welt war, sondern auch im Machtverlust Italiens gegenüber Deutschland mit dem »Anschluss« Österreichs, das bis dahin dem italienischen Faschismus näher gestanden hatte als dem deutschen Nationalsozialismus.

Nach der Tournee, die auch nach Frankreich führte, kehrte Tauber nach England zurück, wo er, fast scheint es wie ein Trost, am 2.

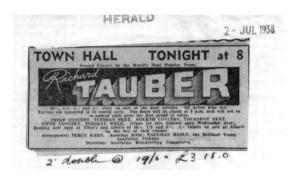

Foto: Eine der zahllosen Ankündigungen von Taubers Konzerten rund um den Globus.

Mai 1938 erstmals an der Royal Opera Covent Garden auftreten durfte. Seit Jahren schon bemühte sich Tauber um ein Engagement an der Londoner Oper, träumte er doch seit dem Beginn seiner Karriere von einem Engagement in London. Sir Thomas Beecham holte ihn für eine Mozart-Produktion an das Opernhaus: Tauber war der Tamino in der »Zauberflöte«, wenig später sang er auch den Belmonte in der »Entführung aus dem Serail«.

Nachdem Tauber das englische Publikum bisher vor allem im West End, bei Konzertabenden und mit seinen Filmen begeistert hatte, war dies nun der letzte Schliff für Taubers englische Karriere. Längst schon sang er bei seinen Konzertabenden nicht nur die Lehár'-schen Tauber-Lieder oder Arien aus Strauß-Operetten, sondern gab, zwar immer angepasst an das jeweilige Publikum, aber dennoch seinen eigenen Ansprüchen an einen Konzertabend entsprechend, auch Schubert-Lieder und Arien aus Mozart-Opern, von Tschaikowsky oder Beethoven zum Besten. Die Zugaben waren, laut den verschiedenen Programmen, immer seine Tauber-Lieder. »Dein ist mein ganzes Herz/You Are My Heart's Delight« beschloss in mehrfacher Wiederholung jedes Konzert, das Tauber im Laufe seiner zahlreichen Tourneen gab, und jedes Mal verlangte das Publikum, egal ob in Los Angeles, Sydney oder Zürich, nach einer weiteren Wiederholung seines wohl berühmtesten Liedes.

173

Ehe es wieder auf die nächste ausgedehnte Konzertreise ging, diesmal nach Sri Lanka, Australien und Südafrika, gab er Liederabende in der Schweiz und nahm in London eine neue Schallplatte auf. Kaum war er im Winter 1938 wieder in Europa, folgten Konzertreisen durch England, ehe er Mitte Dezember auf eine weitere Tournee in die USA und nach Kanada aufbrach.

Bevor es zu dieser Übersee-Reise kam, tauchten in den britischen und internationalen Medien erstmals Interviews mit Tauber auf, in denen er sich klar gegen jene Staaten aussprach, die Menschen wegen ihrer Herkunft verfolgten, und sich bewundernd über die britische Demokratie äußerte. Die Zeit der politischen Unbedarftheit Taubers schien vorbei und immer wieder brachte er in den folgenden Jahren in Interviews Spitzen gegen den Nationalsozialismus unter, wohl wissend, dass diese in Deutschland nicht ignoriert wurden. Aus Tauber wurde in diesen Jahren zwar kein antifaschistischer Widerstandskämpfer, er hielt sich aber bei den passenden Gelegenheiten, und diese wurden ihm in den britischen Medien geboten, nicht mehr mit Kritik an NS-Deutschland zurück.

In den vergangenen Jahren war Tauber in den britischen Zeitungen sehr oft als »Herr Tauber« bezeichnet worden, dies änderte sich mit dem »Anschluss«: Fast scheint es, als wollte man in Anbetracht des Verlustes seiner Heimat in Zusammenhang mit seiner Person jegliche Anspielungen auf Deutschland und Österreich vermeiden. Fortan war er in der britischen Presse nur mehr »the world famous tenor« oder einfach »Tauber«.

Während er nun wieder auf Tournee ging und sich erstmals öffentlich politisch äußerte, nahmen die Flüchtlingsströme aus Österreich deutlich zu. Obwohl neue, strengere Einreisebestimmungen den Österreichern eine Immigration in Großbritannien erschwerten, blieb das Land eines der wichtigsten Exilländer für Juden und politisch Verfolgte aus Deutschland und Österreich.

Obwohl der Großteil seiner internationalen Termine schon lange geplant war, beschäftigte sich Tauber in diesen Monaten nach dem

»Anschluss« noch mehr mit Arbeit, als er es üblicherweise tat. Grundsätzlich muss Tauber als Künstler verstanden werden, der unermüdlich und im Gegensatz zu einigen seiner Kollegen äußerst vielfältig arbeitete. Genau dafür wurde er immer wieder von weniger erfolgreichen Kollegen und auch von Kritikern angegriffen. Diese Art von Kritik gab es nun nicht mehr; wurde er in der internationalen Presse kritisiert, so geschah dies wegen Terminverschiebungen oder einer zu kurz geratenen Radioübertragung.

Die deutsche Presse wurde seit seiner Flucht im März 1933 nicht müde zu betonen, dass Tauber in Deutschland längst vergessen war, benutzte den Tenor jedoch, um sich an ihm bei jeder Gelegenheit abzuarbeiten. Tauber war nicht der einzige Künstler, auf den es die Propagandamaschinerie abgesehen hatte. Kaum waren die Künstler außer Landes oder hatten, wie Elisabeth Bergner, Avancen einer Arisierung abgelehnt, wurde auf sie mit hässlichen Artikeln eingeschlagen. Meist erschienen die Hasstiraden gegen die emigrierten Künstler in nur leicht abgewandelter Form in den unterschiedlichsten Medien, so auch im Fall Richard Taubers. Die Zurückweisung von Bergner oder auch einer Marlene Dietrich, die jegliche Angebote des Propagandaministers Goebbels ablehnte und sich klar gegen das nationalsozialistische Deutschland aussprach, erklärt den beleidigt-perfiden Ton der Artikel, in denen die Schauspielerinnen erwähnt wurden. Taubers nunmehrige Bemerkungen über Deutschland zeigten nach seinen frühen Versuchen, sich mit dem Deutschen Reich zu einigen, dass er letztendlich verstanden hatte: Es war gleichgültig, was er tat, in Deutschland war seine Rolle längst beschlossen, er war der NS-Propaganda dienlich und daran war nicht zu rütteln.

Die dandyhafte Inszenierungen seiner Person, seine hohen Gagen in Deutschland bis 1933 und auch sein verspielter Gesangsstil waren Wasser auf die Mühlen der Propaganda. Dass Tauber international noch mehr mit seinen Auftritten verdiente, war für die NS-Propaganda einmal mehr Beweis für seine Niederträchtigkeit. Die außergewöhnlich hohen Gagen konnten laut Propaganda nur deshalb so hoch sein, da Tauber, der »Geldjude«, mit seinem süßlichen Gesang den »Ariern« das Geld aus der Tasche zog. Seine beiden »Mittäter« waren die Rotter-Brüder, die auch noch jetzt, nachdem einer der beiden Brüder bereits tot war, nicht aus der »Verantwortung ihrer Missetaten« vor 1933 entlassen und immer wieder durch die NS-Medien gezerrt wurden.

Es war ein »musikalischer Saustall«, den jüdische Künstler hinterlassen hatten und der nun endlich aufgeräumt würde, schrieben die Medien in Deutschland in den ersten Jahren nach den großen Vertreibungswellen ab 1933. Interessant dabei ist, dass Tauber in vielen dieser Artikel in den diversen NS-Massenblättern, aber auch in regionalen Tageszeitungen immer wieder eine »typisch jüdische Erotik« unterstellt wurde, die sich nicht nur auf den »süßlichen Schmelz« seiner Stimme bezog, sondern auch auf sein Äußeres: Tauber hatte eine stattliche Figur, die er sich laut Propaganda ja nur zulegen konnte, weil er den Deutschen so viel Geld »abgeluchst« hatte. Als Tauber in Paris zum Ritter der Ehrenlegion geschlagen wurde, reagierten die deutschen Medien, unter ihnen der »Donaubote« in Ingolstadt am 20. Oktober 1936, auf die Auszeichnung, nicht ohne auf »die süßen Schmalzlieder« Taubers einzugehen: »Doin ist mein ganzääs Häärz«. Dass sich Tauber in Paris gegen die Kulturlosigkeit des Dritten Reiches aussprach, wurde dem Vertriebenen selbstverständlich vorgeworfen.

Im Lauf der Jahre wurde die Propaganda gegen Tauber nicht weniger, sondern mehr: Nach dem »Anschluss« Österreichs an Hitlerdeutschland wurden auch in Taubers Heimat antisemitische Tiraden gegen den Tage zuvor noch an der Staatsoper gefeierten Tenor publiziert. Die immense Begeisterung für Tauber war mit einem Mal vergessen. Nachdem in den internationalen Medien berichtet wurde, dass Tauber sich klar gegen das nationalsozialistische Deutschland aussprach, folgten neuerliche Hasstiraden: Er wurde in der deutschen Presse zum »Kulturbolschewisten« und »jüdischen Verderber germanischer Reinheit«.

Foto: Kurz vor Taubers Amerika-Tournee 1931: Max Lorenz, Rudolf Laubenthal, Armand Tokatyan und Jan Kiepura (v.l.n.r.) geben sich mit Tauber ein musikalisches Stelldichein.

Neben dem NS-Parteiorgan »Völkischer Beobachter«, dem SS-Blatt »Das Schwarze Korps« und der Wochenzeitung »Der Stürmer« versuchten sich Regionalzeitungen wie die in Mannheim erscheinende »Das Hakenkreuzbanner« darin zu übertreffen, Richard Tauber zu verunglimpfen; auch die gleichgeschaltete Tagespresse nahm sich in der breit angelegten Verhetzung kaum ein Blatt vor den Mund. Ging es um Taubers Gesang, war von »jüdischem Kantorenschmalz« die Rede, Tauber selbst war der »Judentenor«, und kamen seine internationalen Erfolge zur Sprache, wurde zitiert, wie hoch seine Abendhonorare um das Jahr 1930 in Berlin gewesen waren. Manchmal ging es auch ganz und gar nicht um die »verjudete Musik Taubers«, trotzdem gelang es den Redakteuren, ihn in ihren Texten unterzubringen. Ob in einem Artikel, in dem über Lilli Palmer, »die emigrierte Volljüdin«, hergezogen wurde, oder in einem Text über Sport, immer fand sich ein Seitenhieb auf Tauber.

Fast hat es den Anschein, als hätten sich die Propaganda-Blätter der Prominenz Taubers bedient, um sicherzugehen, dass ihre Artikel gelesen wurden. Zu viele Menschen hatten den Tenor in Deutschland verehrt und man wusste, dass nicht alle ehemaligen Tauber-Anhänger ihr Idol plötzlich verschmähten. Tauber kam der NS-Propaganda als Reizfigur gerade recht. In einem ähnlichen Ausmaß wurden sonst nur Joseph Schmidt (»dessen Gesicht auf jeden Steckbrief passt«) und Gitta Alpár von der NS-Propaganda verunglimpft.

In den ersten Wochen nach dem »Anschluss« schrieben die unterschiedlichsten Zeitungen vom »Großreinemachen in den Theatern« oder titelten mit »Dreck! Weg damit!«, wie der »Lübecker Generalanzeiger« am 2. April 1938, der ja kein Parteiblatt war, sondern wie alle anderen Zeitungen und Zeitschriften in Deutschland mit dem Schriftleitergesetz vom 4. Oktober 1933 dazu verpflichtet war, die nationalsozialistische Weltanschauung zu verbreiten. Aus Journalisten und Redakteuren waren Schriftleiter geworden, linke Zeitungsverleger waren enteignet und in KZs verschleppt worden, sofern ihnen nicht die Flucht ins Ausland gelungen war. Nachdem sich Tauber um die britische Staatsbürgerschaft bemühte und diese Nachricht durch die internationalen Medien ging, verstärkte sich die NS-Propaganda gegen den »jüdischen Schmalztenor« weiter.

Wo auch immer eine Verbindung zu Tauber hergestellt werden konnte, wurde er in der deutschen Presse besudelt. Angesprochen auf die deutsche »Berichterstattung«, verzichtete Tauber darauf, Stellung zu beziehen, und zuckte lediglich wortlos mit den Schultern. Er hatte Deutschland und Österreich hinter sich gelassen, litt unter diesem Verlust und wollte sich nicht über die verletzende Presse in Deutschland äußern.

Sosehr man Tauber in Deutschland auch herabzuwürdigen versuchte, die weiterhin im Operettenrepertoire verbliebenen Lehár-Stücke bedurften eines Nachfolgers. Für viele Tenöre in Deutschland eröffnete die Emigration der Superstars Richard Tauber, Joseph Schmidt und Jan Kiepura die Chance, um die freigewordenen Plätze an den großen Opernhäusern und die Gunst des Publikums, das weiterhin der leichten Muse zugetan war und auf Wunsch des Propagandaministers auch abgelenkt werden musste, zu buhlen. Johannes Heesters, der in den Operettenverfilmungen große Erfolge feierte, begeisterte mit seiner Darstellung des Danilo in Lehárs »Lustiger Witwe« auch auf den deutschen Theaterbühnen das Publikum bis zum Diktator selbst. Doch Heesters' Stimme war nicht für die Lieder geschaffen, die Lehár Richard Tauber auf den Leib geschrieben hatte. Dafür mussten andere Sänger her.

Man wurde tatsächlich unter Carl Beines' ehemaligen Schülern fündig: Der gebürtige Schweizer Herbert-Ernst Groh hatte im Gegensatz zu Tauber keine jüdischen Vorfahren und verfügte durch das Studium bei Beines über eine ähnliche Technik wie Tauber. Groh, der vor 1933 mit Gitta Alpár einige Schallplatten aufgenommen hatte, war ein durchaus bekannter Tenor in Deutschland und seine Mitgliedschaft in der NSDAP verhalf ihm nach der Vertreibung Taubers zu einem beachtlichen Karrieresprung. Die Tauber-Lieder sang von nun an er, der auch als »arischer Tauber« bezeichnet wurde; für Richard Taubers Opernpartien sollte es bei Groh allerdings nicht reichen, dafür nahm er einige Nazilieder auf Schallplatten auf und spielte auch in mehreren UFA-Filmen mit. Nach dem Krieg arbeitete Groh unter anderem mit Robert Stolz; er musste nicht, wie einige seiner in der NS-Zeit erfolgreichen Kollegen, ein einstweiliges Auftrittsverbot in Kauf nehmen.

Für Tauber war das Jahr 1938 weiterhin von Konzertreisen kreuz und quer durch Europa geprägt. Während er im Dezember Konzerte in Basel, Bern und Zürich absolvierte, starb seine Mutter am 16. Dezember in Salzburg knapp 91-jährig. Da der Kontakt Taubers zu seiner Mutter in Salzburg nach dem »Anschluss« völlig abgebrochen war, sollte er erst eineinhalb Jahre später von ihrem Tod erfahren. Mitte Januar 1939 brach Tauber wieder in die USA auf, wo er bis Ende März 1939 rund 20 Konzerte gab. Zurück in Europa, trat er unter anderem in Covent Garden auf. Tauber schien nach dem März

1938 einmal mehr ein Getriebener zu sein, der sich zwischen seinen internationalen Verpflichtungen nur wenige Tage Pause gönnte. Auftritte in den verschiedensten Städten rund um den Globus reihten sich in Taubers Terminkalender dicht aneinander. Seine nahezu grenzenlose Präsenz in Deutschland vor 1933 wiederholte sich in diesen Jahren verstärkt: Tauber scheint auf der ganzen Welt gleichzeitig gesungen zu haben. Selbstverständlich waren Tenöre wie Benjamino Gigli und Jan Kiepura international ebenfalls höchst erfolgreich, aber kein anderer Tenor kam an das Phänomen Tauber heran. Wohin er auch kam, überall brach eine Massenbegeisterung aus. Was sich Jahre zuvor bei Auftritten Taubers in Deutschland ereignet hatte, wiederholte sich nun quer über alle Kontinente. Taubers Publikum war, was immer er sang, stets begeistert. Internationale Kritiker überschlugen sich jubelnd angesichts Taubers Mozart-Interpretationen oder wenn es wieder einmal um die fünffache Wiederholung von »You Are My Heart's Delight« ging. Egal ob in den USA, in Frankreich, Italien oder England, die aus Deutschland und Österreich bekannten Schmalz-Vorwürfe wiederholten sich nicht.

Taubers Schock über den Verlust Österreichs mag mitverantwortlich für seine dicht aufeinanderfolgenden Konzertreisen gewesen sein. Mit den immensen Anstrengungen schien es nur noch eine Frage der Zeit zu sein, bis Tauber ernsthaft erkranken würde. Er verausgabte sich mehr denn je und gönnte sich keine Auszeit, sondern sang, wo und wann er nur konnte. Natürlich waren auch Taubers zahlreiche finanzielle Verpflichtungen für die vielen Engagements mitverantwortlich, doch seine Auftritte wurden mit dermaßen hohen Gagen abgegolten, dass er bei allen finanziellen Verantwortlichkeiten ruhig weniger hätte singen müssen. Was der mittlerweile 48-jährige Tauber in dieser Zeit an Anstrengungen auf sich nahm, grenzt an Selbstzerstörung.

1938 wiederholte sich nicht nur die Vertreibung Taubers, er war in diesem Jahr auch mit einem weiteren Erpressungsversuch konfrontiert. Emil Bischoff stand seit 1926 in den Diensten Taubers und übernahm in diesen Jahren neben den Aufgaben eines Chauffeurs manchmal die Funktion eines Leibwächters, wie an jenem 9. März 1933 in Berlin. Dass Bischoff bereits seit 1934 Mitglied der NSDAP war, erfuhr sein Arbeitgeber erst im Jahr des »Anschlusses«.

Nachdem es im März 1938 auf der Tournee durch Italien mit der bereits erwähnten dreitägigen Verzögerung zu den vereinbarten Auftritten Taubers gekommen war, erwartete Tauber seinen Fahrer in Mailand, um von ihm zu den weiteren Stationen der Tournee chauffiert zu werden. Doch Tauber wartete vergeblich. Sein Mercedes-Cabrio »Silbervogel« und der Chauffeur schienen wie vom Erdboden verschluckt. In Wien war Bischoff telefonisch nicht erreichbar, doch lange dauerte es nicht, bis Tauber von seinem Chauffeur hörte beziehungsweise las. Sein Stiefbruder Robert erhielt von Emil Bischoff einen Brief, in dem dieser mit der Veröffentlichung von Details aus Taubers Privatleben und einer Anzeige wegen Devisenversand in die Schweiz drohte, sollten nicht 60.000 Reichsmark an Bischoff gezahlt werden.

Er hatte in den zwölf Jahren, die er bei Tauber angestellt war, genügend Einblick in dessen Privatleben bekommen und wusste, nicht zuletzt durch die Botenfahrten in die Schweiz zu Tauber senior, über die finanzielle Situation des Sängers Bescheid. Bischoff hatte allerdings übersehen, dass 1938 die Zeit für Enthüllungen aus Taubers Intimleben vorbei war. Tauber wurde in Deutschland durch den NS-Propagandaapparat schon geraume Zeit gedemütigt. Seine Musik war seit Jahresbeginn 1938 verboten, wie sollten da die Enthüllungen Bischoffs noch karriereschädigend sein?

Doch Bischoff war kein Einzeltäter, es gibt Hinweise darauf, dass auch bei diesem Erpressungsversuch Carlotta Vanconti ihre Finger im Spiel hatte. Diana Napier äußerte sich in ihren Erinnerungen überzeugt, dass auch Cousin Max an dem Komplott beteiligt war.

Vanconti sah im Frühjahr 1939 ein drittes Mal die Gelegenheit für eine Erpressung Richard Taubers gekommen. Das in Österreich vor dem »Anschluss« gefällte Urteil sah sie als nichtig an und nun versuchte sie mithilfe Emil Bischoffs Anteile von Taubers Einnahmen zu erpressen. Auf die gesperrten Konten Taubers in Deutschland hatte sie keinen Zugriff, über den verfügte nur der NS-Staat höchstselbst. So versuchte sie schwindelerregend hohe Beträge über die Wiener Staatsoper zu erpressen, war sie doch der Auffassung, dass ihr weiterhin Anteile an Taubers Einnahmen aus Wien zustanden. Vanconti ging so weit, einen Versuch zu unternehmen, die Schweizer Konten Taubers sperren zu lassen. Es blieb bei dem Versuch. Taubers Schweizer Bankinstitut verweigerte der erpresserischen Soubrette den Zugriff.

Am 1. September 1939, als mit dem Überfall Hitlerdeutschlands auf Polen der Zweite Weltkrieg begann, befand sich Richard Tauber in der damaligen Südafrikanischen Union, die als ehemalige Kolonie Großbritanniens mittlerweile zum *British Commonwealth of Nations* gehörte. An diesem Tag hielt der Sänger mit seiner Kamera einen Ausflug zum Tafelberg bei Kapstadt fest. Aber nicht nur er filmte, auch seine Begleiter durften Taubers Handkamera übernehmen: Gut gelaunt ist der Sänger gemeinsam mit seiner Frau Diana vor einer atemberaubenden Naturkulisse zu sehen. Beide winken fröhlich in die Kamera, obwohl sie von der Kriegsgefahr wussten, wenn ihnen auch nicht bewusst war, was genau an diesem Tag in Europa geschah. Doch so fern die Taubers in diesen Tagen Europa auch waren, die Südafrikanische Union stand politisch an der Seite Großbritanniens, und so erfuhr das Ehepaar Tauber natürlich von der Kriegserklärung Englands an Deutschland am 3. September 1939.

Während Tauber auf der anderen Seite der Welt seine Konzerte gab, war in London alles für sein Ansuchen um die britische Staatsbürgerschaft vorbereitet worden. Das galt auch für seine Frau Diana, die durch die Eheschließung zur Österreicherin geworden war. Das Prozedere zur Erlangung der britischen Staatsbürgerschaft schien denkbar einfach und plausibel: Tauber hatte bereits fünf Jahre, wie es das Gesetz vorschrieb, in England einen festen Wohnsitz und auch Steuern an das Vereinigte Königreich gezahlt. Wie Tauber hatten in diesen Jahren zahlreiche andere Flüchtlinge schon jahrelang in England gelebt und ebenfalls, wenn auch in weitaus bescheidenerem Umfang, ihre Steuern hier bezahlt, doch nicht alle wurden so rasch zum Staatsbürger gemacht wie Richard Tauber. Meist vergingen zwischen Antragstellung und der Einbürgerung sechs bis sieben Jahre. Der Pianist und Komponist Peter Stadlen, der kurz nach dem »Anschluss« nach England emigrierte und dort zu einem bedeutenden Beethoven-Spezialisten wurde, bezeichnete die rasche Einbürgerung Taubers als Weltrekord.

Kaum war Tauber 1940 von seiner Tournee nach London zurückgekehrt, musste er in die Schweiz weiter, wo er die befreiende Nachricht erhielt, dass aus ihm, dem staatenlosen Sänger, der britische Staatsbürger Richard Tauber geworden war. Die unglaublich rasche Abwicklung des Tauber'schen Ansuchens ist in diesen Jahren einzigartig. Während der 1930er-Jahre waren die Einreisemöglichkeiten für Flüchtlinge aus Deutschland, Österreich und der Tschechoslowakei deutlich erschwert worden. Dann auch noch innerhalb von Monaten die Staatsbürgerschaft zu erhalten, kam für andere Emigranten einer Unmöglichkeit gleich. Keinem anderen Flüchtling, und das war auch Tauber seit dem »Anschluss« Österreichs, auch wenn er keine Unterstützung von den Flüchtlingsorganisationen in Anspruch nehmen musste, gelang während des Krieges ein so reibungslos abgewickeltes Ansuchen um die britische Staatsbürgerschaft. Wurden Ansuchen von Flüchtlingen überhaupt positiv behandelt, geschah dies zumeist erst nach dem Krieg. Für Tauber wurde allerdings nur allzu gern eine Ausnahme gemacht, denn neben der britischen Öffentlichkeit waren auch verschiedene einflussreiche Persönlichkeiten darauf erpicht, aus dem international erfolgreichen Sänger einen britischen Staatsbürger zu machen. Wie oft hatte Tauber schon von der britischen Demokratie, von den Bühnen des West Ends und der Filmindustrie geschwärmt? Die zahlreichen Artikel über Taubers Zuneigung zu England glichen ab 1938 mehr dem Werben eines Bräutigams und nun war es so weit: Er war endlich Mr. Tauber geworden. Die deutsche Anrede verschwand endgültig aus der britischen Öffentlichkeit, er war einer von ihnen und dankte es den Briten mit weiteren Liebesbekundungen und Benefizkonzerten im ganzen Land. Egal ob für das britische Rote Kreuz oder die Royal Air Force: Tauber sang und sang und sammelte notwendige Gelder.

Obwohl sich Tauber seinem neuen Heimatland sehr verbunden zeigte, gab er auch für das Austrian Centre, den 1939 gegründeten Dachverband der österreichischen Exilanten, Benefizkonzerte. Richard Tauber war sich angesichts der Flüchtlingsströme seiner privilegierten Lage bewusst, wie aus der im Nachlass vorhandenen Korrespondenz ersichtlich ist. Er wusste auch von jenen Künstlern, die es nach England geschafft hatten, aber nicht die Möglichkeit hatten, in ihren Berufen zu arbeiten. Egal ob Tauber für einen guten Zweck auftrat, seine regulären Auftritte auf den verschiedenen Bühnen des Königreiches absolvierte oder den vielen Einladungen der feinen Londoner Gesellschaft folgte, seine Konzerte waren stets ausverkauft. Wie Tauber unterstützten auch andere finanziell besser gestellte Emigranten wie Elisabeth Bergner und Stefan Zweig weniger vermögende Exilanten. Trotz seines finanziellen Engagements war Tauber im Gegensatz zu anderen prominenten Emigranten in keiner Weise in einer der politischen Organisationen oder im Austrian Centre vertreten. Sigmund Freud zum Beispiel war während der Zeit seines Exils Ehrenpräsident des Austrian Centre. Tauber war in den Jahren seiner Emigration, wie schon sein ganzes Leben lang, mit den Schwächeren solidarisch, blieb dabei aber auch während des Krieges zu den politischen Vorgaben der Exilorganisationen auf Distanz.

Die Einbürgerung war für Tauber ein wichtiger Schritt. Das Jahr 1940 hielt für ihn aber auch sehr unerfreuliche private Nachrichten bereit. Im Juni erfuhr er von seinen Halbschwestern, dass seine Mutter im Dezember 1938 verstorben war. Die sterblichen Überreste von Elisabeth Seifferth wurden in Salzburg kremiert, die Urne behielten die Schwestern jedoch bei sich; erst im Juni 1940 kam es endlich zur Beisetzung am Wiener Zentralfriedhof und zu diesem Zeitpunkt wurde auch der emigrierte Halbbruder vom Tod der Mutter unterrichtet. Weshalb die Schwestern die Todesnachricht nicht an Richard Tauber weitergegeben hatten, lässt sich nicht mehr beantworten. Es gibt im Nachlass keinerlei Aufzeichnungen dazu. Michael Jürgs zitiert Taubers ehemalige Sekretärin Meta Kogel, die einen Kontaktabbruch zwischen dem Sänger und seinen Schwestern aus politischen Gründen ins Treffen führt. Wenn dem so gewesen ist, bleibt die Frage, warum sie ihn im Juni 1940, mitten im Krieg, von der Beisetzung in Wien, an der er ja nicht teilnehmen konnte, unterrichteten. Die Nachricht hatte einen Nervenzusammenbruch Taubers zur Folge. Sein Vater versuchte in einem Schreiben aus dem Schweizer Exil den Schmerz seines Sohnes zu teilen und schrieb ihm, dass »Mutter sicher nicht gelitten hat«.

Im Juli 1940 begannen die Luftangriffe der Deutschen auf britische Luftbasen, einen Monat später wurden die ersten Angriffe auf London geflogen, der sogenannte »Blitz«, der das Ziel hatte, die Briten zur Aufgabe zu zwingen und eine Invasion der deutschen Truppen auf den britischen Inseln vorzubereiten. Berlin hatte aber nicht mit dem massiven zivilen Widerstand der Briten gerechnet: So weit wie möglich wurde trotz des Bombenhagels das alltägliche Leben in den britischen Städten und besonders in London aufrechterhalten. Trotz der Verdunkelungsvorschriften gab es weiterhin landauf, landab Konzerte und Theateraufführungen. Die Deutschen sollten sehen, dass sich die Briten von den Angriffen nicht einschüchtern ließen. Selbst die königliche Familie blieb nach Bombenschäden am Buckingham Palast demonstrativ in der Hauptstadt und zog sich nicht etwa nach Windsor Castle zurück.

Richard Tauber, der bei einem Konzert in Coventry den deutschen Bombenangriffen nur knapp entgangen war, gab in der Zeit der schweren Angriffe laufend Konzerte. Er verstand seine Auftritte als Akt des Widerstands gegen Deutschland. Damit entsprach er der allgemeinen Stimmung unter seinen Landsleuten. Man würde sich von den Deutschen nicht unterkriegen, nicht brechen lassen. Diana bat ihren Mann nach diesem Vorfall, vorsichtig zu sein und lieber ein Konzert einmal ausfallen zu lassen, als sich unnötig in Gefahr zu begeben. »Hitler hat mich in Deutschland und Österreich am Singen gehindert, aber verwünscht soll ich sein, wenn er es hier tut!«, war Taubers Antwort.

Als während eines Londoner Tauber-Konzerts in Hörweite eine Bombe eingeschlagen hatte, trat Tauber an die Rampe und versuchte mit einem Scherz die angespannte Stimmung im Saal aufzulockern: »Ich glaube, die letzte Bombe hatte keinen ganz reinen Ton.«

Obwohl die britische Zivilbevölkerung in den Monaten des »Blitz« über 43.000 Tote zu beklagen hatte und mehr als 3,5 Millionen Gebäude zerstört wurden, blieb der Wille zum Widerstand gegen die Deutschen ungebrochen.

Während Richard Tauber sich dank der rasch erworbenen Staatsbürgerschaft in Sicherheit wähnen konnte, kam es in den ersten Kriegsmonaten zu Masseninternierungen deutschsprachiger Emigranten in Lagern wie auf der Isle of Man. Als offizieller Grund wurde eine in Großbritannien weit verbreitete Angst vor der Fünften Kolonne Hitlers angegeben, die eine politische Unterwanderung durch nationalsozialistische Deutsche in Großbritannien bedeutet hätte. Die Ansprachen des spanischen Generals Emilio Mola, der maßgeblich für den Militärputsch gegen die Spanische Republik verantwortlich war und den Begriff der »Fünften Kolonne« für die im Geheimen tätigen Franco-Anhänger geprägt hatte, waren in Großbritannien noch gegenwärtig, als auch hier die »Fünfte Kolonne« Stimmung gegen die deutschsprachigen Flüchtlinge machen sollte.

Hinzu kam der deutsch-sowjetische Nichtangriffspakt vom 24. August 1939, der für kommunistische Flüchtlinge aus Deutschland und Österreich zum Unglück wurde, da die britischen Behörden die zahlreichen Internierungen mit dem Hitler-Stalin-Pakt und der damit in Zusammenhang stehenden Unzuverlässigkeit der linken Emigranten begründeten. Ob jemand interniert wurde, hing auch davon ab, welche Maßstäbe die jeweiligen Beamten, die zumeist relativ freie Hand hatten, anwendeten. Dass die Entscheidungen durchaus willkürlicher Natur waren, bestätigte unter anderem der Lyriker Erich Fried in seinen Erinnerungen: Er entging der Internierung, da der für ihn zuständige Beamte selbst Jude war.

Wurde man nicht interniert, bedeutete dies aber noch nicht, dass man sich völlig frei bewegen konnte; um eine scheinbar einheitliche Klassifizierung der deutschsprachigen Emigranten zu schaffen, wurden drei Kategorien erstellt. Wer in die Kategorie A »feindliche Ausländer« fiel, wurde umgehend interniert. Kategorie B umfasste »zweifelhafte Fälle«, die sich an eine Reihe von Verhaltensweisen halten mussten, die auch unangekündigt kontrolliert wurden; Kategorie C waren die »ungefährlichen Ausländer«, die die Mehrheit unter den Flüchtlingen bildeten. Für diese Gruppe kam es zu keinen Einschränkungen, etwa 9.000 dieser Flüchtlinge traten in die britische Armee ein und dienten bis 1943 in speziell eingerichteten Alien Companies der Pionier Corps. Von 1943 bis 1945 wurden dann alle Bereiche der britischen Armee für »friendly enemy-aliens« geöffnet.

Die Beziehung des Ehepaars Tauber wurde mit dem Fortgang des Krieges mehr und mehr freundschaftlich. Hinzu kam, dass sich sowohl Richard Tauber als auch seine Frau Diana anderweitig verliebten. Eine Scheidung des Paares kam aber nicht in Frage, man arrangierte sich und bevorzugte eine räumliche Trennung: Diana meldete sich zum Kriegsdienst und wurde als freiwillige Krankenschwester dem »303 Polish Squadron« der *Polish Forces* zugeteilt. Die Briefe, die sich die Eheleute in den Kriegsjahren schrieben, zeugen nach wie vor von einer großen Zuneigung, die auch trotz anderweitiger Liebschaften der beiden nicht an Tiefe verlor, doch viel freundschaftlicher geprägt war als vor dem Krieg. Tauber versicherte Diana in einem dieser Briefe, dass sie selbstverständlich seine Frau bleiben würde, egal wie seine Beziehung mit der um viele Jahre jüngeren Esther Moncrieff weitergehen sollte.

Während Diana als Krankenschwester arbeitete, begleitete Moncrieff Tauber auf seinen Reisen durch Großbritannien und trat mit ihm gemeinsam auf. Auch Esther Moncrieff war eine ausgesprochen attraktive Frau, wie Diana Napier und die anderen Frauen in Taubers Leben zuvor, jedoch mit zu wenig Talent gesegnet, um ein ernsthaftes Gegenüber für Tauber abzugeben.

Richard Tauber, der schon in der Musik über Konventionen hinwegzugehen pflegte, tat dies nun auch im Privatleben. Er wollte auf keine der beiden Frauen verzichten und da sich auch Diana anderweitig verliebt hatte, war es tatsächlich möglich, die beiden unterschiedlichen Beziehungen unter einen Hut zu bekommen. Diana Napier hatte durch Richard die glamouröse Welt kennengelernt und blieb, wenn auch in den Kriegsjahren hauptsächlich auf dem Papier, seine Frau, auch als Tauber auf kleineren Bühnen auftrat und nicht mehr den Glanz der großen weiten Welt versprechen konnte. Napier wollte nicht auf den Status der Ehefrau verzichten, der ihr mittlerweile zwar nicht mehr den Luxus bieten konnte, den sie in der Beziehung zu Tauber gewohnt war; sie blieb aber, wo sie war, und ließ sich von den Liebschaften, die Tauber quer durch England gehabt haben soll, nicht irritieren. Nachdem sie sich selbst verliebt hatte, wurde die Beziehung zwischen ihr und Richard endgültig zur beiderseitigen Freundschaft. Auch wenn es in den Briefen zwischen den beiden nicht an Liebesbekundungen fehlt, wurde weder von ihr noch von ihm ein baldiges Wiedersehen eingefordert. Beide wussten, dass sie nicht aufeinander verzichten wollten und konnten. »*Komme, wer sonst noch wolle.*«

»*Natürlich bleibst du meine Frau*«, schrieb Tauber an Diana, und

188

er schrieb diese Zeilen auf Deutsch und nicht wie die Mehrheit der Briefe auf Englisch. Die Zusage an den Fortbestand der Ehe kommt einer Zusage Taubers gleich, Diana weiterhin finanziell zu unterstützen. Eine Trennung von Diana mochte anders ausgehen als jene von Carlotta Vanconti, aber für Tauber war dies nicht nur eine finanzielle Frage. Dass er es war, der ihre Unterstützung in nicht allzu ferner Zukunft dringend benötigen würde, ahnte er zu diesem Zeitpunkt nicht.

Trotz zahlreicher Verpflichtungen fand Tauber in den Kriegsjahren wieder mehr Zeit, zu komponieren, auch wenn er nie ganz damit aufgehört hatte: In den späten 1930er-Jahren schrieb er die »Sunshine Suite«, die er im August 1940 in der Londoner *Queens Hall* selbst dirigierte. Es folgte eine Operette, die binnen weniger Wochen unter der Mitarbeit Bernhard Grüns, eines österreichischen Emigranten, entstand: »Old Chelsea«, so der Titel der Operette, mit der Tauber in den Kriegsjahren höchst erfolgreich durch Großbritannien tourte. In Birmingham wurde diese urenglische Operette mit Tauber in der Hauptrolle erstmals aufgeführt. Von 1941 bis 1943 blieb das Stück ein großer Erfolg im Londoner West End, selbstverständlich mit Tauber in der Hauptrolle. Neben »Old Chelsea« feierte er in den Kriegsjahren auch mit »Gay Rosalinda«, wie »Die Fledermaus« von Johann Strauß in England genannt wird, im ganzen Königreich große Erfolge. Die Engländer lechzten in den Kriegsjahren nach leichter Unterhaltung, da kam die »Fledermaus« als die erfolgreichste aller Operetten gerade recht, Lehár'scher Herzschmerz hatte nur noch in den Konzerten Taubers Platz, wenn es zur unvermeidlichen Zugabe von »You Are My Heart's Delight« kam.

Der Kontakt zwischen Tauber und Lehár war seit Kriegsbeginn auf ein Minimum reduziert, dem Komponisten kam aber der Erfolg des Tauber-Stückes zu Ohren, und umgehend nahm er mit gekränktem Stolz Kontakt zu Tauber auf. Lehár war darauf erpicht, dass Tauber vor allem *seine* Werke sang, egal wo er auftrat. Er hatte Tauber ja auch genug Lieder auf den Leib geschrieben. Der schwerreiche und im Dritten Reich gefeierte Komponist fürchtete offenbar um Tantiemen aus dem Ausland und schien Tauber den Erfolg in England nicht zu gönnen. Vielleicht stand der Unmut Lehárs auch damit in Verbindung, dass ihm Tauber durch die Emigration als Zugpferd für seine Operetten in Deutschland abhandengekommen war. Die Reaktion Lehárs auf Taubers Kompositionserfolge trafen den Tenor zwar, da sich in den Kriegsjahren die schlechten Nachrichten aber überstürzten, ließ Tauber den Komponisten vorerst einfach beleidigt sein. Er würde ihm schon wieder gut sein, wenn sie sich wiedersehen würden, schrieb er an Diana.

Irgendwann würde doch alles wieder gut werden – von diesem Glauben konnte Tauber nicht lassen, auch wenn die schlechten Nachrichten in den Kriegsjahren nicht abbrechen wollten. Tauber war nicht der Einzige, der darauf hoffte, dass alles wieder gut werden würde. Auch Tauber senior äußerte sich in den Briefen an seinen Sohn immer wieder voll Hoffung, dass die dunklen Zeiten ein baldiges Ende finden sollten. So schrieb Anton Richard Tauber am 4. Februar 1941 aus dem Schweizer Exil in Lugano an seinen Sohn:

»Die traurige Zeit in der wir leben, kann nur durch Mut und Hoffnung überstanden werden. Ich habe nur noch den Wunsch, die Stunde zu erleben wo die Menschlichkeit und Gerechtigkeit den Sieg über eine Zeit des Jammers und des Entsetzens errungen haben werden. Wie heißt es in ›Macht des Schicksals‹ … ›dann sterbe ich zufrieden!‹ Aber lassen wir alles Düstere aus unseren Gedanken, und sehen wir getrost in die Zukunft … die Hoffnung auf eine bessere Welt soll uns für alles Kommende gewappnet finden. Ich hoffe, daß in den nächsten Tagen noch Dein Brief kommen wird, und mich über manches unterrichten wird, was ich gerne wissen möchte. Unser ganzes Leben hier besteht in Abwarten, und hat nur dann eine schöne Abwechselung wenn wir von Dir etwas hören.«

Dieser Brief ähnelt einer ganzen Reihe weiterer Briefe, die Tauber senior aus dem schweizerischen Exil an seinen Sohn schrieb. Zum

Abwarten verdammt, teilte der fast 80-jährige Vater Taubers das Schicksal vieler Emigranten, die nur mithilfe von Flüchtlingshilfen überleben konnten oder gar interniert waren. Auch darin unterschied sich das Exil Richard Taubers von jenem seiner Freunde, Verwandten und ehemaligen Kollegen: Er konnte arbeiten, war in den Kriegsjahren ein – wenn auch im kleineren Rahmen – gefeierter Künstler und konnte, den schwierigen Umständen entsprechend, sein bisheriges Leben fortsetzen.

Anders als Richard Tauber erging es seinem Freund Joseph Schmidt, der, nachdem er die Zeichen der Zeit erkannt hatte, wenige Tag vor dem »Anschluss« Österreichs Wien verlassen hatte. Schmidt war erst wenige Wochen zuvor von einer höchst erfolgreichen Gastspielreise in den USA, wo er als »Pocket Caruso« gefeiert wurde, nach Österreich zurückgekehrt. Nun war Schmidt wie viele andere kreuz und quer durch Europa auf der Flucht, die ihn zuerst in die Beneluxstaaten brachte, wo er bereits große Erfolge gefeiert hatte und nun auch wieder Konzerte geben konnte. 1939 war Schmidt als Rudolf in Puccinis »La Bohème« in Brüssel zu sehen. Noch bevor der Krieg ausbrach, reiste er zu seiner Mutter nach Czernowitz, ehe er nach Frankreich fuhr, um auch dort Auftritte zu absolvieren. Frankreich brachte ihm allerdings kein Glück, da es hier zu einer längeren Auftrittspause kam.

Mit Beginn des Jahres 1938 wurden auch die Schallplatten von Schmidt in Deutschland verboten; dennoch wurden sie wie auch jene von Tauber weiterhin produziert und ins fremdsprachige Ausland exportiert. Schmidt sah wie Tauber selbst keinen Pfennig von den Plattenverkäufen und musste sein Auslangen mit seinen raren Konzertauftritten finden. Versuche, in Frankreich Konzerte für Schmidt zu organisieren, scheiterten, wie in Marseille im März 1942, als ein bereits ausverkauftes Konzert Schmidts kurzfristig abgesagt wurde, da jüdische und »arische« Künstler nicht gemeinsam auftreten durften. Nach mehreren fehlgeschlagenen Ausreiseversuchen nach Kuba entschied sich Schmidt, der das politische Klima in Vichy-Frankreich mehr und mehr als bedrohlich erlebte, zur Flucht in die Schweiz.

Nachdem der Tenor, von der Flucht geschwächt, in Zürich auf der Straße zusammengebrochen war, wurde er im nahe gelegenen Flüchtlingslager Girenbad interniert, wo er auf den Bescheid seines Asylantrages wartete. Seine bereits angegriffene Gesundheit litt unter der schweren körperlichen Arbeit und den schlechten Lagerverhältnissen. Ende Oktober 1942 erkrankte der Sänger an einer Luftröhren- und Kehlkopfentzündung. Während den Untersuchungen im Züricher Kantonsspital klagte Schmidt über Brustschmerzen, die von den Spitalsärzten als »Simulantentum« abgetan wurden. Am 14. November wurde Schmidt aus dem Krankenhaus entlassen und kehrte ins Flüchtlingslager zurück. Dort klagte er weiterhin über starke Schmerzen in der Herzgegend, die Lagerärzte konnten ihm in der schlecht ausgerüsteten Krankenstation aber nicht mehr helfen. Aus den ungeheizten Baracken des Lagers wurde Schmidt am 15. November in das nahe Gasthaus Waldegg gebracht, wo er am 16. November 1942 im Alter von nur 38 Jahren starb. Einen Tag nach Schmidts Tod soll die Anerkennung seines Flüchtlingsstatus eingetroffen sein, womit Schmidt fortan auch in der Schweiz als Sänger hätte arbeiten dürfen. Alle 350 Lagerinsassen sollen Schmidts Sarg auf der kurzen Strecke zum jüdischen Friedhof Unter Friesenberg in Zürich begleitet haben. Als Richard Tauber vom Tod seines Freundes erfuhr, sagte er die für diesen Tag angesetzten Schallplattenaufnahmen und alle weiteren Termine ab.

Der Tod Schmidts war nicht der einzige schwere Verlust für Richard Tauber in diesem Jahr. Sein Vater verstarb am 4. August 1942 nach langer Krebserkrankung in einem Sanatorium in Lugano. Seit Jahren hatten sich Vater und Sohn nicht mehr gesehen, doch der Kontakt zwischen den beiden war, anders als zwischen Mutter und Sohn, nie abgebrochen. Ein Briefwechsel verband die beiden auch in den Kriegsjahren. In diesen Briefen zeigt sich klar ein anderer Tauber, hier war er nicht der große Künstler, der es verstand, seine Umgebung stets mit seiner naiven Fröhlichkeit zu überzeugen, hier wird der selbstkritische Geist Taubers sichtbar, der nur schwer mit den Lebensumständen im Krieg zurechtkommt.

Neben zahlreichen Konzertauftritten, Schallplattenaufnahmen und Radiosendungen bestimmte eine Tournee, die Tauber 1944 als Dirigent absolvierte, seinen Kriegsalltag. Radiosendungen mit Tauber gab es zwar schon seit Mitte der 1930er-Jahre, dennoch waren sie wahre Radioraritäten und wurden in der »Radio Times«, der Hörerzeitschrift der BBC, im Programm besonders hervorgehoben. Zwischen den einzelnen Sendungen wurden unter den Hörern Umfragen zu den Tauber-Sendungen gemacht. Für keine andere Sendung wurde ein ähnlicher Aufwand betrieben: Tauber und seinem Publikum wurde seitens der BBC die größtmögliche Aufmerksamkeit entgegengebracht. Die Sendungen wurden »Tauber-Hours« genannt und im »Home Service« auf den britischen Inseln ausgestrahlt. Sie waren nicht für den Deutschen Dienst bestimmt, der zum »Foreign Service«, dem britischen Außenministerium, gehörte und in Deutschland als Feindsender eingestuft wurde. Dass Tauber nicht für den Deutschen Dienst sang, wurde ihm von verschiedenen Seiten angekreidet, warum sich Tauber hier nicht engagierte, lässt sich aber durch die Politik der BBC erklären.

Der Deutsche Dienst wurde nach dem Münchner Abkommen im September 1938 für eine Ansprache des Premierministers Chamberlain – neben einem Französischen und Italienischen Dienst – spontan ins Leben gerufen. In den folgenden Monaten entstand ein Programm, das mit Januar 1939 seinen regelmäßigen Betrieb aufnahm und von Montag bis Samstag zwischen 19.00 und 20.00 Uhr und um 22.45 Uhr sowie am Sonntag zwischen 18.00 und 18.45 Uhr Nachrichten und Kommentare und später auch Satire-Sendungen und Kurzkonzerte nach Deutschland und in das besetzte Europa ausstrahlte. Das Erkennungszeichen des Deutschen Dienstes war das Morsezeichen für den Buchstaben V: »ta ta ta tam« (dreimal kurz, einmal lang), das auch dem Eröffnungstakt der 5. Symphonie

Ludwig von Beethovens, der Schicksalssymphonie, entspricht. Der Buchstabe V stand für das englische Wort »victory«, den Sieg über Nazideutschland. Die Hauptverantwortung für den Deutschen Dienst lag bei britischen Journalisten, ab 1941 bei Hugh Carleton Greene, dem jüngeren Bruder des Schriftstellers Graham Greene, wenngleich viele deutsche und österreichische Emigranten für das Programm arbeiteten.

Da man in der Programmgestaltung klar zwischen der NS-Führung und der deutschen Bevölkerung unterschied und keineswegs den in Deutschland vorhandenen Antisemitismus weiter schüren wollte, war es strikte Politik, dass die als Sprecher tätigen Emigranten keinerlei jiddische Worte verwendeten oder gar den von der NS-Propaganda verfemten und plakativ verwendeten ostjüdischen Akzent sprachen. Die Sendungsverantwortlichen und das »Foreign Service« als Geldgeber bestanden darauf, der NS-Propaganda keinerlei Angriffsfläche zu bieten und mit dem Programm eine Identifikation unter den deutschen Hörern zu erreichen, was im Besonderen mit Satiresendungen gelang, wie zum Beispiel »Frau Wernicke« aus der Feder Bruno Adlers.

Von 1941 bis 1945 wurden vom Deutschen Dienst Reden von Thomas Mann ausgestrahlt, die in Kalifornien aufgenommen worden waren. Mit »Deutsche Hörer!« sprach der emigrierte Schriftsteller die Deutschen direkt an und rief sie auf, sich gegen das Regime zu wenden. Fremdsender wie den Londoner Deutschen Dienst oder Radio Moskau zu hören, wurde in Deutschland mit mehrjährigen Zuchthausstrafen bestraft, wovor auf Plakaten, in Zeitungen und im deutschen Rundfunk gewarnt wurde.

Tauber, der von der deutschen Propaganda seit 1933, wie bereits ausgeführt, unter anderem als »jüdischer Schmalztenor« durch die deutsche Presse gezerrt wurde, entsprach nicht dem, was sich die Sendungsverantwortlichen in London für den Deutschen Dienst vorstellten. Ein prominenter »Halbjude« wie Tauber, der mittlerweile britischer Staatsbürger war, konnte dem Programmvorhaben nur schaden, war doch zu befürchten, dass das deutsche Publikum negativ auf das Programm aus London reagieren würde; schließlich war diesem seit 1933 von der Propaganda eingetrichtert worden, dass Tauber ein »jüdischer Feind Deutschlands« sei, der sich auf ihre Kosten bereichert habe. Man wusste in London nur zu gut, wie gründlich die deutsche Propaganda seit 1933 gearbeitet hatte. Und man wollte seitens der BBC den Antisemitismus in Deutschland nicht noch mehr forcieren.

Tauber machte sich abseits des Deutschen Dienstes nützlich und sang während des Krieges weiterhin in Lazaretten und Krankenhäusern, trat im Rundfunk auf und dirigierte Konzerte unter großem Beifall. Vor allem von anderen Dirigenten wurde er kritisiert. Immer wieder wurde der Vorwurf erhoben, man würde mit dem Namen Tauber auf billige Reklame zurückgreifen. Die Vielfalt seines Könnens gab, wie in der mittlerweile schon mehr als 30 Jahre andauernden Karriere Taubers, erneut Anlass zu Neid und Missgunst. Tauber war in seiner künstlerischen Bandbreite einzigartig. Vielleicht versuchten sich andere Sänger als Dirigenten, kaum einer konnte jedoch auf ein Dirigat-Studium wie Tauber zurückgreifen. Und welcher andere Dirigent, der mit dem London Philharmonic Orchestra arbeitete, wurde als Tenor auf den Bühnen rund um den Globus gefeiert?

DER LETZTE VORHANG

Das Kriegsende verhieß für Richard Tauber weder eine Rückkehr nach Deutschland noch nach Österreich. Obwohl der Tenor seit der Vertreibung 1933 über die Möglichkeit einer Rückkehr in sein geliebtes Berlin nachdachte, und dabei auch das in Deutschland einbehaltene Vermögen eine Rolle spielte, schien er sich vor allem mit der Frage zu quälen, ob er von seinem alten Publikum in Berlin vergessen worden war. Auch für ihn waren die vergangenen zwölf Jahre keine einfache Zeit gewesen, auch wenn er weltweit große Erfolge gefeiert hatte und an der Seite Dianas eine unkonventionell glückliche Ehe führte. Tauber wusste, trotz aller Zuversicht, mit der er in die Zukunft blickte, dass die Höhepunkte seiner Sängerkarriere hinter ihm lagen. Er mochte noch weiterhin Erfolge als Sänger und Dirigent feiern, aber die Erinnerungen an eine gloriose Sängervergangenheit, in der ihm die ganze Welt zu Füßen lag, ließen ihn manchmal an der Zukunft zweifeln. So kam es, dass er eine Reise nach Berlin vorerst aufschieben musste.

Doch Taubers Berlin existierte nicht mehr. Die Stadt hatte durch schwere Bombardierungen und die Befreiung durch die Rote Armee in den letzten Kriegstagen große Schäden davongetragen. Von dem einstmals lebendigen und eleganten Berlin der Weimarer Republik war nichts übrig geblieben. Der Wiederaufbau der Berliner Bühnen beanspruchte mehrere Jahre, die Berliner selbst waren in den ersten Nachkriegsjahren hauptsächlich mit der Alltagsbewältigung beschäftigt.

Die Staatsoper Unter den Linden wurde mit Gründung der DDR zur Deutschen Staatsoper und erst 1955 wiedereröffnet. Die Opernproduktionen wichen in den Admiralspalast an der Friedrichstraße aus, wo Tauber im März 1933 von der Bühne gejagt worden war.

Sosehr es sich emigrierte Künstler auch gewünscht haben mochten, weder das offizielle Deutschland noch das offizielle Österreich bemühte sich um eine Rückkehr der Vertriebenen. Die in den vergangenen Jahren aufgebauten Strukturen wurden tunlichst weitergeführt, dabei wären vertriebene Künstler, die in der NS-Zeit von der NS-Propaganda missbraucht worden waren, als lebendige Erinnerung an das Unheil des gerade erst untergegangenen »Dritten Reiches« hilfreich gewesen. Wären Künstler wie Tauber gleich nach Kriegsende zur Rückkehr eingeladen worden, hätte es in den ersten Nachkriegsjahren und ab 1949 in den neu gegründeten Staaten DDR und BRD eine andere Aufarbeitung der Verfolgungen geben müssen. Eine Verdrängung derselben wäre nicht in dem Maße möglich gewesen, wie sie tatsächlich stattgefunden hat. In Österreich verunmöglichte die Moskauer Deklaration, die festschrieb, dass Österreich das erste Opfer Hitlerdeutschlands gewesen sei, über Jahrzehnte jede fundierte Aufarbeitung der Schuldfrage. Auch nach der Waldheimaffäre Mitte der 1980er-Jahre sollten noch Jahre vergehen, ehe das offizielle Österreich seine Mitschuld am Holocaust und dem nationalsozialistischen Terror eingestand.

Nach Kriegsende erhielt Richard Tauber, mittlerweile 54 Jahre alt, zwar aus aller Welt Konzertangebote, und innerhalb kurzer Zeit konnten wieder umfangreiche Konzerttourneen zusammengestellt werden, aus Wien und Berlin gab es jedoch keinerlei Anfragen. Für Tauber und sein Berliner Publikum sollte es kein Happy End geben. Selbst auf der Kinoleinwand sah das deutsche Publikum Tauber in den erfolgreichen britischen Produktionen erst 1949, zu einem Zeitpunkt, als für den Tenor der letzte Vorhang bereits gefallen war.

Tauber besaß seit 1940 die britische Staatsbürgerschaft und unternahm von sich aus keinen Schritt in Richtung Deutschland oder Österreich. Obwohl er wieder mehr verdiente, waren die Zeiten der

Höchstgagen vorbei: Villen und parallel zur Verfügung stehende Hotelzimmerfluchten gab es nun nicht mehr. Auch keine Gagen, die er mit beiden Händen hinauswerfen konnte, da sie ja »dreifach zur Tür wieder herein« kamen.

Als 1946 am New Yorker Broadway eine stark bearbeitete Fassung von Lehárs »Land des Lächelns« geplant wurde, sollte Tauber die Rolle des Prinzen Sou-Chong übernehmen. Lehár wurde wegen der geplanten Änderungen nur am Rande informiert, was zwischen dem Komponisten und dem Tenor zu einer weiteren Auseinandersetzung führte. Da die stark überarbeitete Version der Operette ein besonderes Risiko darstellte und Gerüchte über Taubers angeschlagene Gesundheit bis nach New York gelangten, verpflichtete man Tauber vertraglich, bei Gesundheitsproblemen für die Ausfälle zu haften. Seine Gesundheit machte ihm tatsächlich einen Strich durch die Broadway-Rechnung – die Aufführungen mussten allesamt abgesagt werden.

Die Ausfallszahlungen trafen einen finanziell bereits angeschlagenen Tauber. Nach jahrlangem sorglosem Umgang mit seinen finanziellen Ressourcen und dem Verlust seines in Deutschland und nach dem »Anschluss« auch in Österreich nicht mehr verfügbaren, weil von Nazideutschland konfiszierten Vermögens, musste er auch mit der Begleichung von Steuerschulden in England zurande kommen, zudem wollte er zahlreiche private finanzielle Verpflichtungen nicht aufgeben: Tauber sorgte nicht nur für seine Ehefrau Diana, sondern weiterhin auch für den Unterhalt seiner Ex-Geliebten Mary Losseff; er finanzierte das Leben seiner neuen Partnerin Esther Moncrieff und unterstützte seine Stiefmutter und die Stiefbrüder Robert und Otto. Wie aus Briefen von Diana Napier und Taubers Vater hervorgeht, war die Rollenverteilung unumstößlich: Richard Tauber übernahm wie selbstverständlich die finanziellen Probleme seiner Nächsten und hinterfragte gar nicht, ob die anderen nicht selbst etwas für ihren Lebensunterhalt beitragen konnten. Einzig Diana fiel während der Zeit ihrer Krankenschwesterntätigkeit für die »Polish Forces« etwas aus dem engen Abhängigkeitsverhältnis heraus, dennoch ließ Tauber ihr auch in dieser Zeit die eine oder andere finanzielle Zuwendung zukommen.

Tauber musste die angefallenen Kosten in New York – rund 35.000 US-Dollar – übernehmen und versuchte sich durch eine längere Pause in New York auszukurieren, ehe er sich auf eine Tournee quer durch die USA und Mexiko machte, um den gewohnten (wenn auch schon etwas eingeschränkten) Lebensstil und die Schulden halbwegs in den Griff zu bekommen.

Im Frühjahr 1947 kehrte der kränkelnde Sänger nach acht Monaten anstrengenden Tourneelebens nach England zurück. Nun war klar, dass die Wohnverhältnisse den schwierigen Finanzverhältnissen angepasst werden mussten. Tauber übersiedelte in eine kleinere Wohnung, in Park West an der Edgware Road gelegen; an seiner Seite Diana, von der er zuletzt getrennt gewohnt hatte. Auch Esther Moncrieff, seine neue Liebe, wohnte in unmittelbarer Reichweite. Die Adresse 297, Park West wurde zur letzten Wohnadresse des Tenors.

Foto: An Tauberts letzter Londoner Adresse findet sich eine Gedenktafel zu seinen Ehren.

Tauber klagte über nicht enden wollende Atembeschwerden und einen hartnäckigen, schmerzhaften Husten, den er trotz verschiedener Behandlungen nicht mehr loswurde. Erst schob er die Schmerzen auf die anstrengende Tournee, hatte ihn doch auch schon während der Reise ein ständiger Husten gequält. Von den Ärzten wurde der Husten mit einer von den Strapazen bedingten Bronchitis in Verbindung gebracht.

Dass der zu Übergewicht neigende Tenor innerhalb weniger Monate stark an Gewicht verlor – allerdings nicht durch eine Diät, wie nach seiner Eheschließung mit Diana Napier 1935 –, deutete darauf hin, dass es sich um etwas viel Ernsteres handelte. Nachdem die vermeintliche Bronchitis nicht ausheilte, wurde Tauber im Sommer 1947 erneut intensiv untersucht: Ein bereits im fortgeschrittenen Stadium befindliches Lungenkarzinom verursachte die ständigen Schmerzen; ein Lungenflügel war zum Zeitpunkt der Untersuchung bereits völlig von Metastasen zerstört. Auch der Zustand des zweiten Lungenflügels wurde von den behandelnden Ärzten im Londoner Guy's Hospital als bedenklich eingeschätzt. Eine Heilung Taubers war zu diesem Zeitpunkt bereits ausgeschlossen.

Wie Diana Napier in ihren Erinnerungen festhielt, beschlossen Moncrieff und sie, die sich in der Sorge um Tauber miteinander arrangierten, diesem nichts von der Unheilbarkeit seiner Erkrankung mitzuteilen. Um die verbleibende Zeit für Tauber etwas erträglicher zu machen, wurde für Anfang September eine Operation zur Entfernung des Lungenflügels angesetzt. Dem Sänger wurde mitgeteilt, es würde ihm ein Abszess auf einem der Lungenflügel entfernt, der ihm die andauernden Beschwerden verursachte.

Als Tauber vom ersten Gastspiel der Wiener Staatsoper in London nach Kriegsende erfuhr, bei dem unter anderem Mozarts »Don Giovanni« auf dem Programm stand, wandte er sich an die Leitung der *Royal Opera Covent Garden*, um sie davon zu überzeugen, dass er den Don Octavio, seine Paraderolle, singen sollte. Da die Entscheidung über Taubers Mitwirkung aber an der Wiener Staatsoper entschieden wurde, wurde der Wunsch des Tenors von der Direktion des Londoner Opernhauses nach Wien weitergeleitet. Innerhalb kürzester Zeit kam die Zusage aus Wien, Taubers Wunsch zu entsprechen und den Tenor in der Produktion der Wiener Staatsoper als Don Octavio zu engagieren.

Tauber war nun also am Ende seiner langen und abwechslungsreichen Karriere wieder der begnadete Mozart-Interpret, den die Opernfreunde in Wien und Berlin liebten, die ihn gleichzeitig für sein Operetten-Engagement verschmähten.

Der an dem Abend am Dirigentenpult stehende Wiener Josef Krips war zwar nicht wie Tauber im englischen Exil gewesen, aber von den Nationalsozialisten wegen seines jüdischen Vaters mit einem Berufsverbot belegt und hielt sich während der Jahre des NS-Terrors mit Privatstunden und einer heimlichen Korrepetitortätigkeit in Budapest über Wasser. Nach dem Krieg war Krips international höchst begehrt, da er der einzige bedeutende österreichische Dirigent war, der als politisch unbelastet galt. Wie Richard Tauber war Krips über jeden politischen Zweifel erhaben – und deshalb im Rahmen dieses Gastspiels der Wiener Staatsoper Teil eines »musikpolitischen Kuhhandels«. Krips und Tauber sollten politisch belasteten Künstlern, die ebenfalls in der Produktion auftraten, behilflich sein, indem sie deren Arrangement mit dem nationalsozialistischen Regime in den Hintergrund treten ließen. Sie ermöglichten diesen Künstlern, bald nach 1945 wieder vor einem internationalen Publikum aufzutreten.

Die Sopranistin Elisabeth Schwarzkopf kann als Nutznießerin betrachtet werden. Für Schwarzkopf gab es wegen ihrer Mitgliedschaft in der NSDAP nach dem Krieg in Österreich und Deutschland keinerlei Restriktionen, einzig in den USA konnte sie für einige Jahre nicht auftreten. Schwarzkopf, eine der herausragenden Sopranistinnen des 20. Jahrhunderts, konnte ihre Karriere wohl auch dank des Fehlens anderer Sängerinnen ausbauen, kehrten doch Konkur-

rentinnen wie zum Beispiel die Sopranistin Jarmila Novotná, aufgrund ihrer politischen Überzeugung nach 1945 nicht mehr auf
österreichische und deutsche Bühnen zurück. Das Londoner Gastspiel der Wiener Staatsoper kam einer versöhnlichen Geste des offiziellen Österreich gleich und bot Tauber, wenn man es romantisie-
ren will, eine Verbindung seiner alten und seiner neuen Heimat:
Richard Tauber war nach Hause gekommen, ohne England verlassen
zu haben, er war noch einmal der berückende Mozart-Interpret und
trat in diesem Glanz am 27. September 1947 in Covent Garden zum
letzten Mal auf.

Unter den Anwesenden war auch der englische Schauspieler
Richard Bebb, der sich in England als Sammler und Fachmann für
Musikaufnahmen auf 78er-Schallplatten und Schellacks einen
Namen gemacht hatte. Bebb erinnerte sich: »*Ich war selten mehr von
einer Darbietung erschüttert, als von jener, die Tauber an diesem
Abend gab. Es war eine unglaubliche Vorstellung. Ich glaube, er sang
um sein Leben. Er hatte nur eine halbe Lunge übrig, aber er sang, wie
ich kaum jemals einen Sänger habe singen hören.*«

Wie Otto Schneidereit notierte, soll Tauber an diesem Abend
»*schöner als je zuvor, musikalisch mit traumwandlerischer Sicherheit,
mit einer zu Herzen gehenden Intensität*« gesungen haben.

Wenige Tage nach seinem letzten Auftritt, am 4. Oktober 1947, wurde Tauber im Londoner Guy's Hospital der befallene Lungenflügel
entfernt. Da dieser Lungenflügel, anders als bei den vorangegangenen Untersuchungen angenommen, durch die fortgeschrittene
Erkrankung keinerlei Funktion mehr übernehmen konnte, wurde
ersichtlich, dass Tauber seinen letzten Auftritt mit nur einem Lungenflügel absolviert hatte. Der überaus kritische Zustand des zweiten Lungenflügels verhieß nur noch wenige Monate Lebenszeit für
Tauber. Die behandelnden Ärzte, Diana Napier und Esther Moncrieff blieben dabei, ihm nichts von seinem ernsten Zustand zu
sagen und ließen ihn im Glauben, er würde bald wieder genesen und

dann auf den Konzertbühnen wieder große Erfolge feiern können. Tauber bekam in den letzten Wochen seines Lebens sehr starke Schmerzmittel verabreicht, zur Erleichterung der Atmung wurde er mit einem Sauerstoffgerät versorgt. Wann immer er ansprechbar war, soll er von den nächsten Konzerten gesprochen haben.

Der schwerkranke Sänger wusste, dass er nicht nur aus künstlerischen Gründen auf die Konzertbühnen zurückkehren musste, sondern auch, um mit seinen Gagen den angehäuften Schuldenberg abzuarbeiten. Einen Versuch, sein Vermögen in Deutschland zurückzubekommen, scheint Tauber in der wenigen Zeit, die ihm nach dem Krieg noch blieb, nicht mehr unternommen haben. Dabei war ihm aber durchaus bewusst, dass sein Vermögen auf den gesperrten Konten in Deutschland – mehr als eine Million Reichsmark – ihn aus den akuten finanziellen Schwierigkeiten helfen konnte. Spätestens unter dem finanziellen Druck wurde auch deutlich, dass die Art der finanziellen Abgeltung von seinen Plattenfirmen in Deutschland und Großbritannien gegen seine Interessen gerichtet war, bekam er doch fixe Honorare und keine verkaufsgebundenen Tantiemen. Tauber blieb, als er keine Schallplatten mehr aufnahm, von den zahlreichen höchst erfolgreichen Aufnahmen nichts.

Diana bat seine Freunde vor ihren Besuchen schriftlich darum, Tauber nicht spüren zu lassen, wie schlecht er aussah und wie schlimm es um ihn stand. Noch konnte er in der Wohnung gepflegt werden, diese Aufgabe übernahmen vor allem Diana, die Ehefrau, und Esther, die Geliebte. Eifersüchteleien zwischen den beiden Frauen – Notizen im Nachlass weisen darauf hin, dass diese vor allem auf Seiten Moncrieffs vorhanden waren – wurden in dieser Zeit um Taubers willen hintangestellt.

Esther Moncrieff wurde angesichts Taubers schlechten Gesundheitszustands und seiner engen Bindung an Diana klar, dass sie nicht mehr seine Frau werden konnte. Tauber hatte ihr eine Ehe auch nie in Aussicht gestellt, immer war Diana, seine »Schnapula«, die einzige Frau gewesen, mit der er verheiratet sein wollte.

Über die Weihnachtsfeiertage des Jahres 1947 verschlimmerte sich Taubers Zustand rapide. Am 7. Januar 1948 wurde Tauber ins Guy's Hospital gebracht, wo er, nach einer qualvollen Nacht, am nächsten Morgen starb. Napier hielt seine Hand, als er nach etwas Erleichterung durch die Sauerstoffmaske flüsternd bemerkte: »*Du wirst lachen, ich auch* ...« Nach den letzten geflüsterten Worten schlief Tauber ein.

Im Gästebuch des Ehepaars Tauber-Napier, das über die gemeinsamen Jahre von vielen begeisterten Besuchern wie Vera Schwarz oder Oscar Straus in ihren Häusern in England und Wien zeugt, notierte Diana Napier am 8. Januar 1948: »*Today my beloved Richard died.*« So als müsse sie darüber Buch führen, dass ein geliebter Gast fortgegangen war, der nie mehr wiederkommen würde.

Taubers Sarg wurde in der römisch-katholischen St.-James-Kirche aufgebahrt, wo ihm unzählige Menschen die letzte Ehre erwiesen. Das Erbe Taubers war ein Schuldenberg, und so war es Diana auch nicht möglich, für seine Beerdigung aufzukommen. Schon die Krankenhauskosten wurden von Vera Schwarz übernommen und auch Marlene Dietrich ließ Taubers Witwe finanzielle Unterstützung zukommen. Schon 19 Jahre zuvor, im Winter 1928/29, als Tauber so schwer erkrankt war, waren Schwarz und Dietrich in Berlin zur Stelle gewesen und hatten ihrem guten Freund jede mögliche Hilfe angedeihen lassen.

Die Grabstätte Taubers wurde von der Stadt London als Ehrengrab auf dem Bromton Cemetery, einem der großen viktorianischen Friedhöfe Londons, im Stadtteil Fulham, gestiftet. (FOTO GRAB)

Der Tod Taubers trieb die Londoner wie im Jahr 1936 zu seiner Hochzeit auf die Straßen. Zu Tausenden gaben sie ihm das letzte Geleit. Still, ohne auch nur einen Laut, soll die Zeremonie vor sich gegangen sein. Tauber war nicht mehr und mit ihm war die Musik verklungen.

Nur wenige Tage später, am 20. Januar 1948, kam es in der bis auf

Foto: Richard Taubers Sarg auf dem Weg zur Grabstätte

den letzten Platz ausverkauften Royal Albert Hall zu einer Gedenk-
feier für Richard Tauber, die gleichzeitig ein Benefizkonzert war, um
seine Steuerschulden zu verringern und die finanziellen Belastun-
gen der Witwe etwas zu mildern. Das London Philharmonic Orchestra spielte unter der Leitung von Adrian Boult und Walter Goehr.
Gegeben wurden ausschließlich Stücke aus Taubers Dirigatsreper-
toire.

Zu den auftretenden Stars gehörte unter anderem Elisabeth
Schwarzkopf, die nur wenige Monate zuvor gemeinsam mit Tauber
in der Royal Opera Covent Garden in Mozarts »Don Giovanni«
gesungen hatte. Dass Schwarzkopf Mitglied der NSDAP gewesen
war und sie hier für einen verfolgten Künstlerkollegen sang, mag als
Zynismus des Schicksals begriffen werden. Tauber hätte es wohl als
Huldigung einer bedeutenden Sopranistin an einen der größten
Tenöre verstanden.

Als das Orchester zum Abschluss des Konzerts schließlich, wie es
bei jedem Tauber-Konzert üblich war, »You Are My Heart's Delight«

anstimmte, sangen rund 8.000 Stimmen das Lied, das Richard Tauber einmal mit seinem Spiegelbild verglichen hatte.

Wie ein Lauffeuer ging die Nachricht von Taubers Tod durch die internationalen Medien. Nicht nur die britischen und österreichischen Zeitungen veröffentlichten Nachrufe auf den mit knapp 56 Jahren verstorbenen Tauber, sondern auch Zeitungen in den USA, in Kanada, Australien, Frankreich und Italien. Taubers Teilnachlass im NORDICO Museum der Stadt Linz enthält eine umfangreiche Sammlung an Medienberichten von den 1910er- bis in die 1970er-Jahre. Besonders auffällig ist gerade bei den Nachrufen, dass sich darunter keinerlei Berichte aus Deutschland finden. Erst Jahre später, zum zehnten Todestag oder dann zum 25. Todestag, schrieb man über Tauber, die Jahrhundertstimme, auch in Deutschland betroffene Artikel, mitunter auch unter Bezugnahme auf seinen Cousin Max, der sich den gemeinsamen Nachnamen zunutze machte.

In den Nachrufen wurde immer wieder auf seinen letzten Auftritt in der Royal Opera Covent Garden Bezug genommen, ebenso auf Taubers glanzvolle Karriere und seine jahrelange Zusammenarbeit mit Franz Lehár. Auch die Vertreibung Taubers und dass er in England eine neue Heimat fand, wurde in verschiedenen Blättern erwähnt. Dass 1948 davon in österreichischen Medien nicht die Rede war, verwundert nicht. Der Tod eines Weltstars wurde betrauert, an einer Auseinandersetzung mit seinem Emigrationsschicksal war kaum jemand interessiert. Ein Blick zurück und eine Auseinandersetzung mit den Schicksalen der Vertriebenen – egal ob berühmt wie Tauber oder unbekannt – hätte eine tiefer gehende Auseinandersetzung mit der so kurz zurückliegenden Vergangenheit zur Folge haben müssen.

Als Franz Lehár in Bad Ischl vom Tod Taubers erfuhr, soll der bereits angeschlagene Gesundheitszustand des Komponisten, der schon seit dem Tod seiner Ehefrau Sophie deutlich verschlechtert war, jäh erschüttert worden sein. Der 78-jährige Lehár starb noch im

Foto: Richard Taubers Grab am Brompton Friedhof in London

selben Jahr am 24. Oktober in Bad Ischl. Dass am Ischler Friedhof in
der Nähe des Lehár-Grabes ein Gedenkstein für Richard Tauber aufgestellt wurde, entspricht dem Verhältnis zwischen dem Sänger und
dem Komponisten in den Jahren der Emigration Taubers: durch die
Musik noch immer verbunden und doch, durch die Emigration, für
immer getrennt.

Auch nach Taubers Tod verstummten die Tauber-Lieder nicht,
wie sie auch in den Jahren seiner Emigration nicht verstummt
waren. Die Lehár-Operetten wurden weiter ohne Unterbrechung-
aufgeführt, wie auch schon zwischen 1933 und 1945. Die Operette
blieb, wie an anderer Stelle bereits angemerkt, der Aufführungspra-
xis der NS-Zeit verhaftet. Knapp fünf Jahre nach Taubers Tod kam
ein Film über sein Leben in die Kinos: »Du bist die Welt für mich«.
Ernst Marischka, der nur zwei Jahre später mit dem ersten Teil der

207

Sissi-Trilogie mit Romy Schneider und Karl-Heinz Böhm große Erfolge feiern sollte, führte Regie. Rudolf Schock, der bereits ab Ende der 1930er-Jahre in Deutschland auf der Bühne stand und ab 1947 durch seine Schallplattenaufnahmen einem größeren Publikum bekannt wurde, stellte Tauber in den Freiburger Jahren und in den frühen Jahren seiner Karriere dar. Großer Wert auf Authentizität wurde allerdings nicht gelegt, und auch auf die Tauber-Lieder wie das Titel gebende »Du bist die Welt für mich«, die es zu dieser Zeit noch nicht gegeben hatte, wollte der Film nicht verzichten. Weder Marischka noch den Drehbuchautoren schien an einer fundierten Auseinandersetzung mit dem Leben Taubers gelegen. Es ging mehr darum, die berühmten Tauber-Lieder von einem der bekanntesten Tenöre Deutschlands singen zu lassen und dies dann als Tauber-Film zu vermarkten.

Was blieb von Richard Tauber? Die Rezeption seines Schaffens blieb gerade im deutschen Sprachraum stark von der NS-Propaganda beeinflusst. Auch wenn die antisemitische Diktion nicht weiter verwendet wurde, blieb Tauber für viele der *Schmalztenor*, als der er von den Nationalsozialisten bezeichnet worden war. Natürlich kann man einwenden, dass schon Karl Kraus Tauber als Schmalztenor bezeichnet hatte; der 1936 verstorbene Kraus war in seiner Kritik an Tauber aber keineswegs bis in die späten 1940er- oder 1950er-Jahre so präsent wie die vehemente NS-Propaganda, die sich Taubers jahrelang intensiv bedient hatte.

Über den deutschen Sprachraum hinaus wurde Tauber weiterhin als der Ausnahmesänger gefeiert, der er gewesen war. Egal in welchem Medium über Tauber geschrieben wurde, für seine Musikalität und sein vielfältiges Talent wurden ihm (auch wenn man mit seinen Interpretationen nicht einverstanden war) weiterhin Rosen gestreut.

1949 kamen in der neu gegründeten BRD endlich Taubers englische Filme in die Kinos. Der Erfolg, den die Filme in den 1930er-Jahren international hatten, wiederholte sich in Deutschland nicht. In

Radiosendungen wurden Tauber-Aufnahmen oft gespielt, auch wenn neue Tenor-Generationen nachdrängten und die beliebten Lehár-Melodien, dem Zeitgeist entsprechend, weit weniger verspielt sangen. An wichtigen Orten seines Lebens wurden Gedenksteine (Bad Ischl) und Tafeln (Linz, London) aufgestellt oder Straßen (Wien, Berlin) nach ihm benannt. Nachwuchssängerpreise, die nach Tauber benannt wurden, wurden ausgelobt und die Geschichte seiner Vertreibung wurde sowohl in Deutschland als auch in Österreich tunlichst vergessen. Bald erschienen erste Tauber-Biografien, darunter die Erinnerungen Diana Napier-Taubers an ihren verstorbenen Mann. In den folgenden Jahrzehnten wurden Artikel über Richard Tauber in den Medien veröffentlicht, dabei geschah es immer wieder, dass Details seines Lebens teilweise verfälscht oder ausgelassen wurden. Hier mag wieder Taubers Cousin Max Mitschuld haben, dem es gelang, sich zeit seines Lebens als *der* Tauber-Spezialist darzustellen. Auch in einzelnen Büchern über Richard Tauber wurde Max Tauber als wichtiger Informant genannt. Dass der Cousin Richard Taubers nach dem Filmfirmenskandal, also seit Beginn der 1930er-Jahre, nicht mehr im direkten Umfeld des Sängers lebte und so über vieles in dessen Leben nicht aus erster Hand Bescheid wissen konnte, schien kaum jemanden zu stören, obwohl zum Beispiel in den Erinnerungen Dianas auf den Bruch zwischen den beiden Männern explizit hingewiesen wurde.

Im Januar 1973, zum 25. Todestag Taubers, wurde des Sängers weltweit gedacht. Unzählige Artikel erinnerten an Richard Tauber. Britische Zeitungen und Radioprogramme wiesen auf seine Emigration und die Einbürgerung im Jahr 1940 hin. Auch in Österreich und Deutschland wurde darauf hingewiesen, dass Tauber in den 1930er-Jahren nach London gegangen war, aber nur wenige deuteten an, dass Taubers Umzug nach Wien und dann nach London nicht freiwillig geschehen war. Über die Vertreibung Taubers und die jahrelange Verhöhnung des Sängers durch die NS-Propaganda schwieg man sich auch 25 Jahre nach seinem Tod aus.

QUELLEN

Die Quellen zu Richard Tauber sind in weiten Teilen von einer Widersprüchlichkeit, wie es gerade bei einer Persönlichkeit des öffentlichen Interesses, die Richard Tauber über seinen Tod hinaus geblieben ist, undenkbar erscheint. Dabei sind weder Veröffentlichungen zur Operette im 20. Jahrhundert noch zur Kulturpolitik in der NS-Zeit und schon gar nicht die Biografien Lehárs, Benatzkys und Schmidts ohne eine mehrfache Erwähnung Taubers möglich: Zu bedeutend, zu prägend war Tauber zu Lebzeiten.

Neben immer wiederkehrenden Verfälschungen von Taubers Geburtsjahr und seines Geburtsnamens wurde selbst der Ort seiner letzten Ruhe von London nach Bad Ischl verlegt. Auch dass die Stimme des jungen Tauber von Kammersänger Demuth als Zwirnsfaden bezeichnet wurde, wird fälschlicherweise des Öfteren seinem Freiburger Lehrer Carl Beines zugeschrieben.

Diana Napier war nach dem Tod Taubers mit einer solchen Verfälschung konfrontiert: Die Stadt Bad Ischl wollte an der sogenannten Tauber-Villa, die Max Tauber gehörte, eine Gedenktafel für Richard Tauber anbringen, doch Diana verbat sich dies, hatte ihr verstorbener Ehemann doch nie in diesem Haus gewohnt, sondern stets entweder bei Lehár oder in einem Ischler Hotel. Für Diana stand dabei neben einer Pension auch die Staatsbürgerschaft auf dem Spiel, ging es doch in der fraglichen Zeit um jene Jahre, die Tauber schon in England gelebt hatte und die für die Erlangung der Staatsbürgerschaft ausschlaggebend waren. Das Beispiel zeigt auch, wie früh diese Verfälschungen ihren Anfang nahmen.

Die Frage, weshalb die Quellenlage widersprüchlich und teilweise auch offensichtlich verfälscht ist, hat die Arbeit an diesem Buch begleitet.

Haben die zahlreichen Geschichten, die Max Tauber nach dem Tod des Sängers über seinen Cousin in Umlauf gebracht hat und die durchaus als realitätsfern bezeichnet werden können, Mitschuld an den immer wieder auftretenden Widersprüchen? War Tauber in seiner überlebensgroßen Präsenz, die über seinen Tod hinaus anhielt, und mit der Fülle an Materialien über ihn so schwer zu erfassen? Oder müssen vielleicht die Vertreibung Taubers und sein Exil als Hemmnis für eine eindeutige Quellenlage angesehen werden?

Tauber verließ Deutschland 1933. Österreich verließ er 1938 für eine Tournee. Warum der Tenor nicht zurückkehrte, wurde jahrzehntelang verschwiegen und ausgeklammert und damit war auch ein, sagen wir, freierer Umgang mit seinen Lebensdaten, seinen Lebensschwerpunkten möglich. Die weitgehend fehlende Auseinandersetzung mit diesem Kapitel in seinem Leben könnte mit ein Grund für die teilweise mehr als unklare Quellenlage sein.

So war es für die hier vorliegende Auseinandersetzung mit dem Leben Richard Taubers von sehr großer Bedeutung, Zugang zu den Materialien im Teilnachlass Taubers zu finden. Zahlreiche zitierte Artikel und Briefe befinden sich im NORDICO Museum der Stadt Linz. Die Stadt Linz konnte 1987 bei einer Versteigerung des Tauber-Nachlasses einen beträchtlichen Anteil an Briefen, internationale Zeitungsartikel von den 1920er- bis in die 1970er-Jahre, Kopien seiner Kinofilme, Privatfilme, Fotografien, Schallplatten, Notenbücher, das Gästebuch des Ehepaars Tauber-Napier, Zigarettendosen, das berühmte Monokel Taubers und viele andere Gegenstände seines persönlichen Gebrauchs erwerben.

LITERATUR

ADORNO, THEODOR W.: Musikalische Schriften VI, Band 19, Opern und Konzertkritiken, Suhrkamp: Frankfurt am Main 2003

ARENDT, HANNAH: Elemente und Ursprünge totaler Herrschaft. Antisemitismus, Imperialismus, totale Herrschaft, Piper: München 2009

ARENHÖVEL, ALFONS (HG.): Arena der Leidenschaften. Der Berliner Sportpalast und seine Veranstaltungen 1910–1973, Verlag Willmuth Arenhövel: Berlin 1990

AUFRICHT, ERNST JOSEF: Und der Haifisch der hat Zähne. Aufzeichnungen eines Theaterdirektors, Alexander Verlag: Berlin 1998

Belcanto – Die Tenöre der Schellackzeit, Teil 4: Richard Tauber. Fernsehdokumentations-Reihe von Jan Schmidt-Garre, Pars Media in Zusammenarbeit mit BR, NDR, RBB, SWR, SR, WDR, MAP TV und FFF, 1997

Belcanto – Die Tenöre der Schellackzeit, Teil 6: Joseph Schmidt. Fernsehdokumentations-Reihe von Jan Schmidt-Garre, Pars Media in Zusammenarbeit mit BR, NDR, RBB, SWR, SR, WDR, MAP TV und FFF, 1997

BERGFELDER, TIM/CARGNELLI, CHRISTIAN (HG.): Destination London. German Speaking Emigrés and British Cinema 1925–1950, Berghahn Books: New York, Oxford 2008

BERGNER, ELISABETH: Bewundert viel und viel gescholten. Unordentliche Erinnerungen, C. Bertelsmann: München 1978

BRINITZER, CARL: Von einem der dabei war, Hoffmann & Campe: Hamburg 1962

BUXBAUM, ELISABETH: »Veronika, der Lenz ist da!« Walter Jurmann – Ein Musiker zwischen den Welten und Zeiten, Edition Steinbauer: Wien 2006

CELLETTI, RODOLFO: Geschichte des Belcanto, Bärenreiter: Kassel, Basel 1989

CLARKE, KEVIN (HG.): Glitter and Be Gay. Homosexualität und Operette, Männerschwarm: Hamburg 2007

CLARKE, KEVIN: Kleiner Foxtrott mit Mary, Die Zeit, 25.03.2004

Czech, Stan: Schön ist die Welt. Franz Lehárs Leben und Werk, Argon Verlag: Berlin 1957

Der englische Nazi-König. Eine Dokumentation von Clive Maltby, History Channel & Oxford Film and Television in Zusammenarbeit mit BBC Worldwide, 2009

DUSEK, PETER: Hexensabbath und Fidelio, Das jüdische Echo, Jg. 36, Nr. 1, Oktober 1987, S. 243-248

ENDLER FRANZ: Immer nur lächeln … Franz Lehár. Sein Leben – sein Werk. Heyne: München 1998

FASSBIND, ALFRED A.: Joseph Schmidt. Ein Lied geht um die Welt. Spuren einer Legende. Eine Biographie, Schweizer Verlagshaus: Zürich 1992

FEILITZSCH, HANNA VON: Leo Slezak, der Meister des hohen C's, Rottach-Egern 1994

FREY, STEFAN: »Was sagt ihr zu diesem Erfolg«. Franz Lehár und die Unterhaltungsmusik im 20. Jahrhundert, Insel Verlag: Frankfurt am Main 1999

FREY, STEFAN: Franz Lehár oder das schlechte Gewissen der leichten Musik, Niemeyer: Tübingen 1995

FREYERMUTH, GUNDOLF S.: Fluchtpunkt Hollywood. Die Lady in Pink. Gitta Alpár, Stern 21/88

FRIEDLÄNDER, SAUL: Das Dritte Reich und die Juden. Die Jahre der Verfolgung 1933–1939, C. H. Beck: München 1998

GRUN, BERNARD: Die leichte Muse – Kulturgeschichte der Operette, Langen Müller: München 1961

HAFFNER, HERBERT: Furtwängler, Parthas Verlag: Berlin 2003

HAFFNER, INGRID UND HERBERT: Immer nur lächeln … Das Franz Lehár-Buch, Parthas Verlag: Berlin 1998

HAGER, ANGELIKA: Wie österreichische Publikumslieblinge sich mit dem NS-Regime arrangierten, Profil, 23.02.2010

HECHT, DIETER J./LAPPIN, ELEONORE/RAGGAM-BLESCH, MICHAELA/RETTL, LISA/UHL, HEIDEMARIE: 1938, Auftakt zur Shoah in Österreich. Orte – Bilder – Erinnerungen, Milena Verlag: Wien 2008

HEER, HANNES/KESTING, JÜRGEN/SCHMIDT, PETER: Verstummte Stimmen. Die Vertreibung der »Juden« aus der Oper 1933–1945, Metropol Verlag: Berlin 2008

HEISTER, HANNS WERNER/MAUERER ZENCK, CLAUDIA/PETERSEN, PETER (HG.): Musik im Exil. Folgen des Nazismus für die internationale Musikkultur, Fischer: Frankfurt am Main 1993

HEISTER, HANNS WERNER: Maskierung und Mobilisierung. Musik und Musiker im Nazismus, in: Sarkowicz, Hans (Hg.): Hitlers Künstler. Die Kultur im Dienst des Nationalsozialismus, Insel Verlag: Frankfurt am Main 2004, S. 343

HENNENBERG, FRITZ: Es muß was Wunderbares sein, Zsolnay: Wien 1998

JENNY, KARIN: »Jener furchtbare 5. April«. Die Rotter»affäre«: ein liechtensteinisches Pogrom: Spuren einer Verdrängung: 1933, Schichtwechsel Kultur 06/2003

JÜRGS, MICHAEL: Gern hab' ich die Frau'n geküßt. Die Richard-Tauber-Biographie, List Verlag: München 2002

KATER, MICHAEL: Die mißbrauchte Muse. Musiker im Dritten Reich, Europa Verlag: München, Wien 1998

KESTING, JÜRGEN: Die großen Sänger des 20. Jahrhunderts, Cormoran Verlag: München 1993

KLEE, ERNST: Das Personenlexikon zum Dritten Reich. Wer war was vor und nach 1945, Fischer: Frankfurt am Main 2003

KLUXEN, KURT: Geschichte Englands, Stuttgart 1991

KÖNIGSTEIN, HORST: Kino: Der andere Raum, Konkret 10/1982

KORB, WILLI: Richard Tauber – Biographie eines unvergessenen Sängers, Europäischer Verlag: Wien 1966

KRAUS, KARL: Die Fackel, Heft 811-819, Jahrgang XXXI, 1929

Kresse, Dodo/Horvath, Michael: Nur ein Komödiant? Hans Moser in den Jahren 1938 bis 1945, Edition S: Wien 1994

Lehr, Rudolf: Wiegenlied in einem Hotelzimmer, Oberösterreichische Nachrichten, 28.04.1986

Leighton-Langer, Peter: The King's Own Loyal Enemy Aliens. German and Austrian Refugees in Britain's Armed Forces, 1939–45, Vallentine Mitchell: London 2006

London, Louise: Whitehall and the Jews 1933–1948. British Immigration Policy and the Holocaust, Cambridge University Press 2000

Lubinski, Kurt: Eine Stimme stirbt – Zum Tode Richard Taubers, Aufbau, 16.01.1948

Mann, Thomas: Tagebücher 1933–1934. Herausgegeben von Peter de Mendelson, Suhrkamp: Frankfurt am Main 2003

Napier-Tauber, Diana: Richard Tauber, Art & Educational Publications: Glasgow 1949

Neumann, Robert: Meine Freunde, die Kollegen, Die Zeit, 08.06.1962

Nolte, Ernst: Der Faschismus in seiner Epoche, Piper: München 1984

Pass, Walter/Scheitt, Gerhard/Svoboda, Wilhelm: Orpheus im Exil. Die Vertreibung der österreichischen Musik von 1938 bis 1945. Antifaschistische Literatur und Exilliteratur – Studien und Texte 13, Verlag für Gesellschaftskritik: Wien 1995

Prieberg, Fred K.: Kraftprobe. Wilhelm Furtwängler im Dritten Reich, Brockhaus Verlag: Wiesbaden 1986

Prieberg, Fred K.: Musik im NS-Staat, Dittrich Verlag: Köln 2000

Raab Hansen, Jutta: NS-verfolgte Musiker in England. Spuren deutscher und österreichischer Flüchtlinge in der britischen Musikkultur, von Bockel Verlag: Hamburg 1996

Rathkolb, Oliver: Führertreu und Gottbegnadet. Künstlereliten im Dritten Reich, Österreichischer Bundesverlag: Wien 1991

Reuth, Ralf Georg (Hg.): Joseph Goebbels. Tagebücher 1924–1945, Piper: München 2008

ROHLOF, JOACHIM: Bunter Abend mit Rudi, Konkret 01/2001

SCHALLER, WOLFGANG (HG.): Operette unterm Hakenkreuz, Metropol Verlag: Berlin 2007

SCHLESINGER, ROBERT: Gott sei mit unserem Führer. Der Opernbetrieb im deutschen Faschismus, Löcker Verlag: Wien 1997

Schneidereit, Otto: Franz Lehár. Eine Biographie in Zitaten, VEB Musikverlag: Berlin 1984

SCHNEIDEREIT, OTTO: Richard Tauber. Ein Leben – eine Stimme, VEB Musikverlag: Berlin 1981

SCHWAIGER, SASKIA: Die Tragödie eines Komödianten, NU – Jüdisches Magazin für Politik und Kultur, Kislev 5764, November 2003

SCHWARBERG, GÜNTHER: Dein ist mein ganzes Herz, Steidl Verlag: Göttingen 2000

SIEBEN, HANSFRIED: Gesammelte Erinnerungen von und an Richard Tauber, Eigenverlag: Düsseldorf 1987

SONTAG, SUSAN: Notizen zu Camp, in: Kunst und Antikunst. 24 literarische Analysen, Rowohlt: Reinbek 1968 (Original 1962)

STEINTHALER, EVELYN: Die Unberührbare. Die Schauspielerin Elisabeth Bergner – Idol einer Generation, Wiener Zeitung, 19.03.2004

TUTAS, HERBERT E.: NS-Propaganda und deutsches Exil 1933–1939, Verlag Georg Heintz: Worms 1973

ULRICH, RUDOLF: Österreicher in Hollywood, Verlag Filmarchiv Austria: Wien 1993

WAGNER, ALFRED: Goebbels' Gottbegnadeter, Jüdische Allgemeine, 11.12.2008

WEIDERMANN, VOLKER: Das Buch der verbrannten Bücher, Kiepenheuer & Witsch: Köln 2008

WEISSWEILER, EVA: Ausgemerzt! Das Lexikon der Juden in der Musik und seine mörderischen Folgen, Dittrich Verlag: Köln 1999

WILDAUER, MONICA (HG.): Österreichische Musiker im Exil, Bärenreiter: Kassel, Basel, London 1990

WULF, JOSEPH: Musik im Dritten Reich. Eine Dokumentation, Ullstein: Frankfurt am Main 1983

Herzlichen Dank an Gabriele Kaltenberger, Thomas Hackl und Prof. Dr. Erwin M. Ruprechtsberger vom NORDICO Museum der Stadt Linz für die überaus freundliche Aufnahme im Museumsdepot und die große Unterstützung bei der Recherche, an den Zukunftsfonds der Republik Österreich und die Stadt Wien MA7 für die finanzielle Unterstützung der Recherchearbeit.

Vielen Dank an Jenny Lindvall, London, Arcady Fried, Bibliothekar der Jüdischen Gemeinde zu Berlin und Gerrit Schoof vom Dittrich Verlag, Berlin.

Für die vielgestaltige Anteilnahme und Unterstützung gilt mein Dank ganz besonders Manuela A. Hofer und Ines Doujak, Johannes Reindl, Käthe Sasso, Jörg Sundermeier, Susanne Toth und Vanessa Wieser.

E. S.

PERSONENREGISTER

Bildnachweise

Abb. S. 17: Tauber Teilnachlass, NORDICO Museum der Stadt Linz
Abb. S. 35: Privatbesitz E. Steinthaler, Wien
Abb. S. 65: Tauber Teilnachlass, NORDICO Museum der Stadt Linz
Abb. S. 67: Privatbesitz E. Steinthaler, Wien
Abb. S. 71: Abb.archiv, Deutsches Bundesarchiv, Koblenz
Abb. S. 73: Abb.archiv, Deutsches Bundesarchiv, Koblenz
Abb. S. 75: Tauber Teilnachlass, NORDICO Museum der Stadt Linz
Abb. S. 77, Abb. S. 78, Abb. S. 87, Abb. S. 95, Abb. S. 115: alle Tauber
Teilnachlass, NORDICO Museum der Stadt Linz
Abb. S. 119 Privatbesitz E. Steinthaler, Wien
Abb. S. 123 Tauber Teilnachlass, NORDICO Museum der Stadt Linz
Abb. S. 145 Abb.archiv, Deutsches Bundesarchiv, Koblenz
Abb. S. 147, Abb. S. 149, Abb. S. 151, Abb. S. 161, Abb. S. 165, Abb. S.
173, Abb. S. 177: alle Tauber Teilnachlass, NORDICO Museum der
Stadt Linz
Abb. S. 199 Jenny Lindvall, London
Abb. S. 205 Tauber Teilnachlass, NORDICO Museum der Stadt Linz
Abb. S. 207 Privatbesitz Evelyn Steinthaler, Wien

Zeitgeschichte
im Milena Verlag

Franziska Tausig
SHANGHAI PASSAGE
Emigration ins Ghetto

Das Schicksal einer jüdischen Familie im Wien der späten 1930er-Jahre, die unprätentiöse Lebensgeschichte einer Vertriebenen.

Eindringlich und in aller Präzision schildert Franziska Tausig die verzweifelten Versuche, 1938 aus Österreich ausreisen zu können. Ihren Sohn Otto Tausig – damals 16jährig, heute berühmter Schauspieler und Regisseur – kann sie 1938 durch einen Kindertransport nach England retten, er lebt dort bis 1945 in der Emigration. Für sich selbst und für ihren Mann bekommt sie durch Zufall zwei Schiffspassagen nach Shanghai.

Der Zufluchtsort Shanghai, der Krieg, Blicke in das Leben der EmigrantInnen im Ghetto unter japanischer Kontrolle – aufgezeichnet von einer Frau, die zunächst nur durch ihre Fähigkeit, Apfelstrudel und Sachertorte zu backen, überlebt und deren Mann im Exil an TBC stirbt. Erst 9 Jahre später kann sie nach Wien zurückkehren. Am Westbahnhof sehen ihr Sohn Otto und sie einander wieder.

Mit einem Nachwort von Otto Tausig und
einem Vorwort von Helmut Opletal
ISBN 978-3-85286-144-6
EUR 17,90

Zeitgeschichte
im Milena Verlag

Evelyn Steinthaler (Hg.)
FRAUEN1938
Verfolgte – Widerständige – Mitläuferinnen

Das Buch über Widerständige, Verfolgte und Mitläuferinnen in der NS-Zeit – abseits der Faszination des Bösen.

Österreich verschwand im März 1938 durch die Machtübernahme der Nationalsozialisten aus der internationalen Staatengemeinschaft. Fragen nach Täterinnenschaft und Opferstatus österreichscher Frauen sind bis heute nicht ausreichend erarbeitet.

Jüdinnen, Romni, Frauen im Widerstand, verschleppte Zwangsarbeiterinnen, aber auch Mitläuferinnen und Frauen auf Seiten der Nazis stehen im Zentrum dieses Buches, das sich als offenes und heterogenes Kompendium zu diesem wichtigen Thema versteht.

Literarische Beiträge von Elfriede Jelinek, Sabine Gruber und Elfriede Gerstl; Gespräche mit Zeitzeuginnen: Ceija Stojka, Dagmar Ostermann, Katharina Sasso und Elfriede Gerstl. Zeitgeschichtliche Beiträge von Helga Embacher, Michaela Raggam-Blesch, Margit Reiter, Ingrid Bauer, Christian Dürr, Eva Geber u.a.

Ausgezeichnet mit dem Bruno Kreisky-Anerkennungpreis 2008

ISBN 978-3-85286-161-6
EUR 21,90

Zeitgeschichte
im Milena Verlag

Vilma Neuwirth
GLOCKENGASSE 29
Eine jüdische Arbeiterfamilie in Wien

Ein seltenes und kraftvolles Zeugnis der österreichischen Vergangenheit.

Dieses Buch habe ich gelesen wie einen Krimi. Weil es einer ist. Allerdings bleibt rätselhaft, woher all diese Verbrechen plötzlich gekommen sind. Elfriede Jelinek

Eindringlich schildert Vilma Neuwirth die täglichen Veränderungen unter den neuen Machthabern, die antisemitische Hetze der Nachbarn, den jugendlichen Leichtsinn und dramatische Trennungen.

Im Haus Glockengasse Nr. 29 lebten bis 1938 jüdische und christliche Kleingewerbetreibende und Arbeiter friedlich miteinander.
Man half einander im Alltag und pflegte, so weit es die begrenzten Mittel zuließen, gute Nachbarschaft. Im März 1938 wurden aus Nachbarn schlagartig Verfolger und Verfolgte: Erniedrigungen wie die berüchtigten Reibpartien, Flucht und Deportation standen auch in der Glockengasse an der Tagesordnung.

Mit einem Vorwort von Elfriede Jelinek
und einem Nachwort von der Historikerin Michaela Raggam-Blesch
ISBN 978-3-85286-169-2
EUR 17,90

Zeitgeschichte
im Milena Verlag

Hilde Spiel
RÜCKKEHR NACH WIEN
Ein Tagebuch

Hilde Spiels literarisches und persönliches Dokument der österreichischen Nachkriegszeit.

Hilde Spiel war eine der vielseitigsten Schriftstellerinnen und Essayistinnen des 20. Jahrhunderts, die „Grande Dame der Österreichischen Literatur", deren Werk und Wirken sich auf nahezu alle Genres erstreckte.

Spiel hat Wien 1936 – auf den beginnenden Nazi-Terror reagierend – verlassen und sich eine neue Existenz in London aufgebaut. Zehn Jahre später kehrte sie als Nachkriegskorrespondentin der Zeitschrift „New Statesman" nach Wien zurück und hielt ihre Beobachtungen und Gedanken in Tagebuchaufzeichnungen fest.

Das Buch ist als Wiederentdeckung ein Erlebnis sowie Pflichtlektüre für alle weiteren Generationen.

"Obwohl 1946 niedergeschrieben, gab Hilde Spiel dieses Tagebuch, berührendes Wien- und scharfsichtiges Selbstportät in einem, das sie selbst zu diesem Zweck ins Deutsche übersetzt hatte, erst 1968 zur Publikation frei. Da lebte sie bereits seit einigen Jahren wieder in Wien. Jetzt hat der Milena Verlag dieses große kleine Werk, das der Autorin in England sogar das Kompliment eintrug, sie sei der "weibliche Proust aus Wien", neu herausgebracht." --- Frankfurter Allgemeine Zeitung

Mit einem Vorwort von Daniela Strigl
ISBN 978-3-85286-177-7
EUR 17,90

Gedruckt mit freundlicher Unterstützung durch

Bibliografische Information Der Deutschen Bibliothek
Die Deutsche Bibliothek verzeichnet diese Publikation in der
Deutschen Nationalbibliografie; detaillierte bibliografische Daten sind im
Internet über http://dnb.ddb.de abrufbar.

Umschlaggestaltung: Jörg Vogeltanz, www.vogeltanz.at
Druck und Bindung: CPI Moravia Books

© by Milena Verlag, Wien 2011
Milena Verlag 2011
A–1080 Wien, Wickenburggasse 21/1-2
ALLE RECHTE VORBEHALTEN
ISBN 978-3-85286-206-4

Weitere Titel der Reihe ZEITGESCHICHTE und
unser Gesamtverzeichnis finden Sie auf
www.milena-verlag.at